·毛泽东谈文论史全编·

顾 问：龙新民 郑欣淼 陈 晋 阎晓宏

评 说 世 界 政 要

MAOZEDONG PINGSHUO SHIJIE ZHENGYAO

毕桂发 主 编

陈锡祥 副主编

中国文史出版社

图书在版编目（CIP）数据

毛泽东评说世界政要 / 毕桂发主编 . -- 北京 : 中国文史出版社 , 2023.12
（毛泽东谈文论史全编）
ISBN 978-7-5205-4556-3

Ⅰ . ①毛… Ⅱ . ①毕… Ⅲ . ①毛泽东著作研究 - 政治家 - 人物评论 - 世界
Ⅳ . ① A841.692

中国国家版本馆 CIP 数据核字 (2023) 第 244963 号

责任编辑：窦忠如
特约编辑：王德俊　窦广利　赵增越　张幼平　邓文华　张永俊

出版发行：中国文史出版社
社　　址：北京市海淀区西八里庄路 69 号院　邮编：100142
电　　话：010-81136606　81136602　81136603（发行部）
传　　真：010-81136655
印　　装：廊坊市海涛印刷有限公司
经　　销：全国新华书店
开　　本：787 毫米 × 1092 毫米　1/16
印　　张：19
字　　数：282 千字
版　　次：2024 年 1 月北京第 1 版
印　　次：2024 年 8 月第 3 次印刷
定　　价：66.00 元

总　序

2023 年 12 月 26 日，是中国人民的伟大领袖毛泽东同志诞辰 130 周年。经过多年酝酿策划和组织编撰，我们于今年正式出版发行《毛泽东谈文论史全编》（以下简称《全编》）以示隆重纪念。

十年前，习近平总书记在纪念毛泽东同志诞辰 120 周年座谈会上的重要讲话中指出："毛泽东同志是伟大的马克思主义者，是伟大的无产阶级革命家、战略家、理论家，是马克思主义中国化的伟大开拓者，是近代以来中国伟大的爱国者和民族英雄，是党的第一代领导核心，是领导中国人民彻底改变自己命运和国家面貌的一代伟人。"同时，毛泽东同志又是世所公认的伟大的文学家、史学家、诗人和作家。在深入学习贯彻党的二十大精神、纪念毛泽东同志诞辰 130 周年的重要时间节点上，组织编撰出版这一大型项目图书，为人们缅怀毛泽东同志的丰功伟绩，学习毛泽东同志的伟人品格、政治智慧和文化思想，提供了一套非常重要的文化历史资料；对于弘扬中华优秀传统文化，学习贯彻党的二十大报告中关于"推进文化自信自强，铸就社会主义文化新辉煌"的重要精神，具有十分宝贵的启示和积极的意义。

在组织编撰这部大型项目图书的过程中，我们坚持以习近平新时代中国特色社会主义思想为指导，认真学习党中央关于历史问题的三个决议精神，特别是十九届六中全会通过的《中共中央关于党的百年奋斗重大成就和历史经验的决议》精神，对全部书稿的政治观点和思想内容进行了认真把关，使其符合三个决议精神，也符合习近平总书记十年来有关论述毛泽东同志历史功绩和毛泽东思想指导地位的重要讲话精神，以及关于学习党史国史和弘扬中华传统文化的重要讲话精神。

《全编》计 27 种 40 册 1500 万字。编撰者耗费数十年心血收集、整理、阐析、赏评，把毛泽东在各个时期的文章、诗词、书信、讲话、谈话中引用、化用、批注、圈阅、点评、编选的古今人物和文史作品，把毛泽东传记、年谱、回忆录中提及或引用和评点的古今人物和文史作品，即使片言只语、寸缣尺楮也收集入册，希望能够集散为专、分门别类，尽量避免遗珠之憾，力求内容全面系统、表述科学客观。

　　这部《全编》有以下几个特点：

　　资料齐全。毛泽东同志一生酷爱读书，可以说是博览群书、通古贯今。他曾说："饭可以一日不吃，觉可以一日不睡，书不可以一日不读。"他熟读《二十四史》《资治通鉴》等中国历代著名历史著作，熟读中国历代优秀的诗词文学作品，且不动笔墨不读书，读书时做了大量批注和圈画，还常常在自己的文章、诗词、讲话、谈话中引经据典、巧妙运用，真可谓博学约取、学以致用。这就给我们留下了浩如烟海的珍贵史料。在编著这部《全编》时，我们想最大限度地收集、整理、汇编其所涵盖的各个方面的文献史料，力争做到文献可靠、史料精准，可读性、知识性和趣味性兼具，使其成为研究毛泽东思想特别是毛泽东文化思想的重要资料。

　　分类精细。毛泽东同志喜欢中国古代文学，阅读、圈评了大量各类体式的文学作品，他的诗词创作尤为脍炙人口。因此，收录《全编》中关于毛泽东同志的文史资料，浩瀚如海，编撰者都进行了认真严格的划分整理，将其分三辑，文学类就有两辑，所占分量最大。比如，编撰者将其细分为评点名诗、名词、散曲、辞赋、小说、散文、戏曲的"毛泽东同志评点中国传统文化赏析"7 种 19 册，以及《跟着毛泽东学诗词》《毛泽东诗话》《周世钊论毛泽东诗词》《毛泽东致周世钊书信手迹》与毛泽东读唐诗、宋词、元曲、古文等的"毛泽东与中国诗词曲赋"8 种 9 册。

　　评述允当。在这部《全编》中，编撰者将每篇作品分为毛泽东评点、人物、事件评述或毛泽东评点、原文和赏析，力求评述或赏析允妥、适当，即深刻理解毛泽东原文含义，紧扣毛泽东的评点，不作过多发挥，文字力求简明生动。同时，编撰者注重史料收集整理的文献性，兼顾知识性和趣味性，这就使得这部大型项目图书兼具很强的可读性。

这部《全编》还有一个最突出的重要特点，那就是比较集中地梳理和呈现了毛泽东同志的历史自信和文化自信。习近平总书记在纪念毛泽东同志诞辰120周年座谈会上的讲话中明确指出，毛泽东同志"是马克思主义中国化的伟大开拓者，是近代以来中国的爱国者和民族英雄"。这个评价反映在毛泽东同志学习和运用、继承和发展中华优秀传统文化方面，鲜明地体现为他的历史自信和文化自信。因此，我们认为这部《全编》的编撰出版，有益于读者更深入体会党的二十大报告论述的"坚持和发展马克思主义，必须同中华优秀传统文化相结合"的重大论断。在这部《全编》中，有关毛泽东圈阅、评点历史人物和文史作品的材料，就很具体地体现了他作为"马克思主义中国化的伟大开拓者"，是如何运用马克思主义的世界观和方法论，去激活中华优秀传统文化的；又是如何通过继承、运用和发挥中华优秀传统文化，为坚持和发展马克思主义提供深厚滋养的。

《全编》除了引用毛泽东同志的相关评点外，主要篇幅是介绍、叙述和评论毛泽东同志评点的对象即历史人物和文史作品，所引毛泽东的评点内容都出自公开的出版物并注明出处。从目前已出版的各类关于毛泽东同志的书籍来看，这是目前更加全面系统反映伟人毛泽东同志的一部大型丛书，但每册又可独立成书，以满足不同读者的阅读喜好与多样需求。当然，限于编撰者的水平和时间，这部《全编》的体例编排和文字表述等方面还有改进和完善空间，恳请专家学者和广大读者朋友不吝批评指正。

《毛泽东谈文论史全编》编委会

2023 年 12 月 18 日

目　录

斯大林

【传略】

约瑟夫·维萨里昂诺维奇·斯大林（1879—1953），前苏联共产党和苏联政府的主要领导人，曾任苏共中央总书记、部长会议主席。

斯大林原姓朱加施维里，1879年12月21日出生在今格鲁吉亚第比利斯州哥里城。他的父亲维萨里昂是农民出身的皮鞋匠，母亲叶卡捷琳娜是农奴的女儿。

1888年，斯大林进哥里教会小学学习。1894年，他升入梯弗里斯（今第比利斯）正教中学读书并参加马克思主义秘密小组，开始研究马克思、恩格斯、列宁和普列汉诺夫的著作。1898年成为社会民主工党党员。1899年，他因从事革命活动被学校开除，从此走上职业革命家的道路。他到梯弗里斯的工人中间宣传马克思主义，投入反对经济派的斗争。1900年列宁创办的《火星报》问世，斯大林拥护列宁提出的革命道路。

1901年，斯大林当选为社会民主工党梯弗里斯委员会委员。受党的委派，他到巴土姆城创建社会民主工党巴土姆委员会。1902年3月，他组织该市工人政治示威，不久被捕，流放到西伯利亚。1903年，斯大林缺席被选入社会民主工党高加索联盟委员会。1904年1月，斯大林逃出流放地，12月在巴库领导石油工人总罢工。

这时，社会民主党内孟什维克（少数派）与布尔什维克（多数派）之间的矛盾尖锐起来，斯大林严厉斥责孟什维克放弃无产阶级领导权的机会主义路线，赞成列宁关于无产阶级在革命中的领导权，由民主革命向社会主义革命转变的策略路线；号召工人和农民武装起义，推翻沙皇统治。1905年12月，他代表高加索党组织，出席在芬兰塔墨尔福斯召开的布尔什维克第一次代表会议，首次与列宁见面。

　　1906 年和 1907 年，斯大林参加社会民主工党第四、第五两次代表大会。他领导梯弗里斯的布尔什维克创办《新生活》《新时代》等报刊，使巴库党组织出版了自己的机关报《巴库无产者》《汽笛和巴库工人》，清除孟什维克的影响。1907 年，他领导巴库石油工人举行了"十二月大罢工"运动。

　　在 1907 年至 1913 年的六年中，斯大林先后六次被沙皇政府逮捕。除最后一次外，他都机智地从流放地逃出，利用十分短暂的狱外时间，坚持革命活动。

　　1912 年 1 月，俄国社会民主工党在捷克的布拉格召开第六次代表会议，决定开除孟什维克。从此布尔什维克成为一个独立的革命政党——俄国社会民主工党（布尔什维克）。斯大林缺席被选入中央委员会，主持党中央俄国局工作。他知道这一消息，立即从流放地逃出，受党中央委派，到彼得堡主持创办党中央机关报《真理报》的工作，同年 9 月出任《真理报》主编。

　　1912 年末，斯大林撰写了《马克思主义和民族问题》一文，阐明马克思主义关于民族问题的理论和纲领。列宁在 1913 年赞扬说，在近年来的马克思主义论著中，"首先要提到斯大林的论文"[①]。1913 年 2 月，斯大林第七次被捕，被流放到靠近北极圈的图鲁汉斯克边区。

　　1917 年 2 月，布尔什维克在沙皇首都彼得格勒领导人民一举推翻了罗曼诺夫王朝，斯大林得悉俄国二月革命胜利的消息，便向侨居瑞士的列宁致电祝贺，并立即从流放地返回彼得格勒[②]，领导出版《真理报》。4 月，列宁回到彼得格勒，发表著名的《四月提纲》。在党的四月代表会议上，斯大林支持列宁在"提纲"中阐明的由民主革命向社会主义革命转变的计划，作了民族问题的报告。5 月，布尔什维克党中央成立政治局，斯大林当选为政治局委员，负责指导彼得格勒党委会的工作。6 月 18 日，斯大林和列宁组织声势浩大的示威，遭到临时政府血腥镇压。在 6 月 20 日召开的第一次全俄苏维埃代表大会上，他被选为中央执行委员会委员。

---

① 《列宁全集》，第 19 卷，人民出版社 1959 年版，第 542 页。
② 第一次世界大战爆发后，彼得堡改称彼得格勒。

7月26日至8月3日，布尔什维克党召开第六次代表会议。列宁被资产阶级临时政府通缉不能参加会议，斯大林代表党中央作了政治工作和政治形势的报告。他在报告中指出"革命的和平时期已经结束，……搏斗和爆发的时期已经来到"[①]，号召工人、士兵和农民同资产阶级进行决战。10月16日，党中央召开扩大会议，通过武装起义的决议，斯大林被选入领导起义的革命军事总部。在列宁领导下，他积极参与组织彼得格勒的武装起义。1917年俄历11月7日，由斯大林任总指挥的起义军一举攻下临时政府所在地——冬宫，为夺取十月社会主义革命的胜利立下了不朽功勋。在全俄苏维埃第二次代表大会上，斯大林当选为苏维埃政府民族事务人民委员（1917—1922年）；1919—1922年领导国家监察人民委员部。

　　在1918—1920年反对外国武装干涉和国内战争时期，斯大林任苏维埃共和国革命军事委员会委员，南方战线、西方战线和西南战线革命军事委员会委员，全俄中央执行委员会驻国防委员会代表。列宁多次派他到最关键的战线，指挥保卫苏维埃政权的战斗。1918年夏，斯大林领导南方战线保卫察里津的战斗，打退德国支持的克拉斯诺夫匪帮的进攻，保证了南方的粮、煤、石油运往莫斯科和彼得格勒。1919年5月，斯大林指挥击退尤登尼奇匪帮进攻彼得格勒的战斗。同年夏天，斯大林又一次被派往南方战线。他率领红军部队，歼灭了受协约国支持的邓尼金白匪的主力。1920年5月，斯大林在西南战线指挥红军，击溃波兰贵族在协约国支持下对俄国的进攻，收复了基辅。为表彰斯大林在保卫苏维埃政权中建立的功绩，苏维埃中央执行委员会授予他红旗勋章。

　　国内战争结束之后，斯大林积极投入列宁提出的新经济政策的斗争。他在1921年的俄共（布）[②]第十次代表大会上做了《论党在民族问题方面的当前任务》的报告。斯大林指出，在十月革命消除了国内的民族压迫

---

① 《斯大林全集》，第3卷，人民出版社1955年版，第165页。
② 1918年3月第七次党代表大会将俄国社会民主工党（布尔什维克）改称俄国共产党（布尔什维克），简称俄共（布）；1925年俄共（布）第十四次代表大会上，党的名称为全苏联共产党（布尔什维克），简称联共（布）。

之后，必须使少数民族在经济、政治、文化方面赶上俄罗斯民族的发展水平。他号召全党反对大俄罗斯主义，同时也反对地方民族主义。

1918年列宁遇刺后仍然日夜为国事操劳，但身体一直未能恢复元气。因此，从1921年起，列宁便不得不经常间断工作了，斯大林开始负责处理党的日常事务。1922年4月，党中央委员会依照列宁的建议，选举斯大林为中央委员会总书记。此后30年他一直担任党的这一最高领导职务。

在创建苏维埃社会主义共和国联盟的活动中，斯大林曾提出让各民族共和国作为自治单位加入俄罗斯联邦的方案。列宁批评了这个"自治化"方案。斯大林接受列宁关于苏维埃各民族以平等和自愿联合的形式建立联盟国家的计划。在1922年12月召开的全国苏维埃代表大会上，斯大林庄严宣告苏维埃社会主义共和国联盟正式成立。

列宁在患病期间，特别关心党和国家今后的命运问题，尤其注意挑选和培养中央的领导人。1922年4月，斯大林当选为苏共中央总书记。列宁认为，斯大林是党的卓越活动家，但又担心斯大林担任总书记以后，"掌握了无限的权力，他能不能永远十分谨慎地使用这一权力，我没有把握"[1]。他批评斯大林太粗暴，曾建议将斯大林"从这个位置上调开"[2]。1924年5月，在俄共（布）第十三次代表大会上，斯大林表示接受列宁的批评，经选举继续担任总书记职务。

1924年1月列宁逝世。斯大林代表全党宣誓，要实现列宁的遗训：珍重党员的称号，保护党的一致，巩固无产阶级专政，加强工农联盟和各共和国的联盟，忠于共产国际的原则。

列宁逝世后，托洛茨基攻击列宁。他借口世界资本主义处于暂时稳定时期，否定苏联一国建成社会主义的可能性。斯大林为了捍卫列宁主义，先后发表了《论列宁》《论列宁主义基础》《托洛茨基主义还是列宁主义》《论列宁主义的几个问题》等著作，批驳了托洛茨基对列宁和列宁主义的诬蔑和歪曲。他给列宁主义下了科学的定义："列宁主义是帝国主义和无

---

[1] 《列宁全集》，第36卷，人民出版社1959年版，第617页。
[2] 《列宁全集》，第36卷，人民出版社1959年版，第618页。

产阶级革命时代的马克思主义"①；阐明了列宁关于无产阶级专政的一系列理论和策略问题。他针对托洛茨基关于苏联不可能建成社会主义的谬论，指出：在国内，苏联能够依靠无产阶级专政，协调工人与农民之间的关系，在经济上战胜资产阶级；在国际上，苏联可以利用各个资本主义国家之间不可克服的矛盾，在一国首先建成社会主义。

1925年4月，斯大林代表俄共（布）中央提出把苏联从农业国变成工业国的社会主义建设总路线。他主张优先发展重工业，在资本主义国家包围下，依靠本国的力量，用新技术改造国民经济，加强国防力量。针对苏联工业比先进的资本主义国家落后50年到100年，他强调发展速度，要求在10年内跑完这段路程。

1927年12月，斯大林主持召开俄共（布）的十五大，通过了农业集体化的决议。在农业集体化运动初期，围绕党的农村政策，斯大林批判了布哈林主张富农和平长入社会主义，放纵资本主义势力的错误论调。他还指责布哈林在组织上进行反党活动。

1930年，农业集体化取得巨大成绩，也出现一些偏差。它表现在违背自愿原则，侵犯中农利益，对富农不加区别一概加以驱逐。斯大林发表《胜利冲昏头脑》一文，主张纠正"左"的过火行为。同年，斯大林荣获第二枚红旗勋章。

1929年，斯大林领导苏联人民实施第一个五年计划，1932年底该计划提前完成，社会主义工业占全部工业的99%，国营农场和集体农庄占有全部耕地面积的90%左右。斯大林在1934年1月供共（布）的十七大上宣布：苏联已由农业国变成工业国，变成了大规模机械化集体农业的国家。

在苏联进行社会主义建设过程中，针对一些部门存在轻视技术和专家的现象，斯大林提出"技术决定一切"的口号。1935年5月，他又提出"干部决定一切"的口号。他认为："人才，干部是世界上所有宝贵的资本中最宝贵最有决定意义的资本。"②

---

① 《斯大林全集》，第6卷，人民出版社1956年版，第63页。
② 斯大林：《列宁主义问题》，人民出版社1955年版，第638页。

1936 年 12 月 5 日，斯大林在苏维埃第八次全国代表大会上做了新宪法草案的报告。他指出，社会主义已在苏联国民经济一切部门取得胜利，苏联的阶级关系已发生深刻变化，工人、农民、知识分子之间的矛盾正在缩小和消除，苏维埃社会已由工人和农民这两个友好的阶级组成，苏联进入了完成社会主义社会建设的时期。这个宪法草案被通过并称为《斯大林宪法》。

在以斯大林为首的党中央领导下，1937 年 4 月苏联提前完成 1933 年开始的第二个五年计划，工业产值跃居欧洲第一位，世界第二位。随着社会主义建设的胜利和斯大林个人威望的提高，斯大林由过去的比较谨慎逐步背离了党的集体领导原则，滋长了个人崇拜习气。在 1937—1938 年的肃清反革命运动中，他惩办了必须惩办的反革命分子，同时也混淆了敌我矛盾和人民内部矛盾，造成了严重的肃反扩大化的错误。他在第二次世界大战后的 20 世纪 40、50 年代，还重犯了类似的错误。

1938 年秋，由联共（布）中央审定的《苏联共产党（布）简明教程》出版，斯大林亲自撰写了该书的第四章第二节"辩证唯物主义和历史唯物主义"。

1939 年 3 月，斯大林在党的十八大的政治报告中，分析了资本主义国家面临严重的经济危机，指出这些国家的国际和国内矛盾不断尖锐化，将导致世界战争。

为了在可能爆发的战争中集中指挥，1941 年 5 月斯大林亲自担任苏联人民委员会主席。为了延缓战争的爆发，1939 年苏联与德国签订了《苏德互不侵犯条约》。

1941 年 6 月 22 日，纳粹德国对苏联发动突然袭击。6 月 30 日，苏联成立国防委员会，斯大林任主席。7 月 3 日，斯大林发表广播演说，号召苏联人民不仅要消除本国面临的危险，还要帮助在德国法西斯奴役下的欧洲各国人民。8 月 8 日，斯大林任苏联武装部队最高统帅。

斯大林在估计德国进攻的时间上产生失误，苏联在反法西斯卫国战争初期遭到军事上的失利，战略上一度处于被动地位。1941 年 11 月 6 日，德军推进到距莫斯科 80 千米的地方。11 月 7 日，斯大林在红场举行十月革命节阅兵式。他沉着刚毅，检阅即将开赴前线的部队。他向苏联人民发出爱国主义的召唤：在伟大的列宁的旗帜引导下，消灭德国侵略者！他亲自指挥12月的莫斯科保卫战，消灭了50多万名德军，打破了德军"不可战胜"的神话。

1942年7月中旬，德军向斯大林格勒（今伏尔加格勒）发起进攻。斯大林制订了首先攻击德军两翼，然后打击其后方的作战计划。苏联红军进行了长达数月的英勇战斗，1943年2月初取得了斯大林格勒战役的伟大胜利，歼敌70万人，成为苏德战争的转折点，也是第二次世界大战的转折点。3月6日，斯大林被授予"苏联元帅"军衔。

1943年，斯大林领导红军粉碎了德军的夏季攻势，收复了被德军占领的三分之二领土，成为卫国战争中转折的一年。

1944年，苏联红军依照斯大林制订的战略计划，给予德军10次重大打击，一举将德军赶出国境。6月，英美联军在法国的诺曼底登陆。当年十月革命节时，斯大林向红军发出"打到柏林去！"的进军号令。1945年5月2日，苏联红军攻克柏林。5月9日，纳粹德国投降，斯大林发表广播讲话，宣布：伟大卫国战争以苏联的完全胜利宣告结束。6月，他荣获"苏联大元帅"的最高军衔。

二次大战期间，为加强国际反法西斯同盟，斯大林先后参加了德黑兰会议（1943）、雅尔塔会议（1945）和波茨坦会议（1945），同美、英两国领导人会晤。苏联根据波茨坦会议的决定，1945年8月8日宣布对日作战，出兵中国东北，为迫使日本投降做出了贡献。

斯大林在世界反法西斯战争中建立了丰功伟绩。苏联政府授给他一级苏沃洛夫勋章、两枚胜利勋章、第二枚列宁勋章和金星奖章，以及"苏联英雄"的荣誉称号。

1946年3月，苏联最高苏维埃通过决议，将苏联人民委员会改为苏联部长会议。斯大林任部长会议主席。

在第二次世界大战后极端困难的条件下，斯大林领导苏联人民进行恢复和发展国民经济的艰巨工作。苏联从1946年实施第四个五年计划，并以四年零三个月的时间提前完成，到1950年底，苏联的工业产值、国民收入、人民的购买力比战前都有较大提高。

1950 年苏联研制成功第一颗原子弹，不仅打破了美国的核垄断，也为维护世界和平做出了巨大的贡献。

1950 年斯大林发表了《马克思主义和语言学问题》。他根据辩证唯物主义和历史唯物主义的基本原理，论证了马克思列宁主义的语言学理论。

斯大林在总结苏联社会主义建设经验的基础上，1952 年 9 月发表了论著《苏联社会主义经济问题》，阐述了社会主义的基本经济规律；指出社会主义生产的目的，即在高度技术基础上使社会主义生产不断增长和不断完善的办法，来保证最大限度地满足整个社会经常增长的物质和文化的需要。他根据苏联的实际情况，开始认识到社会主义制度下存在着生产力与生产关系、经济基础与上层建筑之间的矛盾，比他以往否认社会主义条件下存在矛盾的思想前进了一大步。书中也包含一些不正确的论点，如关于流通已开始阻碍苏联生产力的发展，必须逐步过渡到产品交换。

同年 10 月，联共(布)召开第十九次代表大会。大会批准了 1951—1955 年的第五个五年计划，将党的名称改为苏联共产党，简称"苏共"，党中央政治局改称中央主席团，斯大林当选为中央主席团委员和书记处书记。

斯大林在共产国际及欧洲共产党和工人党情报局的活动中，援助了各国无产阶级和被压迫民族的斗争，同时，也出过一些不好的主意，存在大国沙文主义倾向，对南斯拉夫共产党采取了错误的政策。

1953 年 3 月 5 日，斯大林因患脑溢血与世长辞，享年 73 岁。苏联共产党、政府和人民，以及世界各国劳动人民，对这位伟大的马克思列宁主义者的逝世表示了沉痛的哀悼。其著作大都收入《斯大林全集》和《斯大林文集》中。

【 毛泽东评说 】

庆祝斯大林，这不是一件应景的事情。庆祝斯大林，这就是说，拥护他，拥护他的事业，拥护社会主义的胜利，拥护他给人类指示的方向，拥护自己的亲切的朋友。因为现在全世界上大多数的人类都是受难者，只有斯大林指示的方向，只有斯大林的援助，才能解脱人类的灾难。

……

斯大林是中国人民解放事业的忠实的朋友。中国人民对于斯大林的敬爱，对于苏联的友谊，是完全出于诚意的，任何人的挑拨离间，造谣诬蔑，到底都没有用处。

　　——毛泽东：《斯大林是中国人民的朋友》，载《毛泽东选集》第二卷，人民出版社1991年版，第657—658页。

拿破仑的政治生命，终结于滑铁卢，而其决定点，则是在莫斯科的失败。希特勒今天正是走的拿破仑道路，斯大林格勒一役，是他的灭亡的决定点。

　　——毛泽东：《第二次世界大战的转折点》，载《毛泽东选集》第三卷，人民出版社1991年版，第888页。

苏联过去把斯大林捧得一万丈高的人，现在一下子把他贬到地下九千丈。我们国内也有人跟着转。中央认为斯大林是三分错误，七分成绩，总起来还是一个伟大的马克思主义者，按照这个分寸，写了《关于无产阶级专政的历史经验》[①]。三七开的评价比较合适。斯大林对中国做了一些错事。第二次国内革命战争后期的王明"左"倾冒险主义，抗日战争初期的王明右倾机会主义，都是从斯大林那里来的。解放战争时期，先是不准革命，说是如果打内战，中华民族有毁灭的危险。仗打起来，对我们半信半疑。仗打胜了，又怀疑我们是铁托式的胜利，一九四九、一九五〇两年对我们的压力很大。可是，我们还认为他是三分错误，七分成绩。这是公正的。

　　——毛泽东：《论十大关系》，载《毛泽东文集》第七卷，人民出版社1999年版，第42页。

苏联发生的错误，像斯大林的错误，它的位置是什么呢？是部分性质的，暂时性质的。虽然听说有些什么东西有二十年了，但总是暂时的、部分的，是可以纠正的。苏联那个主流，那个主要方面，那个大多数，是正确的。俄国产生了列宁主义，经过十月革命变成了第一个社会主义国家。

　　[①] 《关于无产阶级专政的历史经验》，是1956年4月5日发表的《人民日报》编辑部文章。这篇文章是根据中共中央政治局扩大会议讨论的意见写成的。

它建设了社会主义，打败了法西斯，变成了一个强大的工业国。它有许多东西我们可以学。当然，是要学习先进经验，不是学习落后经验。我们历来提的口号是学习苏联先进经验，谁要你去学习落后经验呀？有一些人，不管三七二十一，连苏联人放的屁都是香的，那也是主观主义。苏联人自己都说是臭的嘛！所以，要加以分析。我们说过，对斯大林要三七开。他们的主要的、大量的东西，是好的，有用的；部分的东西是错误的。

——毛泽东：《增强党的团结，继承党的传统》，载《毛泽东文集》第七卷，人民出版社 1999 年版，第 91 页。

过去的王明路线，实际上就是斯大林路线。它把当时我们根据他的力量搞垮了百分之九十，把白区几乎搞垮了百分之百。……为什么不公开说明这就是斯大林的路线呢？这也有原因。苏联可以公开批评斯大林，我们公开批评就不那么好。我们应该和苏联搞好关系。……

这是我们第一次吃斯大林的亏。

第二次是抗日战争的时候。王明是可以直接见斯大林的，他能讲俄文，很会捧斯大林。斯大林派他回国来。过去他搞"左"倾，这次则搞右倾。在和国民党合作中，他是"梳妆打扮，送上门去"，一切都服从国民党。……

第三次是在第二次世界大战结束、日本投降以后。斯大林和罗斯福、丘吉尔开会，决定把中国全部都给美国，给蒋介石。当时从物质上和道义上，尤其是道义上，斯大林都没有支持我们共产党，而是支持蒋介石的。决定是在雅尔塔会议上作出的。斯大林把这件事告诉了铁托，在铁托自传中有这段谈话。……

第四次，就是说我是半个铁托或准铁托。不仅苏联，就是在其他社会主义国家和非社会主义国家中，都有相当一些人曾经怀疑中国是否真正的革命。

……

斯大林提倡辩证唯物主义，有时也缺乏唯物主义，有点形而上学；写的是历史唯物主义，但做的常是历史唯心主义。他有些做法走极端，个人神化、使人难堪等，都不是唯物主义的。

我在见到斯大林之前，从感情上说对他就不怎么样。我不大喜欢他的著作，只看过《论列宁主义基础》、批判托洛茨基的一篇长文章①、《胜利冲昏头脑》等。他写的关于中国革命的文章我更不爱看。他和列宁不同，列宁是把心给别人，平等待人，而斯大林则站在别人的头上发号施令。他的著作中都有这种气氛。我见到他以后就更不高兴了，在莫斯科的时候和他吵得很厉害。斯大林有脾气，有时冲动起来，讲一些不大适当的话。

我曾写过一些歌颂斯大林的文章，一共三篇：一篇是在延安庆祝他六十寿辰时写的，第二篇是在莫斯科的祝词，第三篇是他死后《真理报》要我写的。我向来不愿祝贺人家，也不愿人家祝贺我。但到莫斯科去祝寿，不歌颂他，还能骂他不成？他死后，苏联需要我们的支持，而我们也要支持苏联，就写了那篇歌功颂德的文章。这不是对斯大林个人的，而是对苏联党的。延安的那篇文章，我抛掉了个人感情，把他当做社会主义国家的领袖。那篇文章还比较有生气，其他两篇不是出于内心意愿，而是出于需要。人的生活就是这样矛盾的，感情上不愿写，但理智上不这样不行。

——摘自毛泽东 1956 年 9 月 24 日同参加中国共产党第八次全国代表大会的南斯拉夫共产主义者联盟代表团的谈话，《毛泽东文集》第七卷，人民出版社 1999 年版，第 120—126 页。

在列宁逝世之后，斯大林同志指导苏联人民，把他和伟大的列宁在十月革命时期共同缔造的世界第一个社会主义国家建成了光明灿烂的社会主义社会。苏联社会主义建设的胜利，这不只是苏联人民的胜利，而且是全世界人民共同的胜利。第一，这个胜利用最现实的生活证明了马克思列宁主义的无限正确，具体地教育了全世界劳动人民应该如何朝着美好的生活前进。第二，这个胜利保证了在第二次世界大战中人类能够有战胜法西斯野兽的力量。不能设想，没有苏联社会主义建设的胜利，而能够有反法西斯战争的胜利。苏联建设社会主义的胜利和反法西斯战争的胜利是关系全人类的命运的，而这些胜利的光荣应当归于我们伟大的斯大林同志。

——毛泽东：《最伟大的友谊》。《人民日报》1953 年 3 月 9 日。

---

① 斯大林：《托洛茨基主义还是列宁主义？》，载《斯大林全集》第 6 卷，人民出版社 1956 年版，第 281—309 页。

中国人民革命的胜利和斯大林同志三十多年来不断地关怀、指导和支持，是完全分不开的。在中国人民革命胜利后，斯大林同志和在他领导下的伟大的苏联人民和苏联政府，对中国人民的建设事业，又给予了慷慨无私的援助。斯大林同志对于中国人民这样伟大的深厚的友谊，中国人民永远感念不忘。斯大林同志的不朽光辉，将永远照耀着中国人民前进的道路。

——毛泽东：《关于悼念斯大林逝世的唁电》，《人民日报》1953 年 3 月 7 日。

【作者述评】

斯大林这位苏联党和国家的主要领导人，是一位伟大的马克思主义者。他性格刚毅坚强，头脑冷静沉着，做事果断干练，是一位历史上不多见的政治家和对世界广有影响的国务活动家。他的殊勋伟业至少有如下数端：

第一，他和列宁把马克思列宁主义学说变成现实，成功地领导了十月革命，共同缔造了世界上第一个社会主义国家——苏联。

第二，列宁逝世以后，他坚决批判托洛茨基、布哈林等人的修正主义观点，维护了列宁主义，并把苏联由一个农业国建设成为一个社会主义工业国。

第三，在第二次世界大战中，他领导苏联人民战胜了强大的法西斯德国，后又下令对日作战，为第二次世界大战的胜利立下不朽功勋。

第四，第二次世界大战后，他帮助东欧一些国家建立了社会主义制度，形成一个可与西方帝国主义对抗的社会主义阵营。

斯大林是人，不是神，他当然也会犯错误。20 世纪 30 年代的肃反扩大化，在发展经济中对轻工业重视不够，人民生活提高不快，他的专横、傲慢、大国沙文主义态度，以及对中国革命指导上的错误，等等，都是不容否认的。但总的来说，毛泽东称斯大林是"七分成绩，三分错误"，对他实行"三七开"，是比较公正的，是经得起历史考验的。

毛泽东对斯大林的这个评价，是在赫鲁晓夫在 1956 年苏共二十大作"秘密报告"，全面否定斯大林后作出的。它的意义不仅是维护斯大林的领袖地位，也是捍卫马克思列宁主义的重大举措。但众所周知，长期以来，毛泽东和斯大林的关系并不是很融洽的。由于斯大林对中国革命有四次错误的指导，两人意见分歧很大，曾有过不少次交锋。当然，在最初，他们的意见冲突是间接的。

早在1927年大革命失败前后，毛泽东就对共产国际代表罗易的一些错误做法不满。在长征前中央苏区根据地和长征途中，他对共产国际派来的军事顾问李德（奥托·布劳恩）也进行坚决的斗争。

1935年1月，中国共产党和红军在与共产国际失去电讯联系的情况下，召开了遵义会议，确立了毛泽东在全党、全军的领导地位，表明中国革命已经从莫斯科的影响下摆脱出来。斯大林默认了毛泽东未经他同意而获取的领导权，但对他能否执行共产国际路线持怀疑态度。

1937年，王明从莫斯科回国。斯大林比较明确指示要维护毛泽东在中国共产党的领导地位。同年12月，中共六届六中全会批评并纠正王明回国后所犯右倾错误。斯大林表示同意。

1943年，经斯大林提议，共产国际执行委员会主席季米特洛夫致电毛泽东，宣布共产国际解散，毛泽东随即回电表示赞同。

此后，毛泽东与斯大林联系密切，双方有许多电文来往。1947年3月，胡宗南进攻延安，毛泽东命令翻译师哲将这批电文都烧了。

1948年5月，毛泽东率中共中央部分同志到达河北省阜平县城南庄时，就打算亲自访苏，但当他电询斯大林的意见时，斯大林复电说：中国革命战争正处在决定性关头，毛泽东作为统帅，不宜离开岗位，如有重大问题需要商谈，他将派一位政治局委员作为全权代表来听取毛泽东的意见。毛泽东接受了斯大林的建议。

1949年1月底，斯大林派苏共中央政治局委员米高扬秘密来到河北平山县西柏坡。毛泽东向米高扬详细说明了解放战争的形势及解放全中国的决心、步骤，以及即将建立的新政权的性质、形式以及经济建设、外交政策等。

同年7月，毛泽东委托刘少奇代表他访苏，与斯大林和苏共中央会谈。会谈中，斯大林表示承认他在中国革命问题上有过错误。他问刘少奇："我们妨害过你们没有？"刘少奇客气地说："没有。"斯大林说："妨害了，

妨害了，我们对中国不大了解。"斯大林说这话时，态度十分严肃，似乎深感内疚。在继续交谈中，斯大林讲到中国的党是成熟的党，中国的干部是成熟的干部，有水平；还讲了革命中心东移问题。斯大林说："世界革命中心从欧洲移到苏联，以后会移到中国。"

1949年12月21日是斯大林70寿辰。毛泽东率中共中央和中华人民共和国政府代表团前往祝寿，并就两党之间所关心的问题交换意见，商谈和签订有关条约规定等。

12月16日晚12时，毛泽东到达莫斯科，在近郊一所斯大林别墅下榻。17日下午6时，斯大林在克里姆林宫和毛泽东会见。斯大林在房间门口迎接毛泽东，莫洛托夫、马林科夫、布尔加宁、贝利亚、卡冈诺维奇、维辛斯基等在斯大林身后排成一字行列。斯大林双手紧握毛泽东的手，注视端详了一会儿，说："你还很年轻嘛！很健康嘛！红光满面，容光焕发，很了不起！"斯大林非常激动，对毛泽东赞不绝口，说："伟大，真伟大！你对中国人民的贡献很大，你是中国人民的好儿子！我们祝愿您健康！"毛泽东回答说："我是长期受打击排挤的人，有话无处说……"毛泽东还没有把话说完，斯大林把话接了过去："胜利者是不受谴责的。不能谴责胜利者，这是一般的公理。"斯大林这句话堵塞了毛泽东的言路，使他的心里话未能说出来。斯大林又说："中国革命的胜利，将会改变世界的天平，国际革命中加重了砝码，我们全心全意祝贺你们的胜利！"斯大林转而关切地问毛泽东："你这次远道而来，不能空手而回，咱们要不要搞个什么东西？你有什么想法和愿望？"毛泽东以他那惯有的幽默和诙谐回答说："这次来是要完成某项事情的，应该搞出个什么东西，它必须是既好看，又好吃。"中方翻译师哲解释说："好看，就是形式好看，要给世界上的人看，冠冕堂皇；好吃，就是有内容，有味道，实实在在。"然而苏联人仍然没有能理解这是何物，全都目瞪口呆。

斯大林继续询问，毛泽东不肯明说，可能他认为苏方应该主动提出帮助我们，不主动提出是不诚恳的。而斯大林则鉴于过去对中国革命多次的错误指导的教训，害怕再犯主观主义的错误，也不肯主动提出，以免强加于人。两人的误会，引起毛泽东的不快，耽误了些时间。1950年元旦，毛泽东在莫斯科举行记者招待会，声明他这次访苏的目的：商谈中苏友好条约的签订，讨论对华贷款、两国贸易等问题。问题便迎刃而解，斯大林同意了毛泽东的意见，同意周恩来去莫斯科，进行中苏友好条约的外长会谈。

12 月 21 日，斯大林 70 大寿，在莫斯科大剧院举行庆祝大会。斯大林和各兄弟党的代表都在主席台就座。毛泽东挨着斯大林。毛泽东的祝词是苏联汉学家费德林代读的，高度评价了斯大林对国际共产主义运动的贡献，反响很大。在大会进行过程中，斯大林一再侧过脸来同毛泽东谈话。

大会之后，苏方举行盛大宴会并请毛泽东观看了文艺演出。斯大林和毛泽东坐在一个包厢，就是旧时沙皇的专用包厢。演出结束后，观众全都回过头来欢呼："斯大林，毛泽东！""毛泽东，斯大林！"毛泽东举手向群众致意，并呼口号："斯大林万岁！""光荣归于斯大林！"全场欢声雷动，充分体现出中、苏两国人民的深厚情谊。

1950 年 1 月 2 日晚 8 时，莫洛托夫和米高扬到别墅来和毛泽东谈话，询问毛泽东对签订中苏友好条约等事项的意见。毛泽东讲了三个办法，莫洛托夫当即表示："甲项办法（签订新的中苏友好条约）好，周恩来可以来。"毛泽东追问："是否以新条约代替旧条约（苏联与国民党政府签订的中苏友好同盟条约）？"莫洛托夫斩钉截铁地说："是的。"于是，毛泽东发电报让周恩来总理来莫斯科。

1 月 21 日，毛泽东应邀参加了列宁逝世 26 周年纪念大会。

1 月 22 日，即周恩来到达莫斯科的第三天，便随同毛泽东与斯大林举行会谈。

毛泽东首先发言，阐述了在新情况下中、苏两国的合作关系应以条约形式固定下来的意见。他认为，条约内容应是密切两国的政治、军事、经济、文化、外交的合作，以共同制止日本帝国主义再起或与日本勾结的其他国家的重新侵略。

斯大林同意这一意见，并谈了中长铁路问题、旅大问题、贸易及贸易协定问题、借款问题、民航合作问题等。

毛泽东提议中长铁路、旅顺及大连三个问题写在一个协定中。斯大林说："中苏条约应是一个新的条约，对雅尔塔协定问题可以不管它。旅顺口问题的解决办法，一个是限期归还，在对日和约缔结后撤兵；一个是现在撤兵，但过去的条约形式暂不变更。"毛泽东同意前一种办法。谈到大连问题时，斯大林说："可由中国自己处理。"关于中长铁路，中方只提缩短年限，改变资本比例。苏方同意缩短年限，主张资本各半，双方轮流担任正副局长。

另外还谈了贸易问题、中苏两个股份公司问题、两国互设领事馆问题，以及承认外蒙古独立的问题等。

1950年2月14日，《中苏友好同盟互助条约》签字仪式在克里姆林宫举行。中方代表有毛泽东、周恩来、李富春、陈伯达、王稼祥等，苏方出席的有斯大林、莫洛托夫、伏罗希洛夫、马林科夫、米高扬、维辛斯基、赫鲁晓夫等。代表双方签字的是周恩来和维辛斯基。随后站在中间的毛泽东和斯大林在耀眼的闪光灯下紧紧握手，互致祝贺。

签字仪式结束后，斯大林举行招待会，中苏官员互相祝贺。斯大林同毛泽东坐在一起。毛泽东对斯大林说："再过几个钟头，也就是今天傍晚，我们要举行答谢宴会，也是告别宴会。希望你，斯大林同志能莅临。我们希望你能出席一下，如果健康情况不允许，你可以随时提前退席，我们不会认为这有什么不合适。"斯大林回答说："我历来没有到克里姆林宫以外的地方出席过这样的宴会，而且已经成了惯例。对你们的邀请，我们在政治局会议已讨论过了，决定破例接受你们的邀请，也就是允许我答应你们的邀请，出席你们举行的宴会。"毛泽东再次说："如果身体不支，你可以随时提前退席。"斯大林说："不会的，既然来了，就要参加到底。"

晚9时许，斯大林率苏共中央政治局成员来到中国代表团租用的克里姆林宫附近的米特勒保尔大旅社门口。毛泽东和斯大林握手后，便陪同斯大林向餐厅的正席走去。客人们全惊呆了，接着便是热烈的掌声和"斯大林万岁"的欢呼声，直到毛泽东和斯大林穿过大厅到里边小厅就座才停息。这间主宾厅与外厅隔着一排玻璃墙壁，外厅的人们不顾礼仪纷纷向里间拥挤，想一睹两位伟人的风采。眼看隔板、玻璃门快要挤碎了，周恩来索性让服务人员撤去隔板，将两厅合成一厅，让大家都能看到这非凡的历史性场面。

周恩来致祝酒词，由费德林担任翻译。费德林手里拿着周恩来的俄文讲话稿。周恩来临场未拿讲稿，2000 余字的祝酒词竟说得与原稿一字不差。他说，我们两国签署的条约和协定，将使中、苏两国关系更加紧密，将使中国人民不会感到自己被孤立，而且将有利于中国的生产建设和经济的恢复和发展，有利于世界和平。中苏友谊要世世代代传下去。周恩来的祝酒词激动人心，全场热烈鼓掌。斯大林的讲话很轻松，他说，中苏友好，兄弟情谊要保持下去，周恩来都说了，也代表了他的意思。社会主义阵营也应该像周恩来讲的那样，可惜今天与会者少了一员——南斯拉夫未被邀请，原因是南斯拉夫把自己划到外面去了，斯大林表示惋惜。接着他又讲了团结就是力量。全场热烈鼓掌，经久不息。

席间毛泽东曾举杯祝斯大林健康并祝中苏友好万岁，斯大林也数次举杯，祝毛泽东、周恩来健康。宴会持续到午夜，尽欢而散。

2月17日，中国代表团离开莫斯科回国。莫洛托夫到毛泽东住处把他送上汽车，又先于毛泽东赶到火车站，在那里迎接并送毛泽东上火车。临别时，莫洛托夫一语双关地说："你们的道路是遥远的，行程是漫长的，只有健康的身体，才能继续自己的行程。我们祝愿你一路福星高照。这是斯大林再三让我告诉你的。另外，保卫工作要做好，千万不要大意，这是临别赠言。"说完握手告别下车。

《中苏友好同盟互助条约》奠定了中国 20 世纪 50 年代前期外交政策的基础，为中国恢复和发展国民经济创造了重要的外部条件。总的来讲，在中华人民共和国成立初期，苏联对中国建设的援助是巨大的。斯大林派了大批专家来华工作，给予中国大笔贷款，帮助中国的各项建设，其中有48 个工程项目都是由苏联方面提供无私援助。斯大林对中国共产党人的态度是诚恳的。

1950 年 6 月 25 日，朝鲜战争爆发。10 月 1 日南朝鲜军越过三八线，金日成请求中国政府出兵支援，中国决定以志愿军名义赴朝参战，抗美援朝，保家卫国。斯大林原来答应苏联出动空军支援，莫洛托夫赞成，后来斯大林又曾打电话说，不能用空军支援，空军只能到鸭绿江边，表明对与美开战的畏惧。后来，中国人民志愿军和朝鲜人民军并肩作战，终于迫使以美国为首的"联合国军"于 1953 年 7 月 27 日在停战协定上签字。

1953 年 3 月初，斯大林病重。毛泽东得讯后于 3 月 4 日亲赴苏联大使馆，对斯大林的病情表示关怀和慰问。同日，又致电斯大林以示关切。

3 月 5 日，斯大林病逝。3 月 6 日，毛泽东签署中央人民政府令，规定 7 日至 9 日，全国下半旗志哀，停止一切娱乐活动，并派周恩来总理率代表团赴苏联参加吊唁活动。

3 月 9 日，毛泽东在天安门主持有 50 万人参加的追悼会。当天在《人民日报》头版发表署名文章《最伟大的友谊》，深切悼念斯大林。

对斯大林的逝世，毛泽东是很悲痛的。尽管斯大林在几十年的中国革命中对毛泽东存有不少怀疑、误解和不信任，甚至有过压制和排挤。毛泽东早已摆脱了这些历史的恩恩怨怨，随着 1949 年底那一次伟大的历史性会见，毛泽东与斯大林建立了深厚的友谊。这是两位历史巨人建立在马克思主义基础上的伟大友谊。后来赫鲁晓夫全盘否定斯大林，毛泽东毅然提出"三七开"的评价，捍卫斯大林的历史地位，便不难理解了。

赫鲁晓夫

【传略】

赫鲁晓夫（1894—1971），全名尼基塔·谢尔盖耶维奇·赫鲁晓夫。曾任苏共中央第一书记、部长会议主席。

赫鲁晓夫1894年4月17日出生于苏联库尔斯克省（现库尔斯克州）卡利诺夫卡村一个工人家庭。赫鲁晓夫的父亲是一位贫农，后来在顿巴斯顿涅茨煤田当了一名矿工。由于家境贫寒，负担过重，赫鲁晓夫很早就开始做牧童，当雇工。1909年，其父举家迁往顿涅茨煤矿中心尤佐夫卡（现顿涅茨克），年仅15岁的赫鲁晓夫被送进鲍谢特工厂当钳工。俄国十月革命一声炮响，唤醒了这位23岁的年轻钳工，他被革命吸引，立志干一番大事业。十月革命胜利后，赫鲁晓夫回到老家，担任了村贫农委员会主席。1918年，他正式宣誓加入俄国共产党（布）。1918—1920年国内战争期间，赫鲁晓夫参加了南方战线的工作，担任党支部书记。1922年秋，他进入尤佐夫卡矿山技术学校工人专修班学习，毕业后，在顿巴斯、基辅做党的工作。1926年，他到乌克兰从事宣传工作。

1927年，他作为正式代表参加联共（布）第十五次代表大会。看着苏联党政军要员，赫鲁晓夫兴奋不已，他的雄心一次次被唤起，他希望将来有一天跻身其中……于是，他决定去"镀金"。

1929年，赫鲁晓夫进入莫斯科斯大林工业学院学习，同时担任该院党委书记。由于学习刻苦，工作优异，毕业后，他留在莫斯科市州委工作。1931—1934年，他先后任莫斯科市鲍曼区委和红色普列斯尼区委第一书记，莫斯科市委第二书记、第一书记和莫斯科州委第二书记。1934年在联共（布）第十七次代表大会上，赫鲁晓夫当选为党中央委员会委员。

1938年至1947年，赫鲁晓夫任联共（布）乌克兰党中央第一书记。

1938 年，在联共（布）中央全会上他被选为政治局候补委员。在乌克兰工作期间，他虽然犯有肃反扩大化错误，但扩大了克里沃罗格等两大冶金厂的生产能力，农业也得到了一定发展。1939 年 3 月，在联共（布）第十八次代表大会上，他当选为政治局委员，1939 年获劳动红旗勋章。

1941 年至 1945 年卫国战争期间，鉴于他突出的政治才能，赫鲁晓夫先后被任命为基辅特别军区、西南方面军、斯大林格勒方面军、南方方面军、沃罗涅日方面军和乌克兰第一方面军的军事委员会委员。1943 年 2 月，赫鲁晓夫获陆军中将军衔。

1946 年至 1947 年，赫鲁晓夫任乌克兰党中央第一书记兼部长会议（1946 年 3 月以前称人民委员会）主席。他领导战后乌克兰的重建工作，恢复因战争中断的农村集体农庄的建设。1947 年 3 月，因对乌克兰地区的民族主义"缺乏警惕"，他被解除乌克兰党中央第一书记的职务，仍保留乌克兰部长会议主席的职务。1947 年底，他重新当选为乌克兰党中央第一书记，日益受到斯大林的器重。为了讨得斯大林的欢心，虽然知道斯大林也有缺点，也不满意他的一些做法，但赫鲁晓夫从来不说，一味地对斯大林进行无原则的吹捧。赫鲁晓夫是第一个称斯大林为"天才领袖"的人，称颂斯大林为"人民的慈父"，甚至称斯大林为自己的"生身父亲"。他曾经在数万人参加的大会上吹捧斯大林："是您，斯大林同志，在全世界高举马克思主义——列宁主义的伟大旗帜，向前挺进。我们向您保证：更紧密地把党和非党的布尔什维克团结在斯大林主义的中央委员会周围和伟大的斯大林周围。"

从 1949 年 12 月起，赫鲁晓夫到联共（布）中央工作，担任中央书记兼莫斯科州委第一书记，主管农业。1950 年，他提出合并集体农庄计划，并很快在全国范围内推广。1952 年 10 月，在联共（布）第十九次代表大会上，赫鲁晓夫作了修改党章的报告，他继续当选为中央委员。根据新党章规定，中央政治局改为中央主席团，赫鲁晓夫当选为中央主席团委员和中央委员会书记。

1953 年 3 月 5 日，斯大林逝世。次日，苏共中央、苏联部长会议和最高苏维埃主席团举行联席会议，任命马林科夫为部长会议主席（1955 年 2

月辞职，由布尔加宁接任）。

1953 年 3 月 14 日，在赫鲁晓夫坚持实行"集体领导"的要求下，苏共中央全会批准马林科夫辞去中央书记的请求。1953 年 9 月，赫鲁晓夫担任苏共中央第一书记。赫鲁晓夫终于达到权力的顶峰。这一年，赫鲁晓夫 59 岁。会上赫鲁晓夫作了《关于进一步发展苏联农业的措施》的报告。会议通过的决议规定，大幅削减自留地物产税；取消对果树、奶牛等财产的实物税；提高购买农民剩余产品及国营农场副产品的价格；增加化肥和农业机械的生产；等等。赫鲁晓夫想通过这些措施和办法，促进农业生产的发展。

1955 年 5 月 26 日，赫鲁晓夫抵达贝尔格莱德访问，承认在两国关系上苏联"犯了严重错误"，恢复了和南斯拉夫的关系。

1956 年 2 月 25 日，赫鲁晓夫在苏共（布）二十大作《关于个人崇拜及其后果》的秘密报告。在报告中，他指责"斯大林严重地滥用职权"，对党的干部实行大规模的恐怖手段，在卫国战争中"表现的那种神经质和歇斯底里使我军遭受了严重的损失"。战后，"斯大林只是从电影上来研究国内情况和农业"，他决定每件事，"不是从对现实的真实估计出发，而是从一个脱离了生活的人的空想出发的"。报告中还说，必须"同个人崇拜在任何形式下的复活进行无情斗争"，并从此开始向斯大林发动全面的攻击。后来，在苏共第二十二次代表大会上，赫鲁晓夫又咒骂斯大林是"凶手""刑事犯""强盗""白痴"等。苏共（布）第二十二次代表大会还通过决定，把斯大林的遗体迁出列宁墓。

不久，美国《纽约时报》首先公开发表赫鲁晓夫的秘密报告，各国反动派借机掀起反共反社会主义的逆流，使国际共产主义运动一度造成严重的思想混乱，这也引起苏共内部一些人的不满。

1957 年 6 月 18 日，苏共中央主席团决定解除赫鲁晓夫中央第一书记的职务。赫鲁晓夫拉拢国防部部长朱可夫元帅，动用军用飞机，把中央委员从各地接来，于 22 日至 29 日召开苏共中央特别全会，不仅驳回主席团的决定，还宣布其中的多数成员是"反列宁主义集团"，把莫洛托夫、卡冈诺维奇、马林科夫开除出中央委员会，保住了自己的职位。

不久，赫鲁晓夫又把打击目标对准了帮助他击垮反对派的朱可夫。

1957 年 10 月 26 日，朱可夫被解除国防部部长职务。11 月 2 日，朱可夫被指控培植对自己的"个人崇拜"，被赶出苏共中央主席团和中央委员会。赫鲁晓夫决心把所有的有威胁的对手击垮，把所有的大权都抓在手里。1958 年 3 月，赫鲁晓夫接替布尔加宁担任苏联部长会议主席。

1959 年 2 月，苏共第二十一次代表大会召开。赫鲁晓夫在报告中说：苏联已经进入"一个新的、极重要的发展时期——全面展开共产主义建设的时期"，苏联"要解决的历史任务是在按人口平均计算的产品生产方面赶上并超过最发达的资本主义国家美国"。

1961 年 10 月，苏共第二十二次代表大会召开，赫鲁晓夫说，苏联已"全面展开共产主义建设"，"在二十年内基本上建成共产主义社会"。赫鲁晓夫主持修改的苏共纲领写道："无产阶级专政在苏联已经不再是必要的了。作为无产阶级专政的国家，在新的阶段即现阶段已变为全民的国家"，"由于社会主义在苏联的胜利，由于苏维埃社会的一致的加强，工人阶级的共产党已经变成苏联人民的先锋队，成了全体人民的党"。赫鲁晓夫还提出"按生产原则建立党的机构"，把党分成"工业党""农业党"。党只是"全民的政治组织"，"党机关工作中主要的东西就是生产"。

赫鲁晓夫执政时期，宣称和平共处是"苏联外交政策的基本原则"，是苏联"对外政策的总路线"。苏联"决不干涉或者准备干涉那些保存资本主义制度的国家的内政"。他主张进行"资本主义和社会主义两种体系的竞赛"。赫鲁晓夫认为，在某些资本主义国家中，"有可能通过议会道路向社会主义过渡"，这已有"现实的可能"。他说："工人阶级获得议会中的多数，在国内有强大革命运动的条件下，把议会变成为人民政权机关，就意味着粉碎资产阶级的军事官僚机器，建立议会形式的、新的即无产阶级的人民国家体制。"

为了缓和与美国的紧张关系，1959 年 9 月，赫鲁晓夫赴美访问。访美前夕，他在有美国等西方各国记者参加的记者招待会上说，世界上最大的两个国家苏联和美国的合作，决定着世界各国的关系，"有助于驱散地球上其他地区上空的乌云"。到美国后，他在戴维营同美国总统艾森豪威尔就德国、裁军、美苏关系等问题进行了会谈，达成了"戴维营协议"。赫鲁晓夫吹嘘"戴维营精神"是人类历史"新的转折点"。他认为苏联、美国两国合作决定着人类的命运。因为苏联、美国两国"都是世界上最强大的国家,如果我们为和平而联合起来,那么就不会有战争。那时,如果有某个疯子想挑起战争,我们只要用手指吓唬他一下就足以使他安静下来"。

回国后,赫鲁晓夫受在美国取得的"外交成就"所鼓舞,决定出书公开自己的一个"新理论"。其实,早在苏共二十大期间,他就提出,"只要帝国主义存在,战争就是不可避免的"这一马列主义原理只在一定时期是正确的,而在目前,情况已经根本改变,战争并不是注定不可避免的。后来他又宣传可以实现"没有武器,没有军队,没有战争的世界"。赫鲁晓夫把这些观点集中起来,于1960年以《没有武器的世界——没有战争的世界》为名出版。他认为,火箭核武器的出现使战争的概念发生了根本的改变。他说:"任何一个小小的'局部战争'都会成为引起世界大战的火灾的星星之火","现今,任何战争,即使由普通战争、非核战争开始,也会变成毁灭性的火箭核战争"。在这种情况下,地球将不复存在。

1959年5月11日到6月20日,苏、美、英、法四国在日内瓦举行柏林问题外长会议,讨论柏林问题,未取得一致意见。1961年8月13日,苏联武装封锁东西柏林间边界,筑墙达100英里,控制交通孔道和边界线,即"柏林墙"。美、英、法采取反措施后,赫鲁晓夫感到后悔,要求和解,但由于种种原因,在他任期内一直没有解决。

为了威慑美国,显示苏联强大军力,赫鲁晓夫秘密地在古巴建造导弹基地。1962年10月15日,美国侦察到苏联在古巴建造导弹基地。10月22日,美国总统肯尼迪宣布武装封锁古巴,要求苏联在联合国观察员的监视下迅速拆除和撤出运进古巴的核武器。赫鲁晓夫怕事情闹大,决定立即罢手。10月26日,赫鲁晓夫写信给肯尼迪:"一旦战争爆发,我们就无法遏制和制止它",这是"一场残酷的毁灭性的世界大战","让我们表现出政治家的明智吧"! 10月28日,赫鲁晓夫下令从古巴拆除和运回核武器,并同意在公海上接受美国军舰的检查。1964年10月14日,苏共中央全会宣布,"由于年迈和健康状况恶化",一致通过解除赫鲁晓夫党内外一切职务的决议。这一年,赫鲁晓夫70岁。下台后,赫鲁晓夫默默无闻地过了7年安静生活,其间,出版了《赫鲁晓夫回忆录》。1971年11月9

日，赫鲁晓夫死于心脏病，被葬在莫斯科新处女公墓。

【毛泽东评说】

我们支持苏联作为中心，这对社会主义运动有利。这一点也许你们不同意。赫鲁晓夫批评斯大林，你们从上到下都欢迎，而我们就不同，我们人民不满意。因此中国不挂斯大林像不行。

> ——摘自毛泽东1956年9月同南斯拉夫共产主义者联盟代表团的谈话，《毛泽东外交文选》，中央文献出版社、世界知识出版社1994年版，第255页。

你们控制过旅顺、大连，后来走了。为什么控制？因为当时是国民党的中国。后来你们自动走了，因为是共产党领导的中国了。

在斯大林的压力下，搞了东北和新疆两处势力范围、四个合营企业。后来，赫鲁晓夫同志提议取消了，我们感谢他。

......

取消四个合营公司、撤销旅顺基地的是赫鲁晓夫同志。斯大林在世时，要在我们这儿搞罐头工厂。我回答他说，你们给我们设备，帮助我们建设，全部产品都给你们。赫鲁晓夫同志夸奖了我，说我回答得好。但为什么现在又搞海军"合作社"？你们建议搞海军"合作社"，怎么向全世界讲话？怎么向中国人民讲话？你们可以训练中国人，同帝国主义斗争，你们作顾问。否则，旅顺，不仅旅顺，可以租给你们九十九年。搞"合作社"有一个所有权问题，你们提出双方各占百分之五十。你们昨天把我气得一宿没有睡觉。他们（指在座的其他中国领导人）没有气，我一个人有气。如果犯错误，是我一个人。

（周恩来：这是我们政治局的一致意见。）

......

（彭德怀：今年苏联国防部部长马利诺夫斯基同志给我打来一个电报，要来在中国海岸建设一个长波雷达观测站，用来在太平洋指挥潜艇舰队，需要的费用一亿一千万卢布，苏联负担七千万，中国负担四千万。）

这个问题和搞海军"合作社"一样，无法向人民讲，向国外讲，政治上不利。

……

你们帮助我们建设海军嘛！你们可以作顾问。为什么要提出所有权各半的问题？这是一个政治问题。我们打算搞二三百艘这种潜艇。

要讲政治条件，连半个指头都不行。你可以告诉赫鲁晓夫同志，如果讲条件，我们双方都不必谈。如果他同意，他就来，不同意，就不要来，没有什么好谈的，有半个小指头的条件也不行。

> ——毛泽东：《同苏联驻华大使尤金的谈话》，载《毛泽东外交文选》，中央文献出版社、世界知识出版社1994年版，第323—330页。

赫鲁晓夫的日子不好过。据统计，从苏共二十大以来，苏共主席团的老人已换得剩不了几个。这个现象说明那里不稳定。

苏共二十大之后，我们已经感到赫鲁晓夫不对头，但是从那时到一九五八年上半年，我们是采取帮助他的态度，因为我们当时考虑苏联人民要换一个领袖是不容易的。

后来，在一九五八年发生了海军基地问题。那年赫鲁晓夫来过北京一次。为什么来呢？苏联驻华大使同我们谈海军基地问题谈翻了，赫鲁晓夫只好自己来收拾。我对他说，把中国的海岸线都给你好了。他说，那你做什么呢？我说，我上山去打游击。他说，打游击没有用。我说，你把我的鼻子都塞住了，我不去打游击怎么办？

然后就是一九五九年的中印边界事件。赫鲁晓夫在访美前通过塔斯社发表声明，在中印边界事件上表示"中立"。访美后，他又到北京来了。这次他谈到台湾问题，要我们用苏联过去对远东共和国的办法来对待台湾。我对他说，远东共和国是你们建立的，蒋介石集团可不是我们搞起来的。另外，他还要我们放那时关在监狱里的四五个美国犯人。两个问题都没谈成，他说："艾森豪威尔在戴维营对我说过：你这次去北京一定是白跑。"

> ——毛泽东：《赫鲁晓夫的日子不好过》，载《毛泽东外交文选》，中央文献出版社、世界知识出版社1994年版，第515—516页。

赫
鲁
晓
夫

斯诺（以下简称斯）：主席还是认为原子弹是纸老虎吗？

毛泽东（以下简称毛）：我不过讲讲而已，真打起来会死人的。但是最后它是要被消灭的，那时就变成纸老虎了，它没有了嘛！

……

斯：就是在这样情况下第一次提的？

毛：是的。这是一九五四年十月的事。美国人说什么原子弹毁灭性严重，赫鲁晓夫也说得很神气，他们都超过我，我比他们落后了。是不是这样？相当落后。最近看见报道说许多美国专家访问比基尼岛[①]，他们登陆后看见老鼠照样在跑来跑去，鱼照样在湖里游来游去，井水还能喝，植物茂盛，鸟类很多，专家在进岛时要开辟道路，砍掉树木。这是在这个岛经历过十二年的核武器爆炸试验，隔了六年再去的。爆炸之后大概有一两年生物是倒霉的，然后又生长起来。为什么老鼠根本不受影响，没有毁灭？因为它们钻到洞里去了。植物为什么那么多，不受影响？大概死了不少，剩下一点又生长起来，经过几年又大大发展起来。

……

毛：总之，对那地方的鸟、树、海龟说来，原子弹不过是纸老虎。可能人类要比它们脆弱一点。

　　——毛泽东：《同斯诺谈国际问题》，载《毛泽东外交文选》，中央文献出版社、世界知识出版社1994年版，第550—552页。

中苏的分歧要从一九五四年开始算起。因为一九五五年阿登纳到莫斯科，赫鲁晓夫就对阿登纳说，中国不得了了。阿登纳的回忆录上是这么写的。你见过阿登纳吗？

　　——摘自毛泽东1974年5月25日同英国前首相爱德华·希思的谈话，《毛泽东外交文选》，中央文献出版社、世界知识出版社1994年版，第603页。

---

① 比基尼岛是位于马绍尔群岛中的一个珊瑚岛，1974年成为美国托管地，是美国的核试验基地。

任何一个人都要人支持。一个好汉也要三个帮，一个篱笆也要三个桩。这是中国的成语。中国还有一句成语，荷花虽好，也要绿叶扶持。你赫鲁晓夫同志这朵荷花虽好，也要绿叶扶持。我毛泽东这朵荷花不好，更要绿叶扶持。我们中国还有一句成语，三个臭皮匠，合成一个诸葛亮。这合乎我们赫鲁晓夫同志的口号——集体领导。单独的一个诸葛亮总是不完全的，总是有缺陷的。

——毛泽东：《在莫斯科共产党和工人党代表会议上的讲话》，《毛泽东文集》第七卷，人民出版社 1999 年版，第 330 页。

【作者述评】

赫鲁晓夫是前苏联政治家、国务活动家。他是工人家庭出身，早年当过牧童、雇工和钳工。1918 年，他参加布尔什维克，投身革命，在基层和地方做党的工作。苏联国内战争时期、卫国战争时期，他在部队做党的工作，曾获中将军衔。和平建设时期，他先在地方，后到中央工作，步步高升，一帆风顺，与其说是靠他的聪明才干，不如说靠他的投机钻营。斯大林生前，他靠肉麻的吹捧赢得斯大林的青睐，爬到高位。斯大林逝世以后，他以强调集体领导为名，迫使马林科夫主动辞职，爬上党中央第一书记的宝座。1956 年他在苏共二十大作"秘密报告"，全面否定斯大林。1957 年 6 月 18 日，苏共主席团决定解除赫鲁晓夫第一书记的职务。赫鲁晓夫拉拢国防部长朱可夫，动用部队，召开中央全会，驳回主席团决定，并把莫洛托夫等老革命家打成反党集团，开除党籍。赫鲁晓夫化险为夷。不久他又解除了朱可夫的国防部长职务，接着又从布尔加宁手中夺得部长会议主席职务，从而集党政大权于一身。他在指导社会主义建设上，往往采取一些急躁、冒进的措施，提出许多不切实际的口号。他过早宣布"苏联已建成社会主义社会和正在向共产主义过渡"，并提出"在二十年内建成共产主义"。他借口时代的发展变化，否定无产阶级革命和无产阶级专政。他进而提出和平竞赛、和平过渡、和平长入社会主义和全民国家、全民党的口号。他和美国打得火热，对兄弟党则以"老子党"自居，对其他社会主义国家采取大国沙文主义态度，1964 年 10 月 14 日，苏共中央全会宣布："由于年迈和健康情况恶化"，一致通过解除赫鲁晓夫党内外一切职务的决议。从此，赫鲁晓夫便在政治舞台上消失了。

毛泽东对赫鲁晓夫有一个认识的过程，他和赫鲁晓夫的关系大致经过三个阶段：1956年以前，关系比较亲密；1956年苏共二十大赫鲁晓夫作"秘密报告"，大反斯大林，毛泽东主张"三七开"，二人发生矛盾；1960年赫鲁晓夫撤走专家，撕毁合同，抛出"三和两全"谬说，二人公开决裂。

赫鲁晓夫执政期间，曾多次访问中国，毛泽东于1957年也曾访问苏联。毛泽东与赫鲁晓夫有多次面对面的交往。1954年9月29日，赫鲁晓夫率领布尔加宁、米高扬等高级官员抵达北京，对中国进行正式友好访问。这是自苏联成立以来的第一位最高领导人访华，也是赫鲁晓夫第一次访华。中国党和政府极为重视。第二天，毛泽东率领刘少奇、周恩来、邓小平等主要领导人亲切会见了以赫鲁晓夫为首的苏联政府代表团成员。赫鲁晓夫这次访问是富有成果的，中、苏双方签署了《中、苏两国政府联合宣言》等八个文件。同时，苏方给中国5.2亿卢布长期贷款，赠送中国一批农业机械设备。不难看出，中、苏之间兄弟友谊仍在开花结果。这是中苏关系最高潮的日子。但在这次会见中，当毛泽东提出想让苏联帮助搞核试验时，赫鲁晓夫拒绝了，给中苏关系投下了阴影。

十月革命40周年到来了，苏方邀请中国领导人前往参加庆典。访苏前夕，毛泽东曾问翻译李越然："你了解赫鲁晓夫这个人吗？""不太熟悉，只是跟总理和彭真同志出访时和他接触过几次。给我的印象是思想敏锐，很精明，比较开朗，有时容易锋芒外露。据说这个人脾气是比较暴躁的。""赫鲁晓夫有胆量。"毛主席不无赞赏地说："不过这个人也能捅漏子，可能日子不大好过，是多灾多难的。"（吴江雄主编：《毛泽东评点国际人物》，安徽人民出版社1998年版，第512—513页）1957年11月，毛泽东主席亲率宋庆龄、邓小平、彭德怀、郭沫若等大型代表团访苏。毛泽东不大习惯那种烦琐的外交礼仪，事先曾建议最好免去。苏方还是赫鲁晓夫、伏罗希洛夫、布尔加宁等主要领导人亲往机场迎接，热烈隆重。毛泽东下榻在克里姆林宫前沙皇的寝宫里，曾使毛泽东不高兴。

庆典期间，12个社会主义国家共产党、工人党代表会议，68国共产党、工人党会议相继召开。各国党的领袖签署了著名的《莫斯科宣言》《和平宣言》。毛泽东在随后的酒会上说："我们开了两个很好的会，大家要团结起来，这是历史的需要。"并呼吁大家拥护苏联做社会主义阵营的头。因为苏联在1957年8月发射了一枚洲际导弹，10月和11月连续发射了两颗人造地球卫星，在某些高科技方面已领先于美国。所以，毛泽东在11月14日召开的12个社会主义国家共产党和工人党代表会议上即席讲话，给予高度赞扬。毛泽东说："苏联抛了一个五百公斤的小月亮，我们大家要督促苏联的同志一下，希望他们以后抛的卫星要大于五百公斤，搞一个五万公斤的抛上去，我说事情就更加好办了。你搞了五万公斤的抛上去，就有可能订立和平协定了。"

"世界上谁胜谁负的问题并没有解决，还有严重的斗争，还有战争的危险。要防备疯子，当然世界上常人多，疯子少。但是有疯子，偶然出那么一个疯子，他用原子弹来打，你怎么办？所以，我们必须有那么一个国家，有那么一个党，它随时可以召集会议；为首，与召集会议差不多是一码事。"说到这里，毛泽东把脸转向他旁边的赫鲁晓夫说："我们的赫鲁晓夫同志你干不干呀？"赫鲁晓夫笑了，大家也跟着笑了。毛泽东又说："大家共同努力，那也对，不过我看主要由你努力！我们希望你们在不长的时间里再搞一个很大的东西上去。把资本主义世界远远地抛在后边，我们的日子就更加好过了，而且全人类的生活就都好过了，就'免于恐怖'了。罗斯福不是讲过'免于恐怖'吗？资产阶级政治家有时也讲几句好话。不过他们讲的是一套，做的又是一回事。要'免于恐怖'，要有五万公斤，或者更大的东西抛上去，而这首先依靠苏联。不是讲美国非常厉害吗？你为什么现在连一个山药蛋也没抛上去呢？你有一亿吨钢，牛皮吹得那么大呀，还做出了什么'先锋计划'，我看'先锋计划'要改名，得改成落后计划了。"

毛泽东的讲话博得了热烈的鼓掌，连赫鲁晓夫也情不自禁跑上去拥抱毛泽东。11月18日，在大会闭幕会上，毛泽东又提出了著名的"东风压倒西风"的论断。毛泽东说："现在我感觉到国际形势到了一个新的转折点。世界上现在有两股风：东风、西风。中国有句成语：不是东风压倒西风，就是西风压倒东风，我认为目前形势的特点是东风压倒西风，也就是说，社会主义的力量对于帝国主义的力量占了压倒的优势。"

1958 年 7 月 31 日，赫鲁晓夫秘密来到中国。他想同毛泽东商量在中国建立潜艇基地、长波电台的事，毛泽东断然拒绝了赫鲁晓夫的请求，使赫鲁晓夫那有损中国权益的计划最终化成泡影。

赫鲁晓夫对中国的做法极为不满。一个要当老大，事事指挥他人；一个要独立自主，冲突必不可免，矛盾终于在 1959 年全面爆发。1959 年 6 月，苏联单方面撕毁 1957 年 10 月签订的《中苏关于国防新技术协定》。1960 年 6 月，在各国共产党、工人党参加的布加勒斯特会议上，赫鲁晓夫用突然袭击的手段，散发一封苏共中央 6 月 21 日给中共中央的通知，在世界各国共产党和工人党面前，公开攻击中国共产党。1960 年 7 月，苏联违反中苏友好同盟互助条约，从中国召回 1390 名专家，撕毁 343 个专家合同和合同补充书，废除 257 个科学技术合作项目，在贸易方面对我国实行限制和歧视政策。在赫鲁晓夫任期内，苏联曾答应为中国建立核工业提供技术援助，并在 1957 年 10 月同中国签订了有关协定，但苏联政府于 1959 年 6 月 20 日单方面撕毁了这些协定。这一系列步骤，把中、苏两党之间的意识形态分歧扩大到国家关系方面，导致中苏关系严重恶化。1962 年 4、5 月间，苏联公然煽动几万名中国公民跑向苏方边境，并策划新疆伊宁武装叛乱。同年秋，赫鲁晓夫公然袒护印度军队侵犯中国领土。随后，中、苏两党之间的争论走向公开化。从 1963 年 9 月到 1964 年 7 月，由《人民日报》和《红旗》杂志编辑部先后发表了九篇评论苏共中央公开信的文章，这就是国际共运史上人所共知的"九评"。后来勃列日涅夫的社会帝国主义，戈尔巴乔夫抛弃东欧社会主义国家，解散苏联共产党，致使世界上第一个社会主义国家解体，都是一脉相承的，赫鲁晓夫这个始作俑者，当然难辞其咎。所以，毛泽东 1965 年写《念奴娇·鸟儿问答》批判赫鲁晓夫的"土豆烧牛肉"的共产主义，还一直把赫鲁晓夫当作阴谋家、野心家、修正主义的头子。后来邓小平说，在这场中苏论战中，双方都讲了一些不切实际的大话、空话。

此外，值得一提的是，1962 年，赫鲁晓夫过高估计了美、苏之间的战略平衡，向当时的美国总统肯尼迪隐瞒部署在古巴的苏联核弹头，后来被迫撤出。这场赫鲁晓夫导演的古巴导弹危机，差一点把全世界推向全面核战争的深渊。40 年后，卡斯特罗谈到这次导弹危机时说："全是赫鲁晓夫惹的祸。"

莫洛托夫

【传略】

莫洛托夫（1890—1986），全名维亚切斯拉夫·米哈伊洛维奇·莫洛托夫，原姓斯克里亚宾。苏联共产党和苏维埃国家的领导人，曾任苏联人民委员会主席、苏联部长会议第一副主席、苏联外交人民委员、外交部部长。

1890年3月9日，莫洛托夫出生于俄罗斯维亚特州库卡尔卡镇（今基洛夫州苏维埃茨克镇）的一个店员家庭，是米哈伊尔·斯克里亚宾的第三个儿子。父亲比较重视儿子们的教育，莫洛托夫12岁时，便被送进喀山市第一实业中学念书。在学校，莫洛托夫参加了第一个自学小组，阅读马克思主义著作。1906年，年仅16岁的莫洛托夫加入了俄国社会民主工党，踏上了革命道路。他积极参加群众大会和示威游行，反对沙皇专制制度，并到各校活动，秘密组织革命小组，发表文章，传播革命思想，成为当地学生运动的主要领导成员之一。

莫洛托夫在学校的一系列革命活动，引起了喀山当局的注意。1909年4月，莫洛托夫在中学毕业前夕被捕，判两年流放。同年6月，他被流放到沃洛格达省（今沃洛格达州）。流放期间，莫洛托夫认真研读了马克思、恩格斯和列宁的著作。莫洛托夫还避开警察的监视，在工人群众中开展秘密工作，重建被沙皇政府破坏了的党组织。1911年6月，莫洛托夫进入彼得堡工学院学习。他除在本校继续进行革命活动外，还在彼得堡各高校发展党组织，建立党的全市高等学校联合委员会，组织开展学生运动，并在《火星报》工作。

1911—1912年，莫洛托夫积极参加《真理报》的筹建工作。1912年5月5日，《真理报》创刊。他担任该报编委兼编辑部秘书，同时还兼任布尔什维克党彼得堡委员会委员。这时，他以阿·里亚宾、维·米哈依洛夫、阿·兹万诺夫等笔名，为报纸撰写了许多宣传无产阶级革命的文章。1913—1914年，他多次被捕，沙皇政府禁止他在彼得堡及其他大城市和工业区居住，他被迫转入地下活动。

1914年第一次世界大战爆发后，莫洛托夫被派往莫斯科，负责重建被破坏的布尔什维克党组织。由于混入党内的奸细告密，他在1915年6月再次被捕，判处到西伯利亚伊尔库茨克省流放三年。一年后，他从流放地逃回彼得格勒。根据列宁的提议，他被选为布尔什维克党中央委员会俄罗斯局委员。

1917年十月革命期间，莫洛托夫参加彼得格勒苏维埃执行委员会，担任布尔什维克党中央委员会和彼得格勒委员会的领导工作。莫洛托夫拥护列宁提出的社会主义革命可能在少数几国或单独一个国家内获得胜利的理论。他说：由于帝国主义时代一些资本主义国家不平衡的发展，社会主义不可能同时在所有国家胜利，却可能首先在个别国家内胜利。1917年10月10日，布尔什维克中央委员会举行特别会议，列宁在会上作了重要讲话，通过了武装起义的决议。彼得格勒党组织当即作出决定，准备武装起义。10月12日，彼得格勒成立革命军事委员会，莫洛托夫被选为该委员会委员，参加了彼得格勒武装起义的领导工作。十月革命胜利后，莫洛托夫是彼得格勒工农兵代表苏维埃的主要领导人之一。在苏维埃俄国进入国内战争时期，1918—1919年，莫洛托夫先后任北方地区国民经济委员会主席、联共（布）中央和苏俄政府驻伏尔加河地区全权代表及下戈罗德省执行委员会主席，领导当地人民同饥饿作斗争。他走遍了伏尔加河、卡马河沿岸，通过艰苦工作，缓和了严重的粮食危机。

1920年4月，莫洛托夫在联共（布）第九次代表大会上当选为中央候补委员，同年9月任顿涅茨省委书记，负责该地区工业的恢复工作。顿巴斯煤矿区是战争最频繁的地区之一，它几度易手，遭到严重破坏。为了迅速恢复和发展生产，莫洛托夫制定了严格的规章制度，采取组织劳动军的办法：工人每天必须完成定额，根据定额完成情况供给工人生活用品。苏维埃政府在粮食、盐、服装、机动车辆等方面也给予大力支援，使顿涅茨省煤矿的开采和运输量在短时间内有了大幅度增加。

1921 年 3 月，俄共（布）举行第十次代表大会，莫洛托夫被选为中央委员及中央政治局候补委员。1922 年 4 月，联共（布）第十一次代表大会召开，会上，斯大林当选为中央委员会总书记。由于莫洛托夫兢兢业业的精神和卓越的工作能力，尤其是善于有条不紊地处理卷帙浩繁的公文，加上他的忠心耿耿的态度，斯大林把他留在书记处，任俄共（布）中央局书记。莫洛托夫从此成为斯大林的左右手。

自 1924 年起，莫洛托夫领导党中央农村工作委员会，主管农业工作。1925 年 12 月，莫洛托夫在联共（布）第十四次代表大会上指出，实现社会主义工业化同加强工农联盟是分不开的。

1927 年 12 月 2 日，联共（布）举行第十五次代表大会，研究农业集体化问题。莫洛托夫在会上作了关于农村工作的报告。报告指出，在合作化的基础上，把落后的、分散的小农经济引导到大机器生产和集体耕作轨道上去，这是党的首要任务，是发展社会主义建设、巩固国防的需要。他强调这一工作不能操之过急。大会通过了全力开展农业集体化运动，把农业改变为以新技术为基础的社会主义大农业的决议。1929 年 6 月，联共（布）中央和苏联政府通过了《关于巩固集体农庄制度的措施》的决议。从这年秋季起，集体农庄运动出现重大变化，不仅贫农，而且大批中农加入集体农庄，到 1932 年，集体农庄的耕地面积几乎占农民全部耕地面积的 70%。

1927—1928 年，莫洛托夫还兼任联共（布）莫斯科委员会书记。

1930 年，根据斯大林的建议，莫洛托夫任苏联人民委员会主席（部长会议主席），兼劳动、国防委员会主席，正式成为苏联政府首脑，登上了权力的顶峰。

1930 年 12 月，在党中央委员会和中央监察委员会举行的一次联席会议上，莫洛托夫作了发言，他称自己是"列宁的学生"，现在"又非常有幸地在……斯大林同志的直接领导下"工作，"深感自豪"。

苏联发展国民经济的第一个五年计划完成后，1934 年 1 月至 2 月，联共（布）举行第十七次代表大会，莫洛托夫在会上作了第二个五年计划的报告。他说，第二个五年计划有以下三个基本任务，即彻底消灭阶级并同时铲除产生阶级的根源；进一步提高工人和集体农民群众的物质福利，把劳动人民的消费水平提高一倍半到两倍；完成工业、农业、运输业等整个国民经济的技术改造。大会一致赞同这项任务，批准了第二个五年计划。

1934年12月1日，联共（布）中央书记、列宁格勒州委第一书记基洛夫被暗杀。莫洛托夫同斯大林、伏罗希洛夫等当天从莫斯科赶到列宁格勒审理此案。莫洛托夫是20世纪30年代肃反运动的主要负责人之一，对肃反扩大化负有重要责任。

1939年3月，莫洛托夫在联共（布）第十八次代表大会上作苏联发展国民经济第三个五年计划（1938—1942）报告。他指出，第三个五年计划同前两个五年计划不同，那时的问题是建成社会主义经济基础，现在的任务是在此基础上赶上并超过主要资本主义国家。他从国际形势出发，强调继续优先发展重工业，特别是应以超过工业平均发展速度发展机器制造、电力、化学工业和特种钢的生产，提出合理配置生产力，在苏联东部地区、乌拉尔及伏尔加河流域加快发展煤、铁、石油基地的主张。

1939年5月3日，莫洛托夫任外交人民委员。当时欧洲局势已十分严重，为争取时间，延缓战争的到来，苏联同意和德国缔结互不侵犯条约。8月23日中午，德国外长里宾特洛甫到莫斯科访问。当晚，莫洛托夫与斯大林同他进行会谈，并签署《苏德互不侵犯条约》（也称《莫洛托夫——里宾特洛甫条约》）。其中规定，缔约双方保证不单独或联合其他国家向另一方使用武力，进行侵略或者攻击。1940年3月9日，莫洛托夫50岁生日，由于功劳卓著，荣获一枚列宁勋章。苏联最大的工业中心彼尔姆市改名为莫洛托夫市。此后，在苏联地图上有如雨后春笋般地出现了两个莫洛托夫斯克、一个莫洛托夫角、一个莫洛托夫峰，以及数以千计冠之以莫洛托夫大名的集体农庄、工厂企业和机关学校。

1941年5月，斯大林亲自担任苏联人民委员会主席，莫洛托夫被任命为第一副主席。同年6月22日，法西斯德国入侵苏联。当天中午12时，莫洛托夫受苏联政府委托发表广播讲话说："我们的事业是正义的。敌人将被打败，胜利将属于我们。"他号召全体人民和武装力量紧密地团结在党的周围，光荣地履行保卫祖国的神圣义务，勇敢地投入反法西斯战争中。

6月底，苏联政府决定成立以斯大林为主席的国防委员会，莫洛托夫任副主席，具体负责外交战线的斗争。

1942年初，苏联军民取得莫斯科保卫战的重大胜利后，苏联要求英、美在欧洲开辟第二战场。5月26日，莫洛托夫和英国外交大臣艾登在伦敦签署了《关于在反希特勒德国及其欧洲仆从国战争中结盟及战后合作互助条约》。条约规定，两国"互相承允给予彼此军事及其他一切援助"，但没有最后确定在欧洲开辟第二战场，因为美国当时尚未就此问题明确表明态度。苏、英双方商定，莫洛托夫先去美国，返国时再取道伦敦商讨这个问题。

1942年5月29日，莫洛托夫在白宫会见了美国总统罗斯福、国务卿赫尔等人，就在欧洲开辟第二战场问题进行会谈。莫洛托夫说：第二战场问题既是个军事问题，也是个政治问题，但它主要还是政治问题。他说：如果英国、美国在1942年开辟第二战场，并从苏联战场上吸引希特勒40个师，那么，苏联在1942年或者能打败希特勒，或者毫无疑问地保证最终打败他。如果英国、美国拖延这一决定，他们将担负战争的主要压力。经过莫洛托夫的努力，双方就"1942年在欧洲建立第二战场的迫切任务"达成圆满协议。6月9日，莫洛托夫回到伦敦继续与英、美代表谈判并取得一致意见。苏、美及苏、英会谈公报在莫洛托夫6月12日返回莫斯科后发表。这次谈判进一步巩固了反法西斯同盟，展示了莫洛托夫卓越的外交才能。

但是，不久，英、美两国却以1942年秋在北非登陆，代替在欧洲开辟第二战场。希特勒趁此机会，调集重兵越过顿河，先后向斯大林格勒、库尔斯克发动全面进攻。在苏军全力抵抗下，德军遭到惨败。年内苏军先后收复顿巴斯、基辅，解放了三分之二的沦陷区。在此情况下，莫洛托夫和赫尔、艾登于1943年10月19日在莫斯科举行会议。会后发表联合宣言，表示同盟各国将把战争进行到敌人无条件投降为止。会议决定举行三国首脑会议。1943年11月28日至12月1日，莫洛托夫陪同斯大林参加德黑兰会议，同英、美两国首脑丘吉尔、罗斯福会晤。会议最后确定美、英军队应于1944年5月在西欧开辟第二战场，同时还就战后对德国的分区占领等问题交换了意见。

1945 年 2 月 4 日至 11 日，苏、美、英三国首脑在苏联克里米亚半岛的雅尔塔举行会议。莫洛托夫及其副手、苏联驻美大使葛罗米柯陪同斯大林出席了这次会议。雅尔塔会议讨论了苏联对日作战的可能与前提条件，通过了关于消灭德国军国主义和法西斯主义，严惩战犯及战后德国实行民主化等决议。决议规定，德国投降后将由盟国军队分区占领，在柏林设立由盟国最高司令部代表组成的管制委员会。会议还决定在战后建立联合国这一新的国际组织。莫洛托夫于同年 4 月参加了在美国旧金山举行的旧金山会议即《联合国宪章》制宪会议。

　　1945 年 5 月，德国投降后，为了加快结束对日战争和巩固对德战争的胜利成果，苏、美、英三国首脑于 7 月 17 日至 8 月 2 日在柏林附近的波茨坦举行会议。莫洛托夫出席了这次会议。7 月 26 日，中、美、英三国发表《促令日本投降之波茨坦公告》，要求日本无条件投降。日本政府仍表示要作战到底。8 月 8 日下午，莫洛托夫代表苏联政府通知日本大使："希特勒德国被击溃和投降后，日本是唯一仍坚持继续战争的大国"，因此，"日本政府要求苏联调停远东战争的建议，便失去了基础"。从 8 月 9 日起，"苏联将认为自己与日本处于战争状态"。8 月 9 日，苏联出兵中国东北。与此同时，美国在日本本土投下两颗原子弹。8 月 15 日，日本宣布无条件投降。9 月 2 日，在东京湾美国战列舰"密苏里号"上举行受降仪式。第二次世界大战结束。

　　为表彰莫洛托夫在战争期间的杰出功绩，苏联政府在 1945 年 11 月授予他第三枚列宁勋章。在此之前，他曾在 1943 年荣获一枚列宁勋章。1950 年 3 月 9 日莫洛托夫 60 岁生日时，苏联政府授予他第四枚列宁勋章。

　　战后的最初几年，莫洛托夫主管苏联的外交工作。莫洛托夫不止一次到纽约参加联合国的会议。他在联合国大会的发言总是千篇一律——极为详细，枯燥乏味。在那个时期，英国和美国的追随者在联合国占多数，所以莫洛托夫经常在安理会中使用否决权。因此，联合国里给他起了一个名号叫"不不不先生"，莫洛托夫总是把"不"字连说很多遍。

　　1947 年 6 月，马歇尔计划出笼后，6 月 19 日，英、法、苏三国外长在巴黎会谈，共同商讨怎样对待马歇尔计划。会谈中，英、法希望撇开苏联单独接受美援，莫洛托夫认为该计划有干涉别国内部事务的企图，表示反对美国利用马歇尔计划控制受援国，遂退出会谈。东欧国家和芬兰也拒绝参加讨论向美国申请援助的巴黎经济会议。

苏联为了反击马歇尔计划，进一步加强与东欧各国的经济合作，于同年 7、8 月间分别与保加利亚、捷克斯洛伐克、匈牙利、波兰等东欧国家签订了一系列双边贸易协定，西方国家把这些协定统称为"莫洛托夫计划"。它实质上是第二次世界大战后初期苏联针对美国提出的马歇尔计划采取的反措施，是苏联与东欧各国所签订的一系列双边贸易协定的总称。莫洛托夫计划的实施，为后来经互会的建立奠定了基础。

1949 年 4 月，斯大林经常生病，且久病不愈，在处理一些不容拖延的问题时，经常由莫洛托夫替代，因此免去其外交部部长职务。1952 年 10月，莫洛托夫在联共（布）第十九次代表大会上当选为苏共中央委员和中央委员会主席团委员。

1953 年 3 月 5 日斯大林逝世后，莫洛托夫接替斯大林的呼声较高，就连野心勃勃的赫鲁晓夫后来也在回忆录中写道："……我们战前领导班子中的人都以为莫洛托夫是未来的领袖，斯大林死后，他会代替斯大林。"赫鲁晓夫之所以这样看，是因为莫洛托夫是斯大林身后最著名的党务和政治活动家。但由于种种原因，马林科夫当选为苏联部长会议主席，莫洛托夫任苏联部长会议第一副主席兼外交部部长。同年 9 月，赫鲁晓夫当选为苏共中央第一书记。

1956 年 2 月，苏共举行第二十次代表大会，会上，赫鲁晓夫在"秘密报告"中批判了斯大林及对他的个人迷信。会后，莫洛托夫对赫鲁晓夫批评斯大林的做法不满。1956 年 3 月，第比利斯举行反对第二十次代表大会和反对赫鲁晓夫、布尔加宁的群众示威游行，游行者喊的口号中不仅有"打倒赫鲁晓夫"和"打倒布尔加宁"，还有"让莫洛托夫当苏联部长会议主席""让莫洛托夫当苏共领导人"。1956 年至 1957 年，莫洛托夫任苏联国家监察部部长。

1957 年 6 月，苏共中央举行全会，通过谴责马林科夫、卡冈诺维奇、莫洛托夫反党集团的决议。他们被指责反对苏共二十大路线，破坏党采取的消除个人迷信的措施。莫洛托夫同马林科夫、卡冈诺维奇一道被撤销了中央委员会委员和主席团委员的职务，并被开除了党籍。莫洛托夫的政治生涯正式结束。至于以他的名字命名的那些城市、工厂、农庄，早在 1957 年前就恢复了原名。1957 年 8 月莫洛托夫任苏联驻蒙古国大使，1960 年调任苏联驻维也纳国际原子能机构代表团代表。1962 年，莫洛托夫退休后在莫斯科过隐居生活。1984 年 7 月，他恢复党籍。1986 年 11 月 8 日莫洛托夫逝世，享年 96 岁。

【毛泽东评说】

莫洛托夫在旧金山会议上的声明说得对，他说即使这次会议不能成功，不能建立防止侵略的国际安全机构，也不等于将来也不能建立，我们要努力争取建立，这次搞不好将来再搞。

——毛泽东：《在中国共产党第七次全国代表大会上的结论》，载《毛泽东文集》第三集，人民出版社 1996 年版，第 379 页。

但在我们的关系中，也有过问题，主要与斯大林有关。有三件事：第一，两次王明路线。王明是斯大林的后代。第二，不要我们革命，反对我们革命。第三国际已经解散了，还下命令，说你们不与蒋介石讲和、打内战的话，中国民族有灭亡的危险。然而我们并没有灭亡。第三，我第一次去莫斯科时，斯大林、莫洛托夫、贝利亚就向我进攻。

——毛泽东：《同苏联驻华大使尤金的谈话》，载《毛泽东外交文选》，中央文献出版社、世界知识出版社 1994 年版，第 326 页。

关于国际形势的估计。……第二次大战打败了德日法西斯，要把他们再扶植起来还不容易，英美反动派确在准备战争，战争危险确实存在着。但以苏联为首的世界民主力量，已超过反动力量（莫洛托夫、日丹诺夫都这样说了，我们党内有些同志，特别是中间派还看不清楚），而且还在继续发展，所以战争危险必须而且必能克服，其条件就是要努力。时间如能争取十年到十五年，就必能制止战争。

——毛泽东：《世界战争危险必须而且必能克服》，载《毛泽东外交文选》，中央文献出版社、世界知识出版社 1994 年版，第 68—69 页。

中央：

（一）最近两日这里的工作有一个重要发展。斯大林同志已同意周恩来同志来莫斯科，并签订新的中苏友好同盟条约及进款、通商、民航等项协定。昨一同一日决定发表我和塔斯社记者谈话，已见今日（二日）各报，你们谅已收到。今日下午八时，莫洛托夫、米高扬二同志到我处谈话，问我对中苏条约等事的意见。我即详述三种办法：（甲）签订新的中苏友好同盟条约。这样做有极大利益。中苏关系在新的条约上固定下来，中国工人、农民、知识分子及民族资产阶级左翼都将感觉兴奋，可以孤立民族资产阶级右翼；在国际上我们可以有更大的政治资本去对付帝国主义国家，去审查过去中国和各帝国主义国家所订的条约。（乙）由两国通讯社发一简单公报，仅说到两国当局对于旧中苏友好同盟条约及其他问题交换了意见，取得了在重要问题上的一致意见，而不涉及详细内容，实际上把这个问题拖几年再说。这样做，中国外长周恩来当然不要来。（丙）签订一个声明，内容说到两国关系的要点，但不是条约。这样做，周恩来也可以不来。当我详细分析上述三项办法的利害之后，莫洛托夫同志即说，甲项办法好，周可以来。我仍问，是否以新条约代替旧条约？莫洛托夫同志说，是的。……

——毛泽东：《周恩来赴苏参加谈判及签订条约》，载《毛泽东外交文选》，中央文献出版社、世界知识出版社 1994 年版，第 121—12 页。

【作者述评】

莫洛托夫是苏联著名的政治家、国务活动家和外交家。他是苏联共产党和苏维埃国家的重要领导人，曾任苏联人民委员会（部长会议）主席、苏联部长会议第一副主席、苏联外交人民委员会委员、外交部部长等职。莫洛托夫年轻时就投身革命，参加布尔什维克党，在列宁领导下，他积极参加十月革命的领导工作。列宁去世后，他任联共（布）中央书记，成了斯大林的得力助手。他先是主管农业工作，胜利地完成了农业集体化。1930 年，在斯大林的提议下，他担任苏联人民委员会主席，成为苏联政府首脑，接连实行了三个五年计划，在社会主义建设特别是工业建设方面取得了重大成就。莫洛托夫是 20 世纪 30 年代肃反委员会的主要负责人之一，对肃反扩大化负有重要责任。第二次世界大战爆发后，为了更好地领导反侵略战争，1941 年 5 月，斯大林亲自担任苏联人民委员会主席，莫洛托夫被任命为第一副主席，具体负责外交战线的斗争。6 月 22 日，苏德战争爆发，莫洛托夫受命发表广播讲话，号召苏联人民和武装力量紧密地团结在党的周围，勇敢地投入反法西斯战争中去。此后敦促美、英等盟国开辟欧洲第二战场，1943 年 11 月 28 日至 12 月，苏、英、美三国首脑举行的德黑兰会议，1945 年 2 月 4 日至 11 日在苏联克里米亚雅尔塔举行的苏、美、英三国首脑会议和 1945 年 7 月 17 日至 8 月 2 日在柏林附近的波茨坦举行的苏、美、英、中四国首脑会议，莫洛托夫都陪同斯大林参加会议，对会议的成功做出了贡献，从而在第二次大战中立下殊勋，成为世界闻名的外交家。

英国前首相丘吉尔在关于第二次世界大战的回忆录中，对莫洛托夫作了惟妙惟肖的勾画："莫洛托夫能力非凡，为人冷酷无情。他经历了令人发指的偶然事件和所有布尔什维克领导人在所向披靡的革命年代都未经受过的考验。他生活在一个变幻无常的倾轧和杀人灭口相随而至的社会里，并在那样一个社会里飞黄腾达。他那颗炮弹一样的脑袋，黑色的胡须和机灵的眼睛，他冷冰冰的面孔，伶牙俐齿和镇静自如的作风，恰如其分地表现了他的人品和灵活性。他最适合当灵活政策的代表和工具……是一个头脑清醒、精明能干的外交家……无疑，苏联的机制在莫洛托夫身上体现出来，使他成为一个干练的、在许多方面都能代表这种机制的人——一个永远忠于党的党员和共产主义学说的信奉者……"

前美国国务卿杜勒斯认为莫洛托夫的作用不可低估，斯大林和莫洛托夫相辅相成。

毛泽东和莫洛托夫有过多次会晤，对莫洛托夫相当欣赏，特别是赞扬他的外交能力。1945 年，毛泽东在《在中国共产党第七次全国代表大会上的结论》一文中说：

莫洛托夫在旧金山会议的声明说得好，他说即使这次会议不能成功，不能建立防止侵略的安全机构，也不等于将来也不能建立，我们要努力争取建立，这次搞不好将来再搞。他的这个话是包括对整个世界形势的估计，和我们的观点是一致的，就是说，我们相信苏联的力量，相信世界人民的力量，相信印度、南美、中国人民的力量，相信英、美资产阶级内部不统一，不是完全反苏的，有一部分人还是愿意同苏联合作的。现在世界反法西斯战争还没有结束，只结束了一半，日本还没有被打败。把这些情况综合起来看，即使旧金山会议这次搞不成，也不能说就永远搞不成。

旧金山会议于1945年4月25日至6月26日在美国旧金山举行，其任务是制定《联合国宪章》。会议是根据1945年2月雅尔塔会议决议，由中、苏、美、英四国发起，邀请《联合国宣言》签字国和后来签署宣言并向法西斯国家宣战的国家参加。五十个国家的代表（包括中国代表中的中国共产党代表董必武）参加了会议。会议讨论邀请参加国、安理会表决程序、国际托管的最终目的等问题；并根据1944年橡树园议案，制定且一致通过了《联合国宪章》，还通过了《国际法院规约》，作为《联合国宪章》的构成部分。6月26日，《联合国宪章》正式签字，同年10月24日，宪章正式生效，因此，6月26日、10月24日分别被定为"宪章日"和"联合国日"。莫洛托夫率苏联代表团参加了旧金山会议，并在大会上发言，强调建立联合国作为"防止侵略的国际安全机构"的必要性和重要性，而且对会议的成功充满信心。毛泽东认为莫洛托夫这个讲话是建立在"对整个世界情况的估计"上的，是科学的论断，因此给以很高评价。

1948年9月，毛泽东在《在中共中央政治局会议上的报告和结论》一文中还援引过莫洛托夫分析国际形势的话，已见前面引述。当时党内有些同志，特别是中间派对国际形势"看不清楚"，毛泽东认为当时"以苏联为首的世界民主力量，已超过反动力量"，并说"莫洛托夫、日丹诺夫都这样说了"。毛泽东还说："克里米亚会议曾经说过，反法西斯战争的胜利开辟了民主的道路、团结的前途，但现在并未证明这一点，关系反而越搞越僵了，世界革命的力量超过了反革命的力量，这是日丹诺夫在九国情报局会议上讲过的，莫洛托夫也讲过，斯大林也讲了几遍。我们现在的估计，还是九国情报局会议的估计：反动派发动战争的计划是可以打破的。战争危险很厉害，但不是马上就打，从战争危险到战争爆发是有一个过程的。"

毛泽东讲话很少引用别人的话，但这次又援引莫洛托夫等人对国际形势的估计，可见党内对形势看法分歧较大，亟须统一，也说明莫洛托夫等人的意见正确，与毛泽东的意见正相符合，是所谓英雄所见略同吧！

　　新中国成立以后，1949年12月16日至1950年2月17日，毛泽东率中国代表团第一次访问苏联，参加斯大林70寿辰庆祝活动，并同斯大林讨论中、苏两国间重大的政治经济问题，莫洛托夫到车站迎送，并参加会谈，和毛泽东有多次会晤，又受斯大林委托去拜访毛泽东。

　　毛泽东迎上前去，热情地和莫洛托夫及同去的驻华大使罗申握手问好，陪同他们进入客厅，亲切交谈。

　　寒暄之后，莫洛托夫委婉地表示：毛主席这次远道而来，不辞劳苦，加深了苏、中两党两国的了解和友谊，斯大林和他本人都十分感激。毛主席如要办什么事，请提出来，不仅他本人愿意尽心竭力，斯大林也表示愿意出面出力，加深苏、中两国人民的友谊。

　　毛泽东笑着表示，这里招待周到、热情、友好，没有什么困难。要办的事情，那天和斯大林同志当面谈过了，最好让周恩来到莫斯科来办，至于什么事情，毛泽东不肯明说。他说，十月革命给我们送来了马列主义，这是对中国的最大帮助。现在，中国革命胜利了，有许多经验教训值得总结。接着，谈起了中国革命的历史、中共党内斗争的情况等。

　　莫洛托夫听着，起先还点头称是，渐渐地流露出不感兴趣的样子。他只是点头聆听，既不表态，也不提什么问题。听着听着，他突然问："你读过马克思的《资本论》吗？"毛泽东坦然地回答："没有。"莫洛托夫的脸上露出了惊讶的神色。

　　莫洛托夫在他的《忆旧》中说："毛泽东在莫斯科时请我喝过茶，谈到要会见斯大林，不知何时更方便。斯大林一连好几天都没有接见他。当时，毛泽东住在斯大林的近郊别墅。斯大林对我说：'你上他那儿去一趟，看看他是个什么人。'"

　　莫洛托夫回忆说：我同毛泽东谈完后对斯大林说，此人值得一见，是个聪明人，农民领袖，中国的普加乔夫。毛泽东向我承认，他没有读过《资本论》。

这时，一件意想不到的事发生了：英国通讯社根据"猜测"发布消息说，斯大林把毛泽东软禁起来了。消息传出后，苏方有些着慌。

毛泽东访问苏联，这是新中国成立以后，党和国家最高领导人和苏联党和政府最高领导人首次会晤，但十几天来竟没有消息报道取得什么实质性进展，不仅引起世人种种猜测，中国代表团成员也很着急。驻苏大使王稼祥足智多谋，他提出以毛泽东主席答塔斯社记者问的形式，在报上公布毛主席到苏联的目的。1950 年 1 月 1 日，毛泽东决定发表这个《答记者问》，1 月 2 日见报。

在《答记者问》中，毛泽东说："我逗留苏联时间的长短，部分地决定于解决有关中华人民共和国利益的各项问题所需要的时间。""在这些问题当中，首先是现有的中苏友好同盟条约问题，苏联对中华人民共和国贷款问题，贵我两国贸易和贸易协定问题以及其他问题。"并说："我还打算访问苏联几个地方和城市，以便更加了解苏维埃国家的经济和文化建设。"

《答记者问》发表后，谣言不攻自破，也向苏方透露了准确的信息。这时，斯大林不再坚持原来的想法，同意周恩来来莫斯科。

1950 年 1 月 2 日晚 8 时，莫洛托夫和米高扬到别墅来和毛泽东谈话，询问毛主席对签订中苏条约等事的意见。毛泽东详述了甲、乙、丙三种方案。莫洛托夫马上说："甲项办法好，周恩来可以来。"毛泽东追问："是否以新条约代替旧条约？"莫洛托夫说："是的。"毛泽东计算了周恩来到莫斯科所需时间之后，又谈到毛泽东外出游览的问题，商定晋谒列宁墓，到列宁格勒、高尔基城等处看一看。莫洛托夫、米高扬提议看一看兵工厂、地下电车（地铁）、集体农庄及和苏联各负责人谈话。他们走后，毛泽东于晚 11 时致电中共中央，通报情况。

1 月 11 日，毛泽东拜谒列宁墓并献花圈，会见了苏联最高苏维埃主席团主席什维尔尼克。

已决定周恩来到莫斯科后，斯大林第二次给毛泽东打电话，征求客人的愿望和意见。

1958 年 7 月 22 日，毛泽东在同苏联驻华大使尤金谈话时，还对第一次访苏情形耿耿于怀。毛泽东不客气地对尤金说：我第一次去莫斯科时，斯大林、莫洛托夫、贝利亚就向我进攻。

1957年6月，莫洛托夫和马林科夫、卡冈诺维奇一起想解除赫鲁晓夫第一书记的职务，赫鲁晓夫在朱可夫支持下把他们打成反党集团，他们一道被撤销党内外一切职务，并被开除党籍。

1957年11月，毛泽东第二次访问苏联。毛泽东率中共代表团出席了11月6日苏联最高苏维埃庆祝十月革命40周年大会。11月14日至16日，毛泽东率代表团出席了12个社会主义国家共产党和工人代表会议；16日至19日，又率代表团出席了64个共产党和工人党代表会议。在后两个会议上，毛泽东于11月14日、16日和18日共讲了三次话。在11月18日的讲话中，毛泽东最后表示赞成苏共中央解决莫洛托夫问题。他说：

我还要讲几句。我赞成苏共中央解决莫洛托夫问题，这是个对立面的斗争，事实证明它是不能统一，它是一方排斥一方。莫洛托夫集团举行进攻，乘赫鲁晓夫同志到国外去了，措手不及，来一个突然袭击。但是我们赫鲁晓夫同志也不是一个蠢人，他是个聪明人，立即调动了队伍，举行反攻，取得胜利。这个斗争是两条路线的斗争：一条是错误的路线，一条是比较正确的路线。斯大林死后这四五年，苏联的内政、外交有很大的改善，这就证明赫鲁晓夫同志所代表的路线比较正确，而反对这样的路线是错误的。莫洛托夫同志是一位老同志，有很长的斗争历史，但是这一件事他是做错了。苏共党内这两条路线的斗争带着对抗的性质，因为是互不相容，互相排斥，一个排斥一个。处理得好，可以不出乱子；处理得不好，有出乱子的危险。

斯大林同志领导苏联党做了伟大的工作，他的成绩是主要的，错误、缺点是第二位的。但是他在一个长时间内发展了形而上学、损害了辩证法。个人崇拜就是形而上学，任何人不能批评他。我看苏联的四十年是一个辩证法的过程。列宁的辩证法。斯大林有许多形而上学观点。这些观点，见之行动，达到极点，势必走到它的反面，再来一个辩证法。我很高兴赫鲁晓夫同志在十月革命40周年纪念会上讲了社会主义社会存在着矛盾。我很高兴苏联哲学界产生了许多篇文章谈社会主义社会的内部矛盾问题。

有些文章还谈到了社会主义和资本主义的矛盾问题。这是两类性质不同的矛盾问题。

毛泽东在讲话中虽然"赞成苏共中央解决莫洛托夫问题",批评莫洛托夫搞"突然袭击",而说赫鲁晓夫"调动了队伍",简直是各打五十大板。接着指出他们的斗争是"两条路线的斗争",支持了"赫鲁晓夫同志所代表的路线";但又强调:"莫洛托夫是一位老同志,有很长的斗争历史,但是这一件事他是做错了。"在毛泽东看来,被打成反党分子的莫洛托夫"是一位老同志",即老革命家之谓也,"有很长的斗争历史",换句话说,就是对革命贡献很大,他只做错了"一件事",当然"成绩是主要的,错误、缺点是第二位的",对斯大林的"三七开"的评价,似乎可以移用于莫洛托夫了。

对于毛泽东的这个讲话,并非每个党的代表团都完全同意,作为社会主义阵营之首的苏共中央领导人则更有异议。参加会议亲自听了毛泽东讲话并注意观察会场情形的南斯拉夫驻苏大使米丘诺维奇,在1957年11月19日的日记中记下了他的观感:

毛泽东一度在没有特别准备下谈到,苏联党的领导中发生了"两个不同集团"之间的冲突,"以赫鲁晓夫为首的一派取得了胜利"。翻译者就是这样翻他的话的……

毛泽东在讲话中,把莫洛托夫、马林科夫、卡冈诺维奇反党集团同被他称为另一集团的苏联共产党等同起来,而且他是在世界各国共产党会议上的发言中说这番话的,这使得有几百人在场的格奥尔基大厅变得死一般的寂静。米高扬示威性地从椅子上站了起来,脸上露出一副绝不是友好的表情……

时间又过了20多年,苏联方面不得不为莫洛托夫恢复了名誉,也说明毛泽东对莫洛托夫的评价是比较公正的,经得起历史的考验的。

铁 托

【传略】

约瑟普·布罗兹·铁托，原名约瑟普·布罗兹（1892—1980），前南斯拉夫共产主义者联盟总书记、共和国总统、联邦执行委员会主席。

1892年5月7日，铁托出生于克罗地亚库姆罗维茨村一个农民家庭。父亲弗兰约·普罗兹，是克罗地亚人。母亲玛丽亚，是斯洛文尼亚人。

铁托很小就外出谋生，先在西萨克镇一家菜馆当学徒，后来改学锁匠，1905年满师，成为一名五金工人。1910年，铁托参加克罗地亚社会民主党。此后他曾到奥地利、德国和捷克斯洛伐克做工，参加过这些国家的罢工运动。

1913年，铁托回到克罗地亚，被征入奥匈帝国军队中服役。他在全军击剑比赛中获得亚军，被提升为第35名莫多兰团中最年轻的士官。第一次世界大战爆发后，铁托所在的部队开赴前线。1915年在喀尔巴阡山地区与俄国军队的一次作战中，铁托负伤被俘，伤愈后，在乌拉尔地区参加修建铁路的繁重劳动。1917年俄国二月革命胜利后，他逃离战俘营，到了彼得格勒。在逃往芬兰途中，被警察发现，被重新送回乌拉尔地区。

十月革命胜利后，铁托和一些东欧战俘，在鄂木斯克加入红军中的国际赤卫队。

1920年9月，铁托回到离别六年的祖国，到萨格勒布市一家制锁工场重操旧业。以后他又在这里的机器厂、面粉厂和造船厂做工。在萨格勒布市工会一次庆祝十月革命节的大会上，他发表演说，指出只有拿起武器，才能赢得革命的胜利。当时，南斯拉夫社会民主党已并入南斯拉夫共产党。

1920年10月，铁托在萨格勒布市支部恢复了党籍，成为一名共产党员。不久，南共被政府宣布为非法组织。

1923 年，铁托和从俄国战俘营一道回来的共产党员萨比奇一起，与地下党组织取得了联系。1924 年初，克里热瓦茨和别路瓦尔地区党的领导机构改组，铁托当选为区委员会委员。1927 年，他担任萨格勒布市五金工会书记和党委委员。同年 6 月，铁托被捕，被关押在离克拉列维察不远的奥古林监狱。他进行了绝食斗争。在向高级法院上诉期内，铁托获得暂时释放，他乘机逃回萨格勒布市。

1928 年 2 月，铁托参加萨格勒布市第八次党代表会议，当选为市委书记。他领导该市"五一"节工人示威游行，为从军警手中解救一名工人而遭到逮捕，以"不遵守秩序"罪监禁两周。当年夏天，为反对南斯拉夫政府迫害议会中的反对派，铁托领导萨格勒布市工人举行了三天大示威，引起当局对他的严密监视。同年 8 月，铁托再次被捕。他面对法官的审问，坚定地回答："我承认我是非法的南斯拉夫共产党的一名党员，我承认我曾经宣传过共产主义。"铁托被判处五年徒刑，先后被关在波格拉瓦监狱和马里博尔监狱。

1934 年 3 月，铁托出狱，警察当局只准他留居家乡。他为继续从事革命活动，便染红头发，留起胡须，改名铁托（以前称约瑟普·布罗兹），潜回萨格勒布市。

到达萨格勒布市后，铁托被选为党的省委委员。当时，南共党中央委员会设在奥地利的维也纳市。省委派铁托去同党中央取得联系。他越境到维也纳，向中央详细汇报国内党组织的情况，并带着中央的指示回国。1934 年 9 月，他先后秘密召集克罗地亚和斯洛文尼亚两个地区的党代表大会，号召党员团结工人阶级，组织群众，进行反对独裁、争取民主和民族权利的斗争。在斯洛文尼亚地区的党代表大会上，铁托与卡德尔第一次见面，结为战友。12 月，在卢布尔雅那召开的南共第四次代表大会上，铁托被选为党中央政治局委员。

1935 年 1 月，铁托受南共中央委托去莫斯科。他化名瓦尔特，任南共驻共产国际代表和共产国际巴尔干书记处候补书记，是书记处成员。他在日常工作之余，阅读经济和哲学著作，研究军事学；经常去苏联西方少数民族共产主义大学和列宁主义学校讲授工会问题。

1936 年，铁托回国任南共中央组织书记。他积极动员和组织志愿部队，援助西班牙人民反对佛朗哥独裁政权的斗争，约有 1500 名南斯拉夫志愿人员，其中有 560 名共产党员，到达西班牙，参加共和军。

1937 年夏，共产国际撤销了原南共中央总书记戈尔基奇的职务。铁托又一次去莫斯科。1938 年初，他被任命为南共中央临时总书记，受命改组南共中央领导机构。共产国际负责人季米特洛夫向铁托交代上述任务时，有意解散南斯拉夫共产党。铁托认为，问题只产生在上层，基层组织是健康的，他仅接受改组中央机构，拒绝解散南斯拉夫共产党。

成为党的主要领导人以后，铁托"希望党的领导是强大的、坚定的、革命的"，这样的领导"不是一个人而是整个集体"。1938 年初，他从莫斯科回国，领导整党工作，提出以下指导原则：

第一，党中央委员会应扎根于本国人民之中，必须从国外迁回国内，"不能消极地等待外国的指示"。

第二，增强党的团结，消除派系斗争。党的注意力应放在领导群众革命斗争上，不应浪费在派系斗争中。

第三，党的活动经费不能依赖外来的援助，应从本国工农群众中筹集。

第四，必须在工人、农民和青年中培养和发展党员。

第五，必须加强马克思主义理论的学习。

第六，必须在全国范围内建立党的组织。

第七，对犯错误的党员要进行细致的说理教育，坚决废除侮辱人格的惩罚。

第八，注意对党员的革命气节教育，保护绝大多数党员的生命和党的整体利益。

第九，宣传苏联，学习苏联。

经过整顿，南共走上了健康发展的轨道。1938 年 3 月，德国军队侵占维也纳，威胁南斯拉夫边境。以铁托为首的南共中央发表宣言，指出希特勒是"南斯拉夫人民的自由与独立的敌人"，号召人民做好反侵略战争的准备。10 月，德军侵占捷克斯洛伐克，南共中央发表新的宣言，提出党的基本任务是："动员和组织南斯拉夫人民，争取保卫自己的祖国免于侵略，保卫自己的独立。"宣言呼吁人民推翻与法西斯勾结的南斯拉夫王国政府。

为了准备反侵略战争，铁托领导党在全国（特别是在农村中）建立党的组织。他在萨格勒布建立党的组织中心，成立了由他负责的特别军事委员会，在军队中开展党的工作。1940年10月，在萨格勒布市召开了党的第五次代表会议，铁托在闭幕式上致辞说："我们面临着关键性的日子，为最后的斗争前进。下一次会议我们必须在没有外国人，没有资本家的国家里举行。"

1941年4月6日清晨，希特勒德国对首都贝尔格莱德狂轰滥炸。接着，德军、意大利军队分别从北、西两面侵入南斯拉夫。4月10日，铁托以南共中央名义向人民发表宣言，指出南斯拉夫人民的斗争"一定会以胜利而结束"，号召人民"不要沮丧，团结起来"，把反侵略战争进行到底。南斯拉夫王国政府最高统帅部于4月17日签字投降，挽救民族危亡的重担落到南共肩上。

为了建立一个全国的反侵略中心，铁托和南共中央从萨格勒布市迁往首都贝尔格莱德。6月27日，南共中央成立了南斯拉夫人民游击司令部，铁托任总司令。7月4日，南共中央号召举行全国武装起义。

在七月起义中，塞尔维亚西部山区以乌日策（今铁托乌日策）为中心，建立了第一个解放区，称为"乌日策共和国"。9月初，以铁托为首的南共中央和人民游击司令部迁来这里，建立了党领导下的各级人民政权——解放委员会，出版了南共中央机关报《战斗报》。9月中旬，德军以三个师的兵力向塞尔维亚解放区发动进攻，铁托亲自率领战士投入反围剿的战斗。

9月26日，南斯拉夫人民游击司令部改名为人民解放游击队最高统帅部。12月21日，铁托创建第一支正规军——第一无产阶级旅。1941年底，由正规军和游击队组成的南斯拉夫人民解放军发展到8万人，92支游击分遣队。铁托和最高统帅部的成员转战各个解放区，指挥了七次大的战役。铁托亲临前线，身先士卒，英勇战斗。1943年6月8日，在苏捷斯卡战役中^①，铁托左臂负伤。南斯拉夫人民自豪地说，铁托是第二次世界大战中唯一在战场上负过伤的总司令。

1943年11月29日，在亚伊策召开了南斯拉夫反法西斯人民解放委员会第二次全体会议^②，授予铁托"元帅"的光荣称号。他在这次会议上，不顾苏联的反对，宣布反法西斯人民解放委员会为南斯拉夫临时政府，并担任主席。

铁托领导下的南斯拉夫人民解放军在民族解放战争中迅速发展壮大，1944年已发展到80万人。当年10月20日，它与苏联红军相配合，解放了贝尔格莱德。铁托获"人民英雄"称号，他检阅了凯旋的部队。1945年5月15日，南斯拉夫人民在铁托领导下取得反法西斯战争的胜利。南斯拉夫人民献出了170万人的生命（其中包括共产党员4.9万人），占全国人口总数的百分之十一，为世界反法西斯战争的胜利做出了重大贡献。

11月29日，南斯拉夫联邦人民共和国宣告成立，铁托任联邦政府主席、国防部部长和武装部队最高统帅。

铁托为南斯拉夫各族人民的解放和国家的独立，建立了不可磨灭的功勋，是第二次世界大战中举世闻名的英雄。

在国际共产主义运动中，铁托坚持无产阶级国际主义的支援必须同相互尊重主权相一致的原则。1948年春，在二战期间开始产生的苏联、南斯拉夫矛盾尖锐化。铁托和卡德尔于4月13日写信给联共（布）中央："我们研究苏维埃制度并把它作为范例，但是，我们正在我们的国家以略微不同的形式发展社会主义"，"我们打算用最好的形式来实现社会主义"。6月28日，欧洲共产党和工人党情报局作了《关于南斯拉夫共产党情况》的决议，指责南共与参加情报局的各国共产党处于对立地位。次日，铁托主持南共中央会议，通过了关于对南共攻击的答复。南共中央在南斯拉夫报纸

---

① 这是发生在苏捷斯卡河谷的自南斯拉夫民族解放战争以来最激烈的一次战斗。在这次战役中，铁托指挥游击队消灭了敌军12万人，冲破了敌人的包围，解放了许多地区。

② 南斯拉夫反法西斯人民解放委员会于1942年11月在比哈奇召开的第二次会议上宣告成立。它是南斯拉夫人民的全国政治代表机构。

上全文公布情报局决议和南共的答复，让人民作出判断。在铁托领导下，南斯拉夫党和政府根据本国的实际和对科学社会主义的理解，最先提出对苏联经济"模式"的质疑和批评。铁托宣布："我们走自己的道路。"1952年11月，他主持召开了南共第六次代表大会，会上通过了对经济体制实行改革的"工人政治"的决议。他指出，实行社会主义的工人自治，是"一整套社会经济和政治关系的体制"，"这一体制体现了劳动者自由和不可剥夺的权利……使得我们的劳动人民能够全面发展为自由的、富有创造性的人，充分发挥其创造才能"。会议还决定把南斯拉夫共产党改称"南斯拉夫共产主义者联盟"（南共联盟），铁托当选为总书记。

1953年，铁托当选为南斯拉夫联邦人民共和国总统[①]。他领导南斯拉夫在社会主义建设中取得巨大成就，1947年到1978年，工业的年平均增长速度为9%，工业产量增长了14倍；包括农业在内的社会产品年平均增长6.2%。在1979年以前的25年中，个人消费品增加了三倍。南斯拉夫成为战后时期经济发展最快的国家之一。

1963年4月7日，南斯拉夫联邦国民议会通过"南斯拉夫社会主义联邦共和国宪法"，规定铁托为"终身总统"。

铁托在国际舞台上是一位德高望重的政治活动家。他一直寻求在复杂的国际关系中保持独立的可行办法。1955年，在印度尼西亚万隆举行的亚非会议给铁托以启发，他说："万隆会议使我产生了不结盟思想的萌芽。"为了推动不结盟运动，他进行频繁的外交活动和国事访问。1961年9月，在南斯拉夫参与发起下，在贝尔格莱德召开了第一次不结盟国家首脑会议。会议发表了争取和平、维护民族独立，要求撤消外国军事基地，取消一切形式的殖民主义，要求联合国恢复中华人民共和国的合法权利等宣言。1961年到1979年，铁托出席了不结盟国家所有国家元首和政府首脑会议。1975年7月30日到8月1日，他率领南斯拉夫代表团出席了在赫尔辛基举行的欧洲安全与合作会议。铁托积极推行不结盟政策，在国际

---

① 1963年4月7日，南斯拉夫宣布将国名改为"南斯拉夫社会主义联邦共和国"。

事务中起了卓越的作用，有 59 个国家授予他 98 枚勋章。

1968 年，苏联侵略捷克斯洛伐克事件发生后，铁托指出，这是"对一个主权国家的独立的侵犯"。为防止外来势力的突然袭击，铁托号召南斯拉夫人民实行全民防御体制，以实现他的"别人的我们不要，自己的我们也不给"的宗旨。

1969 年 3 月，南共联盟召开第九次代表大会，铁托当选为南共联盟主席。鉴于铁托的特殊历史地位，1974 年南共联盟确定他为终身主席。

1970 年，铁托为维护国家的安定和民族的团结，确认每个民族都有同等代表参加国家管理，提出了集体总统制的设想。集体总统制由 22 人组成，加入联邦的每个共和国三人，两个自治省各二人，在铁托逝世后每人轮流任职一年。

铁托一贯关注并同情中国人民的革命事业。他为增进中南两党、两国人民的友谊和团结，1955 年南斯拉夫和中国建立外交关系，20 世纪 60 年代中苏论战后，南中两党、两国关系更加密切。铁托不顾 85 岁高龄，于 1977 年 8 月至 9 月对中国进行了国事访问。他强调说："我们要继续前进，将南、中关系发展下去。"

1979 年 4 月 19 日，铁托在庆祝南共联盟革命斗争 60 周年大会上发表重要讲话。他总结了南共的历史及其走过的光辉道路，指出："这条道路，就其本质来说，过去是、现在仍然是正确的和光明的。"

1980 年 5 月 4 日，铁托在卢布尔雅那市因病逝世，享年 88 岁。

【毛泽东评说】

南斯拉夫人民是英勇的人民，进行了英勇的斗争，你们的党也进行了英勇的斗争。你们的国家获得了解放，……这一切对世界人类都是有贡献的。

最近接到铁托同志的信，信中介绍您任驻我国的大使。我接到这封信，感到非常高兴。这不仅是国家同国家之间的通信，而且是同志之间的通信。铁托同志在二十七日又接见了我国驻南斯拉夫大使并表示了友好的感情。我对此表示很感谢，并请您将此谢意转达铁托同志。南斯拉夫同苏联和各个国家的关系尚可进一步改进。我们听说，铁托同志准备访问莫斯科，不知道这消息是否确实？（波波维奇：这消息是确实的。）这是很好的事情。历史和现实要求我们团结、合作。我们还有时间，不用着急，可能还会有些不融洽的地方，但经过一段时间，慢慢地就好了。我们要强调共同的地方，有不同的地方，可以慢慢地谈，可以展开讨论。如果不能得到一致的意见，那可以放在一旁，以后再谈，不使它妨碍彼此的关系。这是有好处的。

——摘自毛泽东 1955 年 6 月 30 日同南斯拉夫驻华大使弗·波波维奇的谈话，《毛泽东外交文选》，中央文献出版社、世界知识出版社 1994 年版，第 214—216 页。

我们欢迎你们来到中国。你们来，我们很高兴。我们得到你们的支持，得到各国兄弟党的支持。当然，我们也支持你们，支持所有的兄弟党。现在世界上马列主义的共产党的阵线，不管是在取得胜利的地方，或者是在尚未取得胜利的地方，都是团结一致的。但是也有过不团结的时候。我们有对不起你们的地方。过去听了情报局的意见 ①，我们虽然没有参加情报局，但对它也很难不支持。一九四九年情报局骂你们是刽子手、希特勒分子，对那个决议我们没表示什么。一九四八年我们写过文章批评你们。其实也不应该采取这种方式，该和你们商量。假如你们有些观点是错了，可以向你们谈，由你们自己来批评，不必那样急。反过来，你们对我们有意见，也可以采取这种方法，采取商量、说服的办法。在报纸上批评外国的党，成功的例子很少。这次事件对国际共产主义运动来说，是取得了一个深刻的历史教训。你们吃了亏，但对国际共产主义运动说来，却取得了犯错误的教训。要充分认识这个错误。

你们承认新中国，我们没有回答，也没有反对。当然我们不能也不应该反对，而且也没有理由反对。英国帝国主义承认我国的时候，我们都没

---

① 共产党和工人党情报局，是 1947 年 9 月在波兰华沙举行的保加利亚、罗马尼亚、匈牙利、波兰、苏联、法国、意大利、捷克斯洛伐克、南斯拉夫等九国共产党和工人党代表会议上通过成立的。1956 年 4 月宣布停止活动。

有反对，你们社会主义国家承认的时候，又有什么理由反对呢？

那时没有回答你们，也有一个原因。就是苏联朋友不愿意我们和你们建交。那末中国是不是独立国呢？当然是独立国。既然独立，为何要听他们的话呢？同志！那时苏联提出这样的意见，我们不同意也很难办。当时有人说世界上有两个铁托，一个在南斯拉夫，一个在中国。当然没有作出决议说毛泽东就是铁托。我对苏联同志讲过，你们怀疑我是半个铁托，现在他们不承认。从何时起才摘下半个铁托的帽子呢？从抗美援朝打击了美帝以后，才摘下了这个帽子。

> ——摘自毛泽东1956年9月同南斯拉夫共产主义者联盟代表团的谈话，《毛泽东外交文选》，中央文献出版社、世界知识出版社1994年版，第251—252页。

【作者述评】

铁托是前南斯拉夫主要领导人和国际共产主义运动著名活动家，也是不结盟运动的创始人之一。他至少有三个卓越贡献：

首先，领导南斯拉夫人民赢得了民族独立。

南斯拉夫原是一个封建王朝，第二次世界大战期间，1941年4月又沦入纳粹德国之手。铁托领导南斯拉夫人民进行了艰苦卓绝的反法西斯战争。1941年，成立了人民军。南斯拉夫各民族积极开展游击战争，歼灭了大批敌军有生力量。游击队在战争中由小到大，从弱到强，发展成为一支拥有801人的正规军。1944年12月20日，南斯拉夫人民军在苏联红军配合下解放了首都贝尔格莱德。

1945年5月15日全国解放。这不仅使南斯拉夫获得了民族独立和解放，也对世界反法西斯战争的胜利作出了重大贡献。

其次，创造建设社会主义的南斯拉夫模式。

与许多东南欧国家一样，在二战后的世界力量组合中，南斯拉夫选择了同苏联和其他社会主义国家结盟的道路，把加速经济建设的计划建立在同这些国家间的合作关系的基础上。但铁托根据本国的实际和对科学社会主义的理解，对苏联经济模式提出了质疑和批评。铁托宣称："我们走自己的道路。"1952 年 11 月，铁托主持召开了南共第六次全国代表大会，会上通过了对经济体制实行改革的"工人自治"的决议。从此，南斯拉夫在社会主义建设中取得了巨大成就，成为战后经济发展最快的国家之一。

最后，推动不结盟运动的发展。

铁托在国际舞台上是位著名活动家。他认为，二战后的国际关系应当"朝着有利于各国人民独立和平等的方向进行改革"。所以，他一直在寻求在复杂的国际关系中保持独立的可行办法。在与苏联关系破裂之后，又受到亚非会议的启发。20 世纪 50 年代中期，铁托访问了亚洲和非洲几个不参加集团的国家。1961 年 9 月，铁托同尼赫鲁、纳赛尔和其他一些新独立的国家的政治家共同发起召开了第一次不结盟国家首脑会议。不结盟运动由此产生并发展成为当代国际关系中一个必不可少的、独立的因素。此后，铁托出席了不结盟国家所有国家元首和政府首脑会议，对不结盟运动的发展做出了卓越的贡献。

当 1948 年 6 月，南共与苏共分歧公开，国家关系破裂时，斯大林曾十分自信地说："我只消动一个指头，铁托就得完蛋。"之后，斯大林与共产党和工人党情报局开动宣传机器，铁托被痛斥为英国情报机构雇用的代理人、目中无人的"侏儒""华尔街的行吟诗人"。他们还派遣特务潜入南斯拉夫制造暴乱，谋刺铁托，甚至陈兵于南斯拉夫边境，准备南国内一旦发生民众暴动就乘机颠覆铁托政权。但这一切并没有吓倒铁托。

由于苏联"老大哥"的影响，毛泽东也曾按斯大林定的调子谴责过铁托。

1949 年 8 月 28 日，毛泽东在《为什么要讨论白皮书？》一文中，把铁托领导的南斯拉夫政府斥为美国政府的帮手。他说："至于艾奇逊所说的'右派极权政府'，自从德意日三个法西斯政府倒了以后，在这个世界上，美国政府就是第一个这样的政府。一切资产阶级的政府，包括受帝国主义庇护的德意日三国的反动政府在内，都是这样的政府。南斯拉夫的铁托政府现在也成了这一伙的帮手。"

1957 年 1 月 18 日，毛泽东在《在省市自治区党委书记会议上的讲话》中讲到学生闹事时说："在一部分大学生中间，哥穆尔卡很吃得开，铁托、卡德尔也很吃得开。"

由于受苏联的影响，在中国与南斯拉夫的关系上，中国完全处于被动地位。但平心而论，毛泽东是希望南斯拉夫和苏联、中国之间都搞好关系的。1955 年 6 月 30 日，毛泽东在与南斯拉夫驻华大使弗·波波维奇谈话时，欢迎与南斯拉夫建立外交关系，解释了造成中、南两国迟迟不建交是受苏联的影响，并对铁托致信问候表示感谢，但对于一些问题的看法，则持一种求同存异的态度。

1956 年，随着中苏关系的恶化，毛泽东开始反省自己。9 月，毛泽东同南斯拉夫共产主义者联盟代表团进行谈话时，向客人道歉说："我们有对不起你们的地方。过去听了情报局的意见，我们虽然没有参加情报局，但对它也很难不支持。1949 年情报局骂你们是刽子手、希特勒分子，对那个决议我们没有表示什么。1948 年我们写过文章批评你们。"毛泽东接着分析了中国在两国关系上处于被动的原因："就是苏联朋友不愿意我们和你们建交。""同志！那时苏联提出这样的意见，我们不同意也很难办。当时有人说世界上有两个铁托，一个在南斯拉夫，一个在中国。"毛泽东道出了内心的苦衷。

毛泽东还说，由于跟着"老大哥"走，在历史上，中国吃了斯大林四次亏。讲到第四次吃亏时，毛泽东说："第四次，就是说我是半个铁托或准铁托。不仅苏联，就是在其他社会主义国家和非社会主义国家中，都有相当一些人曾经怀疑中国是否真正的革命。"说到这里，毛泽东再次向南共联盟代表团主动认错："我们过去对不起你们，欠了你们的账。杀人偿命，欠债还钱。我们写过文章批评你们，为什么现在还要沉默呢？在批评斯大林以前，有些问题不能说得这样清楚。……现在可以讲了，关于斯大林的四条错误，我就和苏联朋友讲过，和尤金讲过，将来见到赫鲁晓夫时也要对他讲。你们是同志，所以也和你们讲了，但是现在还不能登报，不能让帝国主义知道。"毛泽东最后说："对南斯拉夫的错误已由赫鲁晓夫纠正了。对于王明的错误，他们已经了解了，而过去我们批评王明，他们就不愿意。他们也取消了'半个铁托'，一共取消了一个半铁托。取消了给铁托戴的帽子，我们很高兴。"

铁
托

罗斯福

【传略】

富兰克林·德兰诺·罗斯福（1882—1945），美国第32任总统，民主党人。

罗斯福于1882年1月30日出生在纽约海德公园。祖先是荷兰人。罗斯福的远房堂叔西奥多·罗斯福是1901—1909年任职的美国第26任总统。父亲詹姆斯·罗斯福，曾经活跃于外交界，后弃官经商，担任一家铁路公司的副总经理，并兼任纽约一些大公司的董事。

罗斯福是独生子，幼年和童年时曾多次随父母游历欧洲国家，14岁进入马萨诸塞州的格罗顿公学，18岁考入哈佛大学攻读政治、历史和新闻。1904年，罗斯福从哈佛大学毕业，再进哥伦比亚大学法学院攻读法律；1905年与西奥多·罗斯福（在任总统）的侄女埃丽诺·罗斯福结婚，1907年又毕业于哥伦比亚法学院，后任律师。

1910年，28岁的罗斯福初入政界，以民主党候选人身份当选为纽约州参议员。1911年底，伍德罗·威尔逊获得民主党总统候选人提名，他积极为威尔逊竞选。威尔逊当选总统后，罗斯福被任命为助理海军部长。

在1920年的总统选举中，罗斯福作为民主党副总统候选人参加竞选，失败后出任一家保险公司的副经理。

1921年8月，罗斯福在加拿大新不伦瑞克省坎波贝洛岛度假时，参加了一次扑灭森林火灾的搏斗，由于过度疲劳后又下水游泳，染上了脊髓灰质炎（俗称小儿麻痹症），致使下肢瘫痪。经过长达七年的持续治疗，他重新获得健康，可是却永远离不开双拐和轮椅了。

1928年，罗斯福再次投身政界，当选为纽约州州长。次年10月，纽约股票市场崩溃，资本主义世界开始进入一场迄今为止最严重、最持久的经济大危机。美国处在这场大危机的中心，遭受的打击也最沉重。罗斯福在纽约州推行了美国历史上第一个由州办的社会救济福利计划，四年州长的工作，锻炼了他的才干，提高了他的声望。1933年，在美国总统竞选中，罗斯福击败胡佛，当选为美国第32任总统。

1933年3月，罗斯福上台后，立即着手准备进行振兴和改革经济的计划。他起用一批具有自由主义倾向的律师、各类专家和学者组成"智囊团"，充任自己的顾问，并把一大批有志于改革的人士安置在政府各个部门中。这些人就是后来所谓的"新政派"。

1933年3月9日，应罗斯福总统的要求，第七十三届国会特别会议开幕。会议期间，罗斯福不断地提出各种咨文，敦促和指导了一切重要法案的建立。国会先后通过了《紧急银行法》《联邦紧急救济法》《农业调整法》《工业复兴法》《田纳西河流域管理法》等法案。6月16日国会特别会议闭幕，在历时百日的会议期间共通过15项重要法案及其他一系列法案，成为历届国会通过新法案最多的一次会议，因此被史家称为"百日新政"。这届国会特别会议通过的法律，奠定了新政第一阶段的基础。

罗斯福"新政"内容很广，大体可分为救济、改革和复兴三大部分，救济是当务之急，复兴是基本目的，而复兴就必须改革，改革是达到复兴的中心环节。

"新政"在复兴经济方面的主要措施是通过两个法案。1933年6月通过的《全国产业复兴法》，旨在由政府控制和调节工业生产计划、产品价格、销售市场以及工人的标准和劳动时间、劳资关系等。根据这一法案，设立了国家复兴署。《农业经济调整法》，采取由政府拨款奖励和津贴的办法，调整农业生产，帮助农场主度过这次严重的农业危机。

"新政"的重要手段是"改革"，罗斯福认为必须以改革求复兴。他提出了一系列使工农业逐步恢复的改革方案。其中最有影响力的是《全国劳工关系法》，规定雇主必须与工人集体谈判，雇工有组织工会、同雇主谈判的权利。他还设立了国家劳工关系局来贯彻这项劳工关系法。

"新政"的一项主要措施是制定了美国历史上第一个社会保险法，对失业工人、残废者、贫苦的妇女和儿童实行救济。

实质上，罗斯福的"新政"是一种应付危机的补救措施，它并不触及资本主义制度的基础。他明确宣布"新政"的宗旨："我要拯救我们的制度，即资本主义制度。"但在经济大萧条时期起了调节作用。

1937年美国再次爆发经济危机，这场危机促使企业和政府更加认清了合作的必要性。企业界承认了政府对经济的干预和管制，双方合作的局面重新形成。美国垄断资产阶级和政府在经济上结成了一种稳固而紧密的关系，从而完成了美国经济制度从一般垄断资本主义到国家垄断资本主义的转化。

早在"新政"推行之初，罗斯福就曾提出并推行了以睦邻政策为中心的对外政策。1933年11月，在罗斯福的建议下，美国政府承认了社会主义苏联，与之建立了正式外交关系。1934年，美国又废除了严重侵犯古巴主权的普拉特修正案[1]，撤出了在海地和尼加拉瓜的美国占领军，并允许菲律宾独立。在推行睦邻政策的同时，罗斯福政府对拉丁美洲国家也进行过粗暴的干涉。1933年9月，古巴组成比较激进的圣马丁政府，罗斯福当局不仅不予承认，而且派30艘军舰包围古巴，进行军事威胁，致使圣马丁政府倒台。1938年3月，罗斯福政府又对墨西哥卡德纳斯政府采取将墨西哥英美石油企业收归国有的措施，停购白银的经济报复手段。

20世纪30年代中期，德、意、日法西斯结成侵略性的军事政治同盟，欧洲和亚洲出现了两个战争策源地。面对法西斯侵略集团的步步进逼，罗斯福政府逐步采取了反对法西斯侵略的政策。在当时的美国，由于第一次世界大战遗留下来的强烈的厌战情绪，主张置身于国际纠纷与战争之外的孤立主义势力很强盛。在这种思潮推动下，1935年美国国会通过了禁止向交战国运售军火的中立法案。在法西斯侵略者不断地践踏别国领土和主权的条件下，孤立主义无异于是对这种侵略行为的默许和纵容。这一时期，

---

[1] 1901年美国国会通过的由参议员普拉特提出的一项与古巴关系的议案。该议案规定，古巴无权订立国际条约，并不得随意举借外债；还规定古巴要允许美国为保护古巴"独立"和"政治稳定"而进行军事干涉。在美国的压力下，该修正案被列入古巴宪法。

罗斯福在对外政策上事实上是取悦于国内孤立主义者。但他很快便认识到孤立主义的错误，1937年10月，罗斯福在芝加哥发表了著名的"防疫演说"。他指出，孤立和中立不是逃避战祸的办法，"当一种疫病开始传播之时，社会上都赞成对病人实行隔离，以保护整个社会的健康，防止疫病蔓延"，"战争是会传染的，……与战争地点距离遥远的国家和民族，也是会被卷入漩涡的"。罗斯福与孤立主义分子进行了激烈斗争。

1939年9月，德国法西斯闪击波兰，第二次世界大战全面爆发。11月，罗斯福敦促国会通过中立法修正法案，废除了军火禁运条款，允许交战国以"现购自运"的方法从美国获得军火。由于当时交战国中只有英国具有从美国大规模"自运"军火的能力，所以这个修正案实际上是在中立的名义下支持英国的法案。1940年5月，英军在敦刻尔克溃败之后，罗斯福在五个月的时间内，给英国送去长短枪120余万支、75毫米大炮900门、逾龄驱逐舰50艘，以补充英军装备。罗斯福政府积极备战的政策受到越来越多的人的支持。

因此，罗斯福在1940年11月以压倒多数连续第三次当选为美国总统。鉴于孤立主义势力此时在美国国内已陷于真正的孤立境地，年底，罗斯福在一次炉边谈话[1]中公开提出，美国"必须成为民主国家的伟大兵工厂"。这次谈话中所阐述的政策获得了美国广大人民的积极支持。

1941年1月，罗斯福向国会提出的年度咨文中，要求废除中立法中"现购自运"的条款，代之以租借法案[2]。国会经过两个月的辩论，于3月通过了这一法案。该法案授权总统可以向那些他认为其防务对美国的国防至关重要的国家提供物资和援助。租借法案一制定，国内外购买军用物

---

① 这是罗斯福创造的一种使行政首长直接与民众建立联系的方式。罗斯福在白宫办公室的壁炉旁发表谈话，阐述和解释政府将要或者已经实行的重要政策、法令。这些谈话通过20世纪30年代初在美国已普及了的无线电广播，传送到群众中，使人们感到总统是在直接与他们谈话，从而产生一种亲密感。罗斯福以此来获取广大群众对政府重大政策的理解和支持。

② 1892年美国一项法律规定，陆军部长"在认为符合公众利益的时候"，有权将国家暂不需要的陆军财产租借出去。租借法案由此产生，也由此得名。

资的开支猛增至 260 亿美元。美国终于摆脱了孤立主义的羁绊，迈出了直接参加反法西斯战争的决定性的一步。

1941 年 6 月 22 日，法西斯德国突然进攻苏联，苏德战争爆发。第二天，罗斯福举行记者招待会，谴责德国对苏联的入侵，表示美国准备给予苏联一切力所能及的援助。7 月底，他派亲信霍普金斯出访莫斯科，研究和商讨对苏联的战争物资供应问题。

8 月，罗斯福和英国首相丘吉尔在大西洋上纽芬兰岛的阿金夏港进行战时的首次会晤，此次会晤制定著名的大西洋宪章宣称，两国不追求领土扩张，也不愿有违背有关的民族之意愿的领土变更，尊重各民族选择自己政府形式的权利，并愿意设法恢复一切已横遭剥夺的民族的主权和自治权。在美国尚未参战的情况下，罗斯福与丘吉尔共同发表上述宣言，显示了他们作为政治家的勇气。9 月，苏联政府发表声明，赞同大西洋宪章的基本原则，国际反法西斯同盟正式建立的条件成熟了。

同年 12 月 7 日，日军偷袭珍珠港，太平洋战争爆发。美国被迫对日、德宣战，正式参加第二次世界大战。

太平洋战争爆发后，罗斯福政府开始改变对华政策，不仅运送了战争物资，而且派遣了一些军事人员来华与中国军队协同作战。对中国共产党领导下的抗日武装力量，罗斯福政府也采取了现实主义的合作政策。

1942 年元旦，在罗斯福的倡导下，包括美、英、苏、中四国在内的来自六大洲 26 个国家的代表在华盛顿签署了《联合国家共同宣言》。该宣言以赞同大西洋宪章为共同基础，宣称各国保证倾全部军事和经济资源，对力图征服世界的野蛮和残暴的希特勒主义进行共同的战争，并保证不与敌人单独停战和媾和。《联合国家共同宣言》的签署，标志着国际反法西斯同盟的正式建立。

1943 年 1 月，罗斯福和丘吉尔率各自的军事人员在摩洛哥西部港口卡萨布兰卡举行了一次重要会晤，以决定盟军 1943 年的作战方针。在这次会议上，罗斯福根据美国内战时期北军总司令格兰特将军的模式，提出了著名的"无条件投降"原则。

1943 年 11 月，罗斯福、丘吉尔和蒋介石在埃及的开罗举行会议，签订了中美英三国《开罗宣言》规定，三国之宗旨在于剥夺日本自第一次世界大战以来在太平洋所夺得的一切岛屿，使日本所窃取的中国之领土，例如满洲、台湾、澎湖群岛等，归还中国，并使朝鲜自由独立。《开罗宣言》不仅成为战后处理日本问题的重要法律依据，也成为美国政府承认台湾为中国领土的重要法律见证。

开罗会议一结束，罗斯福和丘吉尔直飞伊朗首都德黑兰，与斯大林举行第一次三国首脑会晤。会议决定1944年5月英美联军在法国登陆，开辟打击纳粹德国的第二战场。罗斯福在会上还详细地阐述了他关于战后建立维持世界和平的国际性机构（后来的联合国）的设想。

1944年，在反法西斯战争即将胜利的形势下，罗斯福以53%的得票率第四次挫败共和党人，当选为美国总统。这在美国历史上至今仍是绝无仅有的事情。

为了商讨处理战后德国和欧洲问题以及协同对日作战问题，1945年2月，罗斯福、斯大林、丘吉尔在苏联克里米亚半岛的雅尔塔举行会议。会议重申纳粹德国无条件投降的原则，规定战后解除德国的武装，拆除其军事设备和军事工业，惩办战犯，使德国民主化；决定德国投降后由苏、美、英、法四个盟国的军队分区加以占领，在柏林设立一个由各盟国最高司令官组成的中央管制委员会。在会议的秘密协定中，规定苏联在欧战结束后两三个月内参加对日作战，并规定战后把日本占领的库页岛南部交还苏联，把千岛群岛交还苏联，美、英同意维持外蒙古"现状"；还背着作为盟国成员的中国，把大连港的国际化、恢复苏联租用旅顺港、中苏共同经营中东、南满两条铁路作为苏联对日作战的条件。这是大国强权政治的恶劣表现。会议还决定成立战后维持世界和平的国际组织——联合国。

1945年4月12日，在反法西斯战争胜利前夕，罗斯福在乔治亚温泉"小白宫"伏案工作时，突发脑溢血逝世，享年63岁，遗体安葬在纽约海德公园。

罗斯福著有《政府——不是政治》《论我们的战争》《向前看》等。

罗斯福

【毛泽东评说】

美国民主党的赞助国际和平，罗斯福总统的谴责法西斯，霍华德系报纸的同情中国抗日，尤其是美国广大人民群众对于中国抗日斗争的声援，这些都是我们所欢迎与感谢的。

> ——毛泽东：《同合众社记者王公达的谈话》，载《毛泽东文集》，第二卷，人民出版社 1993 年版，第 103 页。

拿环境来说，今年比去年好，磨擦仗大概是不会打了。罗斯福不赞成我们中国打磨擦仗，那位蒋委员长也不想打，我们更不想打，大家都不想打，自然就打不起来，所谓"和为贵"。边区现在就是在这样一个环境下面。

> ——毛泽东：《关于陕甘宁边区的文化教育问题》，载《毛泽东文集》，第三卷，人民出版社 1996 年版，第 106 页。

在英、美诸民主国尚存在有孤立观点，不知道中国如果战败，英、美等国将不能安枕，这种错误观点十分不合时宜；援助中国就是援助他们自己，才是当前的具体真理。……中国在困难之中进行战争，但世界各大国间的战争火焰已日益迫近，任何国家欲置身事外是不可能的。我们同意罗斯福总统保卫民主的宣言，但坚决反对张伯伦对于西方法西斯国家的退让政策，张伯伦对于日本也至今还保存着怯懦心理。

> ——毛泽东：《抗战与外援的关系——〈论持久战〉英译本序言》，载《毛泽东外交文选》，中央文献出版社、世界知识出版社 1994 年版，第 19—20 页。

1942 年罗斯福总统发起以每年今日为联合国日，全世界反法西斯各国都在这天作纪念，今年是第三次了。过去的两年，是世界形势起巨大变化的两年，包括两个巨大的事变。第一个是 1942 年 11 月，苏联红军从斯大林格勒开始进攻，扭转了世界的历史，随后又有英、美在北非与太平洋的进攻，把联合国的防御与退却形势，转变到了进攻形势，苏联红军的伟绩，起了决定作用。第二个是本月 6 日英、美联军开辟了第二战场，使进攻转到了决战阶段，英勇的盟军正在法境作艰苦的但是胜利的战斗，它的影响将及于全世界。我们在中国纪念联合国日，不要忘记了苏、美、英人民的艰苦奋斗，不要忘了斯大林元帅、罗斯福总统与丘吉尔首相的英明领导和他们所指道路之正确。

——毛泽东：《纪念联合国日，保卫西安与西北》，载《毛泽东文集》第三卷，人民出版社 1996 年版，第 172 页。

我们欢迎美军观察组诸位战友，不能不想到美国在世界反法西斯战争中的光辉成绩，和美国人民见义勇为、不怕牺牲的伟大精神。不论在欧洲、非洲和亚洲，现在都有英勇的美国将士效命疆场，为解放法西斯铁蹄下的人民而流血战斗。在我们中国的抗日战场上，美国亦直接和我国人民并肩作战，成为最亲密的战友。在这个欢迎美军观察组朋友们的时候，我们向美国政府、人民、海陆空军将士及其英明领导者罗斯福总统，表示衷心的感谢。

——毛泽东：《欢迎美军观察组的战友们》，载《毛泽东外交文选》，中央文献出版社、世界知识出版社 1994 年版，第 34 页。

罗斯福总统阁下：

我很荣幸地接待你的代表赫尔利将军。在三天之内，我们融洽地商讨一切有关团结全中国人民和一切军事力量击败日本与重建中国的大计。为此，我提出了一个协定。

这一协定的精神和方向，是我们中国共产党和中国人民八年来在抗日统一战线中所追求的目的之所在。我们一向愿意和蒋主席取得用以促进中国人民福利的协定。今一旦得赫尔利将军之助，使我们有实现此目的之希望，我非常高兴地感谢你的代表的卓越才能和对于中国人民的同情。

我们党的中央委员会已一致通过这一协定的全文，并准备全力支持这一协定而使其实现。我党中央委员会授权我签字于这一协定之上，并得到赫尔利将军的见证。

我现托赫尔利将军以我党、我军及中国人民的名义将此协定转达于你。总统阁下，我还要感谢你为着团结中国以便击败日本并使统一的民主的中国成为可能而作的巨大努力。

我们中国人民和美国人民一向是有历史传统的深厚友谊的。我深愿经过你的努力与成功，得使中美两大民族在击败日寇、重建世界的永久和平以及建立民主中国的事业上永远携手前进。

中国共产党中央委员会主席　毛泽东

一九四四年十一月十日于延安

——毛泽东：《给美国总统罗斯福的信》，载《毛泽东外交文选》，中央文献出版社、世界知识出版社 1994 年版，第 39—40 页。

目前国民党政府一切军事布置的重心，并不是放在反对日本侵略者方面，而是放在向着中国解放区"收复失地"和消灭中国共产党方面。……罗斯福总统在世时，他是估计到了这一点的，为了美国的利益，他没有采取帮助国民党以武力进攻中国共产党的政策。一九四四年十一月，赫尔利以罗斯福私人代表的资格来到延安的时候，他曾经赞同中共方面提出的废止国民党一党专政、成立民主的联合政府的计划。但是他后来变卦了，赫尔利背叛了他在延安所说的话。

——毛泽东：《评赫尔利政策的危险》，载《毛泽东外交文选》，中央文献出版社、世界知识出版社 1994 年版，第 47—48 页。

第三次是在第二次世界大战结束、日本投降以后。斯大林和罗斯福、丘吉尔开会，决定把中国全部都给美国，给蒋介石。当时从物质上和道义上，尤其是道义上，斯大林都没有支持我们共产党，而是支持蒋介石的。决定是在雅尔塔会议上作出的。斯大林把这件事告诉了铁托。在铁托自传中有这段谈话。

——摘自毛泽东 1956 年 9 月同南斯拉夫共产主义者联盟代表团的谈话，《毛泽东外交文选》，中央文献出版社、世界知识出版社 1994 年版，第 253—254 页。

第一件，打希特勒的时候，罗斯福和丘吉尔的手里有多少钢呢？大约有七千万吨。可是吃不下希特勒，毫无办法。总要想个办法吧，于是采用了旅行的办法，一走就走到雅尔塔，请求苏联帮助。那时，斯大林手中有多少钢呢？在战前有一千八百万吨。因为在战争中损失了许多地方，据赫鲁晓夫同志告诉我，钢产量打了个对折，剩下九百万吨。有七千万吨钢的人，来请求有九百万吨钢的人。条件是什么呢？易北河以东划为红军的进攻区，就是说，他们忍痛下决心让这一大块区域脱离他们的体系，让这一大块区域有可能转变为社会主义体系。这件事很有说服力。说明物质力量多少不完全决定问题，人是主要的，制度是主要的。在雅尔塔又谈到打日本。又是美国人吃不下日本，又是要请共产主义帮助。中国的满洲，朝鲜的一部分，作为红军的攻击区。并且决定让日本退还半个库页岛、一个千岛群岛。这也是忍痛让步啊！为了吃掉他们的同伴——日本帝国主义。

——摘自毛泽东 1957 年 11 月 18 日在莫斯科共产党和工人党代表会议上的讲话，《毛泽东外交文选》，中央文献出版社、世界知识出版社 1994 年版，第 292—293 页。

【作者述评】

罗斯福是美国历史上唯一连任 4 届的总统，从 1933 年 3 月起，直到 1945 年 4 月 12 日去世为止，任职长达 12 年之久。在总统任期之初，正值资本主义世界 1929 年爆发经济危机后全面萧条时期，他制定了一系列政治和经济政策，推进"新政"，通过国家大规模干预经济和社会生活的方式，改善了中下层人民的处境，坚持了美国的民主传统，防止了美国极右翼势力的得势，对于美国后来站在民主国家一边进行反法西斯战争，具有积极意义。同时"新政"也促进了垄断资本和国家的联结。在外交上，他提出"睦邻政策"，力图缓和美国与拉丁美洲的紧张关系。1933 年，与社会主义苏联建立外交关系，改变了过去孤立苏联的僵硬政策。第二次世界大战期间，他反对德、意、日轴心国集团的侵略和战争政策。1941 年 8 月，他与英国首相丘吉尔提出了代表资本主义世界政治纲领的《大西洋宪章》。同年 12 月，太平洋战争爆发，他领导美国参加反法西斯联盟，对日本作战。他曾积极策划召开了一系列战时重要的国际会议和活动，其中有 1942 年 1 月 1 日的 26 国反轴心国共同宣言，1943 年 1 月与丘吉尔举行的卡萨布兰卡会议和 8 月的魁北克会议，1943 年 11 月中、美、英开罗三国首脑会议和苏、美、英三国德黑兰会议，1945 年 2 月苏、美、英三国首脑的雅尔塔会议，为世界反法西斯战争的胜利做出了巨大的贡献。逝世前，他仍致力于创建联合国，谋求战后的永久和平。罗斯福在国内和国际上都很有名望，不愧为美国历史上杰出总统之一。

毋庸置疑，罗斯福总统是 20 世纪的一代伟人。在第二次世界大战中，作为国际反法西斯同盟的领袖之一，罗斯福领导美国与同盟国一起，最终战胜了德、意、日法西斯，为世界和平做出了巨大贡献，立下了不朽的功勋，因而受到全世界爱好和平人民的爱戴和敬仰。毛泽东称他为"英明的领导者"，号召人们"不要忘记了斯大林元帅、罗斯福总统与丘吉尔首相和他们所指道路之正确"，给予很高评价。1945 年 4 月 12 日，罗斯福总统逝世。4 月 13 日，斯大林向美国新任总统杜鲁门发去唁电："我代表苏联政府和我个人对罗斯福总统的早逝向美国政府表示深切的吊唁。美国人民和联合国失去了富兰克林·罗斯福这样一位极其伟大的世界性的政治家和组织战后和平与安全的倡导者。"4 月 13 日，毛泽东主席和朱德总司令也联名向杜鲁门发去唁电："向美国人民及总统遗族表示吾人之深切吊唁。举世均将沉痛此种损失。"同时向当时在延安的美军观察组致函吊唁，并派叶剑英、杨尚昆到观察组表示哀悼。

当然，毛泽东对罗斯福不是全盘肯定，对他有分析，有批评。他指出，在太平洋战争爆发前，罗斯福为了维护美国的利益，对法西斯采取以"中立"为名的绥靖政策。1938 年，英、法、德策划臭名昭著的慕尼黑阴谋时，罗斯福也曾给张伯伦提出了一套绥靖法西斯的方案，主张改变欧洲一些国家的疆界，以牺牲奥地利等国的利益来建立所谓世界新秩序。后来，罗斯福政府又想搞"远东慕尼黑"阴谋，以牺牲中国利益来换取日本的妥协。在第二次世界大战中，罗斯福、丘吉尔又以牺牲东欧、中国东北、朝鲜等地来换取苏联出兵，几个大国又划分势力范围，这些都表现了罗斯福作为一个资产阶级政治家的阶级本性。

至于对罗斯福的中国政策，毛泽东也是有分析的。在太平洋战争爆发前，毛泽东一再揭露罗斯福企图策划"远东慕尼黑"的阴谋，对太平洋战争爆发后罗斯福采取的"压蒋联共"的政策表示肯定。当时美国向中国运送大批战略物资，而且还派一些军事人员来华与中国军队协同作战，对中国共产党领导下的抗日武装力量，罗斯福也采取现实主义的合作态度。罗斯福此举是希望中国在大陆战场上拖住日本，这就要求蒋介石坚持抗日，不得发动内战。在1943年1月的开罗会议上，罗斯福曾当面告诉蒋介石夫妇："你们必须设法和共产党合作，美国不准备卷入中国的任何内战，我们希望中国一致抗日。"1944年，在美国的压力下，蒋介石被迫同意美国军事观察组去延安考察。毛泽东对此极为重视，特地为《解放日报》写了一篇题为《庆祝美国国庆日——自由民主的伟大斗争节日》，表达了对美国外交政策的希望。美军观察组到达延安之后，为了表示敬重欢迎，毛泽东又亲自修改《解放日报》于8月15日发表的题为《欢迎美军观察组的战友们》的社论，其中"战友们"三个字是毛泽东修改时加上去的。这个时期是中共与美国关系最好的时期。但时间不长，随着赫尔利来华、史迪威被撤职便结束了。

罗斯福派赫尔利来华的目的是在政治上支持蒋介石，维护蒋介石的领袖地位。所以赫尔利来华不久，10月19日将史迪威赶出中国。这一事件是美国政策由"压蒋联共"走向"扶蒋压共"的信号。

1944年11月8日，赫尔利带着《为着谈判的基础》来到延安，受到毛泽东的欢迎。赫尔利拟定的《为着谈判的基础》共有五条，中心思想是想以蒋介石进行政治改革换取中共交出军队，蒋介石承认中国共产党和一切政党是合法的，共产党军队的一切军官与一切士兵被中央政府改组，在中国只有一支军队。

毛泽东、周恩来针锋相对地提出五条协议草案，其内容是：1. 中国政府、中国国民党和中国共产党应通力合作，为击败日本而统一所有武力，并共同致力于中国的复兴工作；2. 国民政府改组为联合政府，由一切抗日政党及无党派之政治团体所派代表构成，军事委员会亦应同时改组为联合军事委员会，由所有抗日军队派代表构成之；3. 联合政府亦应遵照孙中山先生所倡原则，创设民治、民享、民有之政府；4. 一切抗日武装力量应遵守并实施联合政府及联合军事委员会之命令，并由政府及联合军事委员会予以承认，所有获自友邦国家之军事配备，应公平分配各诸武力；5. 中国的联合政府承认中国国民党、中国共产党及一切抗日政党的合法地位。

11 月 10 日，应赫尔利的请求，毛泽东给罗斯福总统写了信。

赫尔利从民主政治出发，欣然在五条协议草案上签了字。他向罗斯福报告，五条协议"几乎所有的原则都是我们的"。

但是，蒋介石没有接受赫尔利与中共商定的五条协议，却立即提出了对国民党有利的三条协议，要共产党服从国民党，而不是国民党与共产党平起平坐。赫尔利转而支持蒋介石，同意了蒋介石提出的三条协议，要到重庆的周恩来将这三条协议带回延安。

1945 年 4 月初罗斯福作出决定，支持赫尔利的对华政策。4 月 12 日，罗斯福逝世。

尼克松

【传略】

理查德·米尔豪斯·尼克松（1913—1994），美国第 37 任总统，共和党人。

尼克松在 1913 年 1 月 9 日出生于加利福尼亚州奥林奇县的约巴林达镇，距洛杉矶约 40 千米。他是爱尔兰后裔。其父弗兰克·尼克松，当过农民、画匠、陶工、木匠、司机和柠檬园主，后移居惠蒂尔，开汽车加油站兼营杂货生意。其母汉娜主持家务。

1930 年，尼克松自公立中学毕业后，考入惠蒂尔学院，主修历史，1934 年毕业，后入北卡罗来纳州的杜克大学攻读法律，1937 年毕业，获法学学士学位。1937 年至 1942 年，他在惠特尔城从事律师业务。太平洋战争爆发后，他于 1942 年参加海军，曾在南太平洋作战，历任中尉、上尉、少校，1946 年退役后进入政界。他于 1947 年至 1949 年两度当选为众议员，1951 年至 1952 年任国会参议员。此期间他以反共著名，曾于 1947 年建议对美共领袖以"集体藐视政府法令罪"起诉。1948 年，他又与众议员蒙特一起起草宣布共产党为非法的议案，并主持调查所谓"希斯间谍案"。当时尼克松已被任命为臭名昭著的非美活动委员会小组委员会主席。希斯是美国国务院的一名官员，由于尼克松的一手操纵，最后以所谓的"亲共"罪被判入狱。1946 年尼克松竞选众议员公开辩论时，在舌战中他使选民们怀疑其对手是"共产党的代理人"，1950 年竞选参议员时，把他的对手说成"共产党分子"。尼克松的政敌对他在竞选中所采取的诬陷手法非常痛恨，他们给尼克松起了个绰号"诡计多端的狄克"（狄克是理查德的略称）。尼克松在参议院仍以反共著称，他攻击杜鲁门政府对共产党国家斗争不力，主张对中国和苏联持强硬态度。

1952 年，尼克松成为艾森豪威尔的竞选伙伴，并当选为副总统。1956年，他与艾森豪威尔连选连任。1955 年至 1957 年，他在总统三次卧病期间代行总统职权，主持白宫事务和国家安全会议。他还以美国总统特使身份出访过 50 多个国家。1959 年访问苏联，他在同赫鲁晓夫参观美国展览会厨房用具部时，就苏美的社会制度进行过有名的"厨房辩论"。

1960 年 11 月，尼克松当选为共和党总统候选人，但被民主党的肯尼迪击败。1961 年 2 月，他回故乡重操旧业，在洛杉矶的亚当斯杜基黑兹尔坦律师事务所任顾问。1962 年 6 月，他代表共和党竞选加利福尼亚州州长失败。1966 年 6 月，尼克松举家迁往纽约，与人合组马奇斯特恩鲍德温托德律师事务所。1966 年至 1967 年，尼克松成为纽约市马奇罗思格思里亚历山大律师事务所合伙人。1967 年至 1968 年，他又成为纽约市尼克松马奇罗思格思里亚历山大米切尔律师事务所合伙人。同时他积极参政，活跃于政治舞台上，为即将到来的总统竞选打基础。

1968 年，尼克松再次成为共和党总统候选人，并在大选中击败民主党的汉弗莱和独立党的华莱士当选为总统。1972 年连任。在其任期内，在经济上，他推行"新经济政策"，主张用赤字财政，刺激经济的恢复和发展。在外交上，他提出了以"实力""伙伴""谈判"为三大支柱的对外政策，即：主张以实力为基础，建立"现实威慑力量"；以伙伴关系为核心，"分摊负担和责任"；以谈判为重要手段，在"五大力量"（美、苏、中、日、西欧）、"三角关系"（美、苏、中）中推行"均势外交"。这项政策后来被称为"尼克松主义"。1971 年 7 月 9 日，尼克松派遣总统国家安全事务助理基辛格秘密访华，15 日双方发表公告，宣布美国总统尼克松将访问中国。同年 10 月，基辛格再次来华，为尼克松访问中国做了安排。1972 年1 月，总统国家安全事务副助理黑格率先遣组来华做尼克松访华的准备工作。1972 年 2 月 21 日，尼克松来华进行首次访问，并同周恩来总理发表了著名的《上海公报》，打破了中国与美国长期敌对隔绝的局面。在 2 月27 日晚上的告别宴会上，尼克松宣称"这是世界为之变化的一周"，他满怀信心地说："今后我们要做的事情是建造一座跨越一万六千里和二十二年敌对情绪的桥。"1972 年 5 月，尼克松访问苏联，同苏联签订了第一阶段限制战略武器、限制反弹道导弹、利用外层空间等条约和协议。1973 年 1 月，他签署了结束越南战争的《巴黎协定》。1974 年 8 月，尼克松因"水门事件"被迫辞职。所谓"水门事件"，是 1972 年美国总统选举期间，共和党为尼克松筹划竞选策略，派人潜入水门大厦的民主党总部，进行偷拍文件和安装窃听器等"政治间谍"活动，后被发现，情况公之于众，引起轩然大波，矛头直指尼克松。1974 年 9 月 8 日，继任的福特总统下令赦免尼克松。毛泽东认为美国对"水门事件"过分夸大其词，并从 1974 年底起，几次通过来访的外国要人传话，邀请尼克松访华。1976 年 2 月 21 日至 29 日，尼克松夫妇应中国政府邀请访华。虽然此时的尼克松已非总统，但毛泽东和中国政府仍给予他"总统的礼遇"。毛泽东不顾病魔缠身，亲自会见了尼克松，两人像老朋友重逢一样，进行了 1 小时 40 分钟的交谈。此后，尼克松多次强调进一步发展中美关系，认为美中关系的重点应从对付苏联的战略合作转向经济合作。1993 年 4 月，尼克松以 80 岁高龄最后一次访华，这是他离职后第五次来华访问。在对苏关系上，尼克松主张美苏建立一种"缓和、和平竞赛或冷和平"的新关系，对苏美于 1987 年 12 月达成的协议持保留态度。辞职后，他主要从事著述，同时还经常就国际局势发表演说和撰写著作、文章。其主要著作有：《六次危机》《尼克松回忆录》《真正的战争》《领袖们》《真正的和平》《不要再有越南了》《1969——不战而胜》《竞技场上——胜利、失败和重新崛起的回忆录》。

【毛泽东评说】

埃德加·斯诺：关于台湾问题，不知主席有没有看到在美国所进行的一场激烈辩论？是肯尼迪和尼克松两个人关于马祖和金门问题以及美国对远东政策问题所进行的辩论。

毛泽东主席：尼克松有他的想法，他说非保护这两个岛不可。他也是为了争选票。这个问题使美国竞选有了生色。尼克松讲过了头，他说的好像美国政府有义务保护这两个岛。美国国务院说没有义务保护这两个岛。究竟保护不保护，要看时局，要按照当时的情况，由总统作决定：这是艾森豪威尔两年前的声明。

——摘自毛泽东1960年10月22日同美国作家、友好人士埃德加·斯诺的谈话，《毛泽东外交文选》，中央文献出版社、世界知识出版社1994年版，第448—449页。

美帝国主义屠杀外国人，也屠杀本国的白人和黑人。尼克松的法西斯暴行，点燃了美国革命群众运动的熊熊烈火。中国人民坚决支持美国人民的革命斗争。我相信，英勇战斗的美国人民终将得到胜利，而美国的法西斯统治必然失败。

尼克松政府内外交困，国内一片混乱，在世界上非常孤立。

——毛泽东：《全世界人民团结起来，打败美国侵略者及其一切走狗》，载《毛泽东外交文选》，中央文献出版社、世界知识出版社1994年版，第585页。

我欢迎尼克松上台。为什么呢？他的欺骗性也有，但比较地少一点，你信不信？他跟你来硬的多，来软的也有。他如果想到北京来，你就捎个信，叫他偷偷地，不要公开，坐上一架飞机就可以来嘛。谈不成也可以，谈得成也可以嘛。何必那么僵着？但是你美国是没有秘密的，一个总统出国是不可能秘密的。他要到中国来，一定会大吹大擂，就会说其目的就是要拉中国整苏联，所以他现在还不敢这样做。整苏联，现在对美国不利；整中国，对于美国也不利。

现在我们的一个政策是不让美国人到中国来，这是不是正确？外交部要研究一下。左、中、右都让来。为什么右派要让来？就是说尼克松，他是代表垄断资本家的。当然要让他来了，因为解决问题，中派、左派是不行的，在现时要跟尼克松解决。

他早就到处写信说要派代表来，我们没有发表，守秘密啊！他对于波兰华沙那个会谈不感兴趣，要来当面谈。所以，我说如果尼克松愿意来，我愿意和他谈，谈得成也行，谈不成也行，吵架也行，不吵架也行，当做旅行者来谈也行，当做总统来谈也行。总而言之，都行。

——摘自1970年12月18日毛泽东与斯诺的谈话，《毛泽东外交文选》，中央文献出版社、世界知识出版社1994年版，第592—593页。

现在彼此都有这个需要，这也是尼克松总统跟我讲的。他问是否彼此都有需要，我说是的。我说，我这个人现在勾结右派，名誉不好。你们国家有两个党，据说民主党比较开明，共和党比较右。我说民主党不怎么样，我不赏识，不感兴趣。我对尼克松说，你竞选的时候，我投了你一票，你还不知道啊。

——摘自毛泽东1972年9月27日同日本内阁总理大臣田中角荣的谈话，《毛泽东外交文选》，中央文献出版社、世界知识出版社1994年版，第598—599页。

希思：我能否再问主席一个问题？中美关系今后将如何发展？自从尼克松总统访华以来，中美关系似乎停滞了。

毛泽东：那不要紧，还是比较好的。你可不可以劝一下尼克松，帮他一个忙，叫他渡过水门难关？

——摘自毛泽东1974年5月25日同英国前首相爱德华·希思的谈话，《毛泽东外交文选》，中央文献出版社、世界知识出版社1994年版，第604页。

【作者述评】

尼克松是美国第37任总统，共和党人。青年时期，他家境贫寒，靠半工半读读完大学，并获法学学士学位，毕业后当过律师。太平洋战争爆发后，1942年，他到海军服役，历任中尉、上尉、少校，退役后进入政界，两度任众议员。1951年至1952年，他当选为国会参议员。1952年，尼克松当选为艾森豪威尔的副总统，总统生病期间，曾三次代行总统职权。后他竞选总统和州长连连失败，曾一度重操律师旧业。1968年，尼克松终于登上总统宝座。1973年他又连选连任，后因"水门事件"而被迫下台，是美国有史以来第一位在任期内中途宣布引退的总统。

尼克松是位有战略头脑的政治家。在总统任内，他提出以"实力""伙伴"和"谈判"为三大支柱的外交政策，被人们称为"尼克松主义"。他认为，当前世界已形成"五大力量中心"（美、苏、中、日、西欧），主张实行均衡外交。在实践上，他下令1973年3月最后一批侵越美军撤离南越，果断地结束了越南战争；1972 年访华，为中美两国关系正常化打开了大门；1972 年至 1974 年，苏美首脑三次会晤，以谈判替代对抗，推动"东西方缓和"，对世界格局的改变颇有影响。在经济上，他推行"新经济政策"，搞赤字财政，抑制了国内通货膨胀，提高了美国在国际市场上的竞争力。在内政方面，他提出的一些改革计划，有的成功，有的搁浅。总的来说，尼克松了解世界，颇有见地，是美国历任总统中为数不多的几个真正有影响的人物。

毛泽东对尼克松的政策，既有肯定，又有否定。他选择了尼克松这个反共老手、资产阶级右派，共同打开了中美关系的大门。

在西方阵营里，尼克松是一位著名的"鹰"派人物。在就任美国总统前，他是反共、反社会主义的急先锋，同时还是反对新中国的头面人物。而在社会主义阵营里，毛泽东则是一位反帝、反资本主义的领袖和斗士，曾经在抗美援朝战争中指挥中国人民志愿军狠狠教训过美国军队，并号召"全世界人民团结起来，打败美国侵略者及其一切走狗"。中、美两国就这样时而真刀真枪，时而唇枪舌剑地对峙了二十多年。到了 20 世纪 70 年代，随着国际形势的发展和战略格局的变化，尼克松这位现实主义政治家，冷静地思考中、美两国之间是否存在着共同利益，而此时毛泽东也在思考着相似的问题。几乎是在同时，双方都认识到必须打破目前这种僵局，改善两国关系。

1969 年 1 月 20 日，尼克松就任第 37 任美国总统。在宣誓就职以后的记者招待会上，当有记者问道："你就任美国总统期间，是否打算同共产党中国改善关系？"尼克松答道："共产党中国同美国的关系是众所周知的，他们不断采取敌对行动，因此，在他们未作某些改变之前，我们的政策不会很快有改变。"就任总统后，尼克松继续扩大侵越战争，美机、美舰不时侵入中国领空、领海。几乎同时，3 月 2 日发生了"珍宝岛事件"，中苏发生边境冲突，双方关系更趋恶化。在这种形势下，中共九大于 1969 年 4 月召开，其中经毛泽东亲自审定的政治报告对国际形势作了严峻分析，号召大家作好准备，随时迎击美、苏发动的任何形式的侵略。然而，此时毛泽东的脑海里却正在思索另一个问题，那就是如何从美、苏两霸的夹击中摆脱出来。

中共九大刚结束，毛泽东便指定陈毅、叶剑英、徐向前、聂荣臻四位元帅重新审视国际形势。周总理对他们说道："主席交给你们这个任务，是因为主席认为还有继续研究的必要。主席的一贯思想是，主观应力求符合客观实际，对原来的看法和结论要作出部分的甚至全部的修改，所以你们不要被框住。"四位元帅具有非凡的战略眼光和敏锐的洞察力，当年7月便提出了《对战争形势的初步估计》，不久又提交《对目前局势的看法》。四位元帅认为短期内战争不会发生，建议从战略上利用美苏矛盾，主张打开中美关系僵局，并提出了"中、美、苏"大三角的外交格局。毛泽东非常重视这些建议，经过慎重考虑，并经反复观察后，作出了开启中美关系新局面的英明决策。

就在中方作出这一重大决策的同时，尼克松也一改他过去反共排华的立场，采取了一系列步子更大、表现更主动的步骤，以图改善中美关系。当时处于冷战时期，苏联咄咄逼人地向外扩张，与美国争霸世界，给尼克松以极大压力。"现在彼此都有这个需要"，成了毛泽东与尼克松的共识。尼克松在和罗马尼亚总统齐奥塞斯库会谈时说："我想在我的任期内，改善美国同中国的关系。能否请您从中斡旋，把我的信息传递给中国？"他还反对苏联提出的亚洲安全体系，认为在亚洲建立反对中国的小集团是错误的。在同巴基斯坦总统叶海亚·汗会谈时他说："美国和共产党中国对骂了20年，相互敌视，互不往来。我想结束这种状况。"并表示，"美国决不会参加孤立中国的任何安排。你可以把我的想法转达给中国的主要领导人。"以此表达了同中国改善关系的良好愿望和勇气。

1970年9月21日，尼克松对美国《时代》周刊发表谈话称："如果说在我去世之前有什么事情要做的话，那就是到中国去。如果我不能去，我希望我的孩子能够去。"

1970年10月1日，毛泽东在天安门城楼会见了正在北京访问的美国著名记者埃德加·斯诺及其夫人，毛泽东同斯诺合影的照片第二天发表在《人民日报》显著地位上，这是向美国发出的一个信号。

1971年春，第31届世乒赛在日本名古屋举行。毛泽东、周恩来成功施展乒乓外交，邀请美国乒乓球队访华。小球推动了大球。

7月，美国总统安全事务助理基辛格秘密访华，随后双方发表公告，宣布美国总统尼克松将访华。

10月，基辛格再次来华，为尼克松总统访华做安排。

1972年1月初，总统国家安全事务副助理黑格率先遣组来华做尼克松访华的准备工作。

1972年2月21日，尼克松总统访华。当天晚上，毛泽东在中南海他的书房里会见了尼克松。当尼克松走进书房时，毛泽东站起来，微笑着向尼克松伸出手，尼克松也伸出手。尼克松将左手也搭上去握着，毛泽东也将左手搭上去握着。两人都笑了，两人的四只手相叠在一起，握了好一会儿，大大超过了正常礼节握手的时间。中方参加会见的有周恩来总理、外交部部长助理王海容和翻译唐闻生，尼克松在他的回忆录中详细地叙述了这次会见：

美方参加会见的有国家安全事务助理基辛格和随员洛德。我们彼此寒暄一会儿，基辛格提到，他在哈佛大学教书时，曾经指定他班上的学生研讨毛泽东的著作。毛用典型的谦虚口吻说："我写的这些东西算不了什么，没什么可学的。"我说："主席的著作推动了一个民族，改变了整个世界。"可是毛回答说："我没有能够改变世界，只是改变了北京郊区的几个地方。"

"我们共同的老朋友蒋委员长不喜欢这个（指双方的会见），"他说，同时挥动了一下手，这个手势可能指我们的会谈，也可能包括整个中国。"他叫我们共匪。最近他有一个讲话，你看过没有？"

我说："蒋介石称主席为匪，不知主席叫他什么？"

当我提问题翻译出来时，毛泽东发笑了。但回答问题的是周恩来："一般地说，我们叫他们'蒋帮'"，"有时在报上我们叫他匪，他反过来也叫我们匪。总之，我们互相对骂。"

毛泽东说："其实，我们同他的交情比你们同他的交情长得多。"

谈到我们的总统选举时，毛泽东说他必须实话告诉我，如果民主党获胜中国人就会同他们打交道。

"这个我们懂得。"我说,"我们希望我们不会使你们遇到这个问题。"

毛泽东爽朗地说:"上次选举时,我投了你一票的。"

当毛主席说他投了我的票的时候,我回答说:你是在两害之中取其轻的。

"我喜欢右派。"毛显然开心地接着说,"人家说你们共和党是右派,说英国希思首相也是右派。"

"还有戴高乐。"我补充了一句。

毛马上接口说:"戴高乐另当别论。"接着他又说:"人家还说西德的基督教民主党是右派。这些右派当权,我比较高兴。"

谈话转到我们这次会晤的历史背景时,毛说:"是巴基斯坦前总统把尼克松总统介绍给我们的。当时,我们驻巴基斯坦的大使不同意我们同你们接触。他说,尼克松总统跟约翰逊总统一样坏。……不过,我们不大喜欢从杜鲁门到约翰逊的你们这几位前任总统。中间有八年是共和党任总统。不过在那段时间,你们大概也没有把问题想通。"

"主席先生"我说,"我知道,多年来我对人民共和国的态度是主席和总理全然不能同意的。把我们带到一起来的,是认识到世界上出现了新的形势;在我们这方面还认识到,事关紧要的不是一个国家内部的政治哲学。重要的是它对世界其他部分和对我们的政策。"

"主席先生……我读过主席的一些言论,知道你善于掌握时机,懂得'只争朝夕'。"听到译员译出他自己诗词中的话,毛露出了笑容。我接着说:"……你们会发现,我绝不说我做不到的事,我做的要比我说的多。……"

毛用手指着基辛格说:"'只争朝夕'。我觉得,总的说来,我这种人说话像放空炮!"周哈哈大笑,显然我们免不了又要听一番贬低自己的话了。比如这样的话:"全世界团结起来,打倒帝国主义、修正主义和各国反动派,建设社会主义!'"

"像我这种人"我说,"还有匪帮。"

毛探身向前,微笑着说:"你,作为个人,也许不在被打倒之列。"

接着，他指向基辛格说，"他们说，他这个人也不属于被打倒之列。如果你们都被打倒了，我们就没有朋友了。"

"主席先生"我说，"我们大家都熟悉你的生平。你出生于一个很穷的家庭，结果登上了一个世界上人口最多的一个伟大国家的最高位置。我也出身于一个很穷的家庭，登上了一个伟大国家最高地位。"

在我们告辞的时候，毛说："你的《六次危机》写得不错。"我微笑着摇摇头，朝周恩来说，"他读的书太多了。"毛陪我们走到门口……《尼克松回忆录》中册，载《第一次见到毛泽东》，中央文献出版社 2000 年版，第 238—242 页。

会见只有一个多小时多一点，但却勾画出了中美联合公报的轮廓。

几小时后，新华社发表了面带微笑的毛泽东和尼克松会见的新闻照片和消息，称这次会见是"认真坦率的"。

2 月 27 日，中、美两国在上海就联合公报达成协议（28 日发表），确立了"一个中国"的原则。在晚上的告别宴会上，尼克松满怀信心地说："今后我们要做的事情是建造一座跨越 16000 里和 22 年敌对情绪的桥。"

访华期间，尼克松向毛泽东主席赠送了象征和平的瓷制天鹅和水晶玻璃花瓶，而毛泽东却向尼克松赠送了三幅令人费解的条幅，分别书写着：

老叟坐凳

嫦娥奔月

走马观花

对此三条的解释，众说纷纭，一种说法是：坐在凳子上的"老叟"是帝国主义，"嫦娥奔月"是卫星的迷人形象，"走马观花"是指尼克松本人草草地看了一下中国。毛泽东称赞了尼克松至少还来到中国看了看，不像那一个典型的帝国主义头子只是自鸣得意地坐着。

尼克松还向周恩来总理献了一份礼单，上面开列的"礼物"有：金锭40 吨，白银 12 吨，未加工的宝石 15 万克拉，美、英、香港货币数捆，工艺品40箱，锡3000吨，钨2000吨，铝2000吨，钛800吨，橡胶2000吨。此外，还有2009人的遗骨。原来这份礼品单列的是1945年被美军潜水艇击沉的日舰"阿波丸号"所载的货物和乘员。当年，"阿波丸号"满载着这些掠夺来的巨额财富在回国途中被击沉。美国从卫星上探测出沉舰的准确位置——台湾海峡北端平潭岛附近。尼克松把这份资料作为他首次访华的礼物献给了中国。（从1977年1月起，中国根据美方提供的资料进行打捞，除金锭、白银未发现外，打捞到的金属数量与礼品单上的基本相符。同时打捞上来的日本人员遗骨、遗物，全部送还日本，当时的日本外相大平正芳代表死者亲属对中国政府深表感谢）

尼克松还代表美国人民向中国人民赠送了一对产于北美寒冷地区的稀有动物麝香牛，而中国方面则向美国人民赠送了两只珍贵的大熊猫玲玲和星星。《历史把我们带到一起来了——毛泽东与尼克松》，载《毛泽东国际交往录》，中共党史出版社1995年版）

1974年，尼克松因"水门事件"下台。

毛泽东认为美国对"水门事件"过分夸大其词了。1974年5月25日，他在接见英国前首相爱德华·希思时，还让希思"帮他（尼克松）一个忙，叫他渡过水门难关"。1974年起，他几次通过来访的外国要人传话，邀请尼克松访华。

1976年2月21日到29日，几乎是四年前的同一时间，尼克松夫妇应中国政府邀请访华。此时的尼克松虽然已不是美国总统，但毛泽东和中国政府仍给予他"总统的礼遇"。毛泽东不顾重病缠身，会见了尼克松，两人像老朋友重逢一样，进行了1小时40分的愉快交谈。

这是毛泽东最后一次会见一位不是国家元首或政府首脑的外宾，也是最后一次会见来自发达国家的客人。

1975年底，毛泽东还会见了尼克松的小女儿朱莉及其丈夫戴维，在毛泽东晚年这也是一件破天荒的事。

1976年9月9日，毛泽东与世长辞。尼克松于当天发表声明，赞扬毛泽东是一位"出类拔萃的人"，是一位"勇气非凡和思想坚定的人"，是一位"完全献身和重实际的共产党人"。声明称："1972年在北京会见时，我们两个作为代表完全不同的哲学和观点的领导人都认识到，中美友谊已成为对我们两国利益同样是必不可少的了。毛泽东对世界形势的客观现实也有深刻的了解。中、美两国自那时起建立的新关系应当归功于他的这种高瞻远瞩。"

自罗斯福起，美国历届卸任总统都建造个人图书馆，收藏任职期间私人文件和珍贵文物等，在尼克松图书馆的陈列室里，竖起十尊同真人一样大小的世界政治人物雕像。这是尼克松最钦佩的人物：法国总统戴高乐、英国首相丘吉尔……其中在最前排的是身着中山装、脚穿圆口布鞋的毛泽东主席和周恩来总理，他们坐在沙发上侃侃而谈。由此可见毛泽东、周恩来在尼克松心目中的地位。

杜勒斯

【传略】

约翰·福斯特·杜勒斯（1888—1959），美国前国务卿，共和党人。

杜勒斯于 1888 年 2 月 25 日出生于华盛顿。父亲艾伦·梅西·杜勒斯是一位神学博士，也是纽约州沃特敦第一长老会教堂的牧师。他的外祖父福斯特曾是美国第 23 任总统哈里森的国务卿，1895 年曾作为我国清朝政府顾问同日本谈判，参与缔结《马关条约》。杜勒斯的姨父罗伯特·兰辛曾任美国第 28 任总统威尔逊的国务卿，1917 年 11 月曾与日本外务大臣石井菊次郎签订损害中国民族利益的《兰辛—石井协定》。这对杜勒斯日后选择外交生涯有一定的影响。

1907 年，杜勒斯在普林斯顿大学读三年级时，曾跟随外祖父，充当清朝政府代表团秘书，出席海牙和平会议，担任法语翻译和处理礼仪事宜。杜勒斯回到学校，学完四年级课程，写了题为《判断论》的毕业论文，于 1908 年大学毕业。因成绩优异，获得格林校长哲学奖学金 600 元，供他此后在巴黎大学学习一年的费用。在那里，他一边攻读哲学，一边选修国际法。1909 年，杜勒斯在巴黎学习结束。回国后，他进了乔治·华盛顿大学法学院，把三年的法律课程缩短到两年学完。杜勒斯从法学院毕业后，1911 年进入纽约苏利文·克伦威尔律师事务所。起初当办事员，不久成为职业律师。该事务所从 19 世纪 90 年代以来一直维护英国、法国和德国投资人的利益，承担他们在拉丁美洲地区的大量法律业务。由于杜勒斯精通西班牙语，他被派往这一地区从事法律业务，在以后几十年里，他从默默无闻的律师成为该事务所的高级合伙人。

1917 年 4 月，美国宣布参加第一次世界大战后，杜勒斯被任命为陆军上尉（后来升为少校），为战时贸易局起草了大量对外贸易的行政命令和通告。第一次世界大战结束后，杜勒斯作为威尔逊总统的五个经济顾问之一，出席了巴黎和会，任赔偿委员会和最高经济委员会委员。在会上，杜勒斯代表美国政府提出了由他拟定的关于德国赔偿问题的报告。主要原则是：德国应赔偿直接由于明显地违反国际法的行动而造成的损失；德国应履行它停战以前签署的协议，赔偿盟国居民及其财产损失。杜勒斯认为，美国提出的"条件最温和"，旨在"同德国媾和"。会后，按照威尔逊的要求，杜勒斯以赔偿委员会美国代表身份留在巴黎，直至1919年秋。

杜勒斯从欧洲回国后，重操律师业务，为美国工业、银行、保险及代表许多外国公司利益的57家公司受理事务，同洛克菲勒、摩根等财团关系密切。他还充当国际卡特尔的经纪人，为欧洲一些国家代理法律事务。1927年至1949年，他一直担任苏利文·克伦威尔律师事务所主任，另外还有许多其他兼职。

20世纪30年代末，杜勒斯对政治和外交事务的兴趣越来越大。1938年，他到亚洲旅行，专程从香港坐飞机拜访了蒋介石。第二年，出版了他的第一部著作《战争、和平和变革》。该书总结自巴黎和会以来他对国际事务的看法。他在书中主张变革世界秩序。他说，历来战争的根源在于："得到满足的、占统治地位的国家，力图人为地保持现状，阻止变革，镇压变革的力量。"他还认为，国联已名存实亡，必须建立一种新的国际法律和秩序体系。这是杜勒斯鼓吹建立一个受美国控制的联合国的思想基础。杜勒斯受传统的"命定论"的扩张主义思想影响，反对美国退居堡垒的"孤立主义"思想，说以为"世界的其他国家会容忍我们这种孤立主义，是不正确的"。

1940年，杜勒斯积极帮助托马斯·杜威竞选共和党总统候选人。1944年，杜威获得共和党提名，杜勒斯成了他的对外政策顾问。在杜威的提携下，杜勒斯被委派为旧金山联合国筹备会议的美国高级顾问，后被任命为美国代表团成员，出席联合国成立大会，任起草联合国宪章的法律顾问。他还参加了1945年到1949年的一系列国际会议。1949年7月，杜勒斯辞去苏利文·克伦威尔律师事务所主任职务，当了四个月纽约州参议员，后再度竞选失败。

1950 年，杜勒斯任美国国务院顾问。他参与策划出兵朝鲜的战争。同年艾奇逊任命他为大使衔代表，处理对日和约。他极力主张美国应在经济上扶持日本，用美国的钱为日本经济输血，并要其他东南亚国家放弃日本赔款的要求，说这样做"到头来只能把日本推进苏联的势力范围中去"。他力主在日本领土上派驻美国军队，以保证其"安全"。杜勒斯甚至想让中国台湾的蒋介石当局，代表中国政府参加对日和约的签订。对日和约签订后，杜勒斯辞去国务院顾问职务。

　　杜勒斯于 1950 年出版他的另一本书《战争还是和平》。该书系统阐述他对共产主义的看法及其反共理论，提出对美国全球战略的构思。他攻击共产主义是一种"新宗教"，马列主义是"教义"，共产主义者是这一"宗教的狂热信徒"。他以反共哲学为理论基础，把当时的苏联作为主要对手，把建立"全球霸权"作为美国对外政策的总目标。他主张强化西方联盟，提出以"外来力量"填补欧洲的"军事真空、经济真空和精神上的真空"，建立以美国为中心的世界反共体系。

　　杜勒斯的这些主张，受到艾森豪威尔的赏识，艾森豪威尔称之为"奇才"。1952 年，艾森豪威尔竞选美国总统，请杜勒斯加入竞选班子，担任外交政策发言人，协助起草共和党政纲的对外政策部分。艾森豪威尔当选总统后，任命杜勒斯为国务卿。

　　杜勒斯就任国务卿后，继承美国战后执行的"冷战"政策。1953 年 1 月，他在国会作证时提出"解放政策"，鼓吹用"政治战、心理战和宣传"等手段来"解放"东欧国家，要"美国必须设法把（东欧）卫星国从俄国那里分裂出来"。通过宣传资产阶级思想意识和生活方式，促使社会主义国家内部"和平演变"。杜勒斯在 1953 年成立新闻署，直接领导"美国之音"，同时加强"自由欧洲电台"对苏联、东欧的宣传攻势。1953 年民主德国 6 月骚乱和 1956 年的匈牙利事件都有美国插手。1957 年 7 月 2 日，杜勒斯说：社会主义国家领导人"如果继续要有孩子的话，而他们又有孩子的孩子，他们的后代将获得自由"。同年 10 月，他又撰文宣传"国际共产主义必然会发生变革"。

　　杜勒斯推行实力地位政策，调整了杜鲁门时期的军事战略。1954 年

1月，他在纽约外交学会发表关于美国对外政策的演说，提出"大规模报复战略"，鼓吹"主要依靠一支庞大的报复力量，它能够用我们选择的武器与在我们选择的地方马上进行报复"。

杜勒斯在"大规模报复战略"基础上，提出"战争边缘"政策。他恫吓说，美国要不惜冒进行战争的风险来达到自己的目标。在朝鲜战争中，在越南抗法战争中，在台湾问题上，杜勒斯无视世界舆论，以战争相威胁，推行"战争边缘"政策。杜勒斯曾试图干涉印度支那人民的解放战争，以解法国军队在奠边府之围。日内瓦会议以后，越南被分割成南、北两部分，美国政府趁法国势力撤出越南之际，把在美国的吴庭艳送回南越。从此，美国的势力打进了这一地区。

杜勒斯还大力建立军事集团，对社会主义国家推行军事上的"遏制"政策。1954年9月，美国与英、法、澳大利亚、新西兰、巴基斯坦、菲律宾、泰国签订《东南亚集体防务条约》。1954年12月，美国和蒋介石当局签署《共同防御条约》。

杜勒斯在制定美国对西欧政策时，首要目标是重新武装联邦德国，强化北大西洋公约组织。法国对建立联邦德国军事力量一直存有戒心，杜勒斯对其不断施加压力。他说："不保卫西德，就无法顺利保卫西欧；没有德国人的帮助，就无法保卫西欧。"1954年10月21日至23日，美国和西方主要国家就重新武装联邦德国问题达成《巴黎协定》①。

1955年5月，杜勒斯去维也纳，与苏、英、法三国外长就对奥地利条约达成协议。7月，苏、美、英、法四国首脑在日内瓦举行战后第一次东西方最高级会议，讨论欧洲问题和裁军。杜勒斯坚持解决德国问题的唯一途径是自由选举，会议对此没有取得任何进展。在同年10月的上述四国外长会议上，根据四国政府首脑会议的指示，讨论了欧洲安全和德国问题、

---

① 《巴黎协定》包括以下四个方面的文件：关于终止对联邦德国占领制度的文件，关于西欧联盟的文件，关于北大西洋理事会的文件，关于法德间的双边协定文件。除关于西欧联盟的文件于1955年5月6日生效外，其余文件均于1955年5月5日生效。从这一天起，联邦德国即成为西欧联盟和北约组织的成员。

裁军和东西方之间接触问题，杜勒斯在会议上持"僵硬立场"，会议陷于破裂。

1956年7月26日，埃及总统纳赛尔宣布收回苏伊士运河。英、法两国勾结以色列，出兵埃及。杜勒斯出于美国要控制中东地区和排除苏联在这个地区的影响这两点考虑，没有支持英、法两国。11月1日，杜勒斯向联合国提出立即停火的议案，要求有关战争的各方立即停火，并停止运送军队和武器进入该地区；1949年阿以停战协定的各方，将武装部队撤至停战协定规定的界线内，并停止袭击活动；所有联合国成员国不再把军事物资输入战区；在停火后，采取措施重新开放苏伊士运河。英、法两国尽管反对这个议案，但由于遭到埃及人民的坚决抵抗，本身经济发生困难，石油严重匮乏，加上美国向英国施加财政压力，只好认可。

1956年艾森豪威尔重新当选总统，再次任命杜勒斯为国务卿。

苏伊士运河事件后，杜勒斯意识到随着英、法势力的退出，中东地区已出现"真空"。他害怕该地区民族主义运动蓬勃展开，更担心苏联势力进入中东，因而策划了一个中东政策宣言，这就是1957年1月5日艾森豪威尔致国会的特别咨文，后被称为"艾森豪威尔主义"。主要内容是：由国会授权总统在中东地区实行"军事援助和合作计划"，并可借口对付"共产主义侵略"，在中东地区使用美国武装部队；两年内额外拨款四亿美元向中近东国家提供经济"援助"。"艾森豪威尔主义"的出笼，是美国对中东地区政策的重大转变，第一次宣布美国将不惜动用军事力量来控制该地区，以保护西方在该地区的石油利益。美军打着"艾森豪威尔主义"的旗号，在黎巴嫩登陆。

杜勒斯极端敌视社会主义中国，屡次声称"不与红色中国打交道"。他在经济上坚持对中国"封锁禁运"，外交上绝不承认中国，操纵联合国，阻挠恢复中国在联合国的合法席位，在台湾问题上大做反华文章，蛮横地干涉中国的内部事务。

1958年底，苏联政府就对德和约和西柏林地位问题照会美国政府，建议结束柏林的被占领状态，使柏林成为非军事化的自由城市，造成被西方称为"第二次柏林危机"。为此，杜勒斯访问了欧洲，抱病参加了12月中旬在巴黎召开的北约组织年会，访问了英、法、德三国，以向西欧盟国表明，华盛顿准备守住西柏林。1959年2月，杜勒斯从欧洲回到华盛顿。他发表声明说："我们决心保持我们在西柏林的地位和到西柏林去的通道。"2月9日，白宫宣布：杜勒斯将离开"短暂时期"。

杜勒斯晚年身患癌症之后，还念念不忘他所执行的对外政策和反共主张。他躺在病床上，把一本《共产党须知》推荐给艾森豪威尔。1959年4月15日，杜勒斯因病辞去国务卿职务，向艾森豪威尔推荐副国务卿克里斯琴·赫脱接任。五天后，艾森豪威尔宣布任命杜勒斯为他的具有内阁阁员级别的外交事务特别顾问。1959年5月24日，杜勒斯病死于华盛顿的华尔特·里德陆军医院。

【毛泽东评说】

希特勒曾经尽过这样的历史责任，还有墨索里尼，在东方还有日本帝国主义，把广大的欧洲人民和世界人民教育过来了。可惜现在没有希特勒了，墨索里尼也不见了，日本有些军国主义者也不存在了。但是教员还是有的，有杜勒斯，这不是一个好教员吗？世界上没有杜勒斯事情不好办，有他事情就好办。所以我们经常感觉杜勒斯跟我们是同志。我们要感谢他。这个人真正懂得马克思主义，在资产阶级里，他是比较最懂得马克思主义的。因为他坚决执行阶级斗争的路线，相当不妥协，我这里没讲他毫不妥协，因为他还有缺点。他相当坚决，只是坚决得还不够就是了。虽然有缺点，还是世界上最好的一个教员，只是除了共产主义者以外。当然第一个教员是马克思主义者，第二个教员才是杜勒斯，还要加上蒋介石，他还活着。

看来世界人民在金门问题上真正受到了教育。情况还将向有利于我们的方向发展，现在也有利于我们，将来会更加有利于我们。杜勒斯现在很不好办，他搞得很被动。人们责问他，为什么管到金门去呢？他总是拿朝鲜相比，说共产党又在搞朝鲜战争啦！人们说不像嘛，朝鲜是朝鲜嘛！金门是金门嘛！金门只有那么大，只有一个酒杯那么大。全世界除了杜勒斯，都说金门是中国的岛屿，金门问题是中国的内政。所以他现在搞得很不好办事啦！我们还要继续使他难办，使他继续处于困难地位。不要轻易饶他！不要轻易让他溜掉！在这个地方大概他一时也相当难溜。

——毛泽东：《杜勒斯是世界上最好的反面教员》，载《毛泽东外交文选》，中央文献出版社、世界知识出版社 1994 年版，第 355—356 页。

国际紧张局势是帝国主义制造的，但走向了它的反面。紧张局势的一部分或大部分使他们觉得对他们不利了，不利于他们保存资本主义和消灭社会主义的目的了。杜勒斯的那一套对他们所要达到的这个目的是不利的，他们想走出这条很窄的路。如果紧张局势有利于他们达到保存资本主义和消灭社会主义的目的，就不能想象他们会有所改变。看来他们了解到这种不利，要有些改变，而且他们害怕战争。大家知道两次世界大战对他们都不利，第三次世界大战对他们将更加不利。像美国这样的国家，战争打起来对它是很不利的。

——摘自毛泽东 1959 年 10 月 26 日同澳大利亚共产党总书记夏基的谈话，《毛泽东外交文选》，中央文献出版社、世界知识出版社 1994 年版，第 387 页。

只要是有远见的人，就知道我们的方针是正确的。美国有些人，尤其是美国当局，他们的观点在我们看来，只是看到很近的地方。比如他们说，西太平洋他们要来管。我说西太平洋要西太平洋的国家自己来管。他们的军队要从西太平洋撤走，要撤的地方很多，如日本、菲律宾、朝鲜，还有台湾。杜勒斯说，我们要把他们赶出西太平洋。好像我们犯了什么错误，好像西太平洋是他们的。我看他们的道理就讲不赢。他们终究要走的，他们的占领是暂时的。现在日本政府和美国政府站在一边，我们不高兴。但我们看来这也是暂时的，总有一天要起变化。

——毛泽东：《西太平洋要西太平洋国家自己来管》，载《毛泽东外交文选》，中央文献出版社、世界知识出版社 1994 年版，第 371 页。

美国不仅没有打算放弃实力政策，而且作为实力政策的补充，美国还企图利用渗透、颠覆的所谓"和平演变战略"摆脱美帝国主义"陷入无情

杜勒斯

包围"的前途，从而想达到保存自己（保存资本主义）和消灭敌人（消灭社会主义）的野心。

这表明美帝国主义企图用腐蚀苏联的办法，阴谋使资本主义在苏联复辟，而达到美帝国主义用战争方法所达不到的侵略目的。

杜勒斯的这段话表明：由于全世界社会主义力量日益壮大，由于世界资本主义力量越来越陷于孤立和困难的境他，美国目前不敢贸然发动世界大战。所以美国利用更富有欺骗性的策略来推行它的侵略和扩张的野心。美国在标榜希望和平的同时，正在加紧利用渗透、腐蚀、颠覆种种阴谋手段，来达到挽救帝国主义的颓势，实现它的侵略野心的目的。

——印发杜勒斯的三篇讲话时，毛泽东秘书林克根据毛泽东谈话拟的三个批注，转引自吴江雄主编《毛泽东评点国际人物》，安徽人民出版社1998年版，第223—224。

【作者述评】

杜勒斯是美国著名的资产阶级政客，20世纪50年代曾任艾森豪威尔总统的国务卿。两人都是极端霸权主义者，艾森豪威尔曾称赞说，杜勒斯"和我简直就像是一个人那样一起工作"。杜勒斯从维护美国的霸权地位出发，先后抛出"解放"政策、"大规模报复"政策、"战争边缘"政策、"遏制"政策、"放蒋介石出笼"政策和"艾森豪威主义"，采取战争与和平演变的方法，加强以美国为中心的帝国主义阵营，企图扼杀新中国，削弱、瓦解社会主义阵营，以达到其保存资本主义、消灭社会主义的罪恶目的，是一个极端反动的家伙。

和别的赤裸裸的帝国主义分子不同，是杜勒斯特别强调"和平演变"战略。这个臭名昭著的"和平演变"战略是他在1951年提出来的。他指出应该使社会主义国家"被奴役的人们"得到"解放"，成为"自由的人民"，而"解放可以用战争以外的方法达到"，"它必须而且可能是和平的方法"。他对一些社会主义国家出现的"要求自由化的力量"感到满意，并把希望寄托在社会主义国家第三代、第四代人的身上，说社会主义国家领导人"如果他继续要有孩子的话，而他又有孩子的孩子，他们的后代将获得自由"。

杜勒斯顽固坚持敌视中国的立场，说什么"中国共产主义是一个致命的危险"，屡次声称"不与红色中国打交道"。他在经济上支持对中国"封锁禁运"，在外交上拒不承认中国，操纵联合国，阻挠恢复中国在联合国的合法席位。他还利用台湾问题大肆反华，蛮横干涉中国内政，特别是在1958年第二次台湾海峡危机时，杜勒斯亲自去台湾活动，企图策划台湾和大陆以海峡划界的阴谋，推行其"两个中国"的政策。

毛泽东十分注意杜勒斯的这些言论，十分关注美国对社会主义国家斗争策略、方式的变化。杜勒斯"和平演变"战略出笼之时，正值抗美援朝胜利，我国第一个五年计划正在顺利实施，中国国内政治稳定，生机勃勃。毛泽东当时没有马上提出防止"和平演变"的问题。他后来提出这个问题，是同国内外形势的发展变化联系在一起的。

1957年，美国总统艾森豪威尔政府提出"和平取胜战略"，鼓吹要通过"和平演变"，以促进"苏联世界内部的变化"。

1958年3月13日，毛泽东与美国朋友安娜·路易斯·斯特朗、杜波依基、雪莉·格雷厄姆在武汉东湖的谈话，谈到了杜勒斯。

斯特朗在《难忘的三次长谈》一文中回忆了这次谈话：

"如果你们三位不反对，"毛泽东接着说，"我愿意去游密西西比河。但是，我想另外三个人可能会反对：杜勒斯先生、尼克松先生和艾森豪威尔总统。"毛泽东向杜波依基投去了询问的一瞥。

"相反，"杜波依基回答说，表情有点严肃，"他们可能想看见你在密西西比河游泳，特别是靠近它的河口。"

"真的？"毛问道，明显地比较高兴，"如果那样，我可以在几天之后就去，完全像一个游泳者。我不谈任何政治，只是在密西西比河游泳。然后，如果艾森豪威尔总统允许，我将看他打高尔夫球。也许去医院拜访杜勒斯先生。"

杜波依基一本正经地回答，那一定会给杜勒斯一个打击。毛泽东马上纠正道：这不是他的本来愿望，"我很希望杜勒斯先生健康"。他说，"作为国务卿，他对我们很有用处，对美国人民和全世界人民同样有用处。"

从听众的脸上，毛泽东看出了他们的疑问，他接着说："确实如此。杜勒斯之所以有用，是因为他坚持自己的原则。他反对共产主义、反对苏联、反对中……"

他接着说，依然用半严肃的嘲弄口气，"杜勒斯制造的国际紧张局势，对我们是有利的。他把局势弄得越紧张，我们就越容易动员世界人民。每一个人都被迫面对战争问题。杜勒斯本人已经开始认识到这一点，并且怀疑他所制造的紧张局势，究竟是对他有利，还是对东方有利"。

毛然后列数了过去 14 个月中由于杜勒斯制造的紧张局势而引起的 12 起世界性事件。首先委内瑞拉的反叛；其次尼克松副总统对 8 个拉美国家的访问，"在那里，人民是用蛋糕和痰来欢迎他的"；第三，去年 6 月 14 日的伊拉克革命；第四，6 月 15 日美国军队在黎巴嫩的登陆；第五，中国对金门的炮击。……

"我们与蒋的战争，已经持续 30 年。"毛泽东说，"因为我们炮击金门，美国派出了其半数的军用飞机。不管怎样，这是我们的地方。"他接着说，"他们坚持其'战争边缘'政策，他们护送蒋的船只，但在我们追击时，他们总是在三英里外的地方观看。他们停止在了边缘。"

"所以，现在我们把杜勒斯当作老师，我们也是停在边缘。我们炮轰蒋的舰船，美国的舰船挂着巨大的国旗，因此我们能够容易地与蒋的舰船区分开来。我们不炸美国的军舰，我们向杜勒斯学习，也把战争避免在边缘。"（丁俊道、李捷编：《毛泽东交往录》，人民出版社1991 年版，第 403—405 页。）

1958 年 10 月 2 日，毛泽东在与苏联等六个共产党国家的代表团谈话时，论证了"除共产主义者以外"，杜勒斯"是世界上最好的一个教员"，意思是杜勒斯是世界上最好的反面教员。

杜勒斯先生也没有辜负毛泽东的"期望"，他在不停地给人们"讲课"。

1959 年 3 月 18 日，毛泽东与日本社会党委员长浅沼稻次郎谈话时批驳了杜勒斯所谓赶出西太平洋的谬说。

毛泽东认为，赫鲁晓夫的言论是属于杜勒斯讲的"和平演变"性质的。我们的方针是：我们在现在这个复杂的国际环境中采取的方针是硬着头皮顶住。硬着头皮顶住包括两个方面，对美国同时要对赫鲁晓夫，顶上5年到10年。对美国还是要全力揭露，用事实，要有说服力。我们不说赫鲁晓夫，也不影响赫鲁晓夫，我们只揭穿美国的欺骗，揭穿美国的所谓和平。

毛泽东历来重视反面教员的作用，目的在于提高全党、全国人民对美帝国主义"和平演变"阴谋的警惕。杜勒斯之流早已灰飞烟灭，但继承他的衣钵者大有人在，推行"和平演变"战略，使东欧剧变，苏联解体，南斯拉夫瓦解，"和平演变"的现实危险性已经严峻地摆在我们面前。重读毛泽东对杜勒斯的评价文章，不是很可以发人深省吗？

丘吉尔

【传略】

温斯顿·丘吉尔（1874—1965），曾两度出任英国首相，保守党人。

1874 年 11 月 30 日，丘吉尔出生在英格兰牛津郡的一个贵族家庭。他的祖先马尔巴罗公爵约翰·丘吉尔，是英国近代史上著名的军事家和政治家，为英帝国争夺海上霸权立下过汗马功劳。他的父亲伦道夫·丘吉尔，担任过英国财政大臣，母亲珍妮特·查罗姆，是美国一位百万富翁的女儿。

丘吉尔从小受到典型的英国贵族式教育，8 岁开始上学，14 岁进入专为贵族子弟开设的哈罗公学。1893 年，他考进了桑德斯军事学院。

1894 年底，丘吉尔从军事学院毕业，第二年被编入第四骠骑团任骑兵少尉。1895 年到 1900 年，他以军官和战地记者的身份，先后参加过西班牙殖民者镇压古巴人民起义的战争，英国军队镇压印度西北边境人民和苏丹人民的战争，以及南非的英布战争。

1899 年是丘吉尔生活中的一个转折点。他以保守党候选人的身份参加竞选，开始了漫长的政治生涯。第二年，他被选入下院。这期间，丘吉尔在政治上扮演了激进派和自由主义者的角色。1904 年，由于不同意保守党的保护关税政策，他退出保守党，加入了自由党。1906 年，自由党在大选中获胜，丘吉尔首次入阁，担任殖民副大臣。以后几年，他担任过商务大臣、内政大臣，并于第一次世界大战前夕的 1911 年出任海军大臣。1914 年 7 月，"萨拉热窝事件"发生后，丘吉尔未等英国政府对德宣战，便下令海军实行总动员。后因在加利波利之战中英军惨败，损兵折将 46000 余人，丘吉尔被迫于 1915 年 5 月辞去海军大臣职务。

丘吉尔下野后两年，1917 年 7 月，又出任劳合·乔治政府的军需大臣。这时，第一次世界大战已进入后期，俄国爆发了十月革命，他攻击布尔什维主义是对"人类文明的威胁",鼓吹对苏俄进行联合武装干涉。他亲自策划向高尔察克、邓尼金及波兰军队提供大量军援,叫嚷要把新生的苏维埃政权"扼杀在摇篮里"。

1922年,丘吉尔丢掉了内阁大臣的官职,1923年又在下院补选中被击败,并退出了自由党。几经波折,1924年他重新加入离开了20年的保守党。1924年到1929年,丘吉尔又出任财政大臣,于1931年1月退出了保守党影子内阁。

1933年,希特勒在德国夺取政权后,欧洲形成了新的战争策源地。

1936—1937年,德、意、日法西斯组成了"柏林—罗马—东京"轴心,加速战争准备。德、意、日法西斯的侵略扩张构成了对英国霸权地位的严重威胁。在这严峻的历史关头,英国统治集团内部绥靖派与强硬派的分歧十分深刻,斗争异常激烈。1937年5月张伯伦上台执政后,绥靖政策便正式成为英国外交的基本国策而加以全面推行。后来,丘吉尔自己承认,"我在那时的影响已降到零"。但是他坚持同绥靖主义进行斗争。

1938年3月,德国吞并奥地利。张伯伦政府对这一侵略行径表示了卑屈的软弱立场,丘吉尔对此大为不满。他还坚决要求英国政府响应3月18日苏联政府关于举行国际会议,商讨共同对付希特勒的建议。

1938年慕尼黑会议前后,丘吉尔坚决反对牺牲捷克斯洛伐克的利益和向希特勒乞求和平。9月21日,丘吉尔向新闻界发表了有关捷克斯洛伐克危机的声明,指出如果在纳粹的军事威胁下屈服,不仅不会给英、法带来安全与和平,反而会使两个国家处境更危险。

果然,正如丘吉尔所料,希特勒于1939年3月撕毁了墨迹未干的《慕尼黑协定》,出兵侵占了整个捷克斯洛伐克。这时,丘吉尔进一步呼吁政府加强战备,并同苏联采取联合行动。

1939年9月1日,德国入侵波兰,英、法被迫对德宣战。张伯伦的绥靖政策在严酷的现实面前不断破产。丘吉尔进入改组后的张伯伦内阁,任海军大臣。从1939年9月到1940年5月,英、法政府宣而不战,西线出现了"静坐战"的奇怪局面。英国政府中有些人主张同德国议和。丘吉尔对此坚决反对。他领导下的海军,在大西洋对纳粹德国进行了顽强的战争。

1940 年 5 月 10 日，希特勒调兵西进，对荷兰、比利时、卢森堡等国和法国发动突然袭击。当天，张伯伦在一片责难声中下台，丘吉尔出任首相兼国防大臣。5 月底，英国远征军从敦刻尔克仓皇撤退；6 月 22 日，法国宣布投降。纳粹德国的势力席卷整个西欧，并准备入侵英国本土。纳粹空军对英国进行了大规模空袭，英国处于民族危亡的严重时刻。在这历史的紧要关头，丘吉尔断然拒绝了希特勒的"和平"建议，领导英国人民进行保卫英伦三岛的战斗。为了改变孤军作战的困境，丘吉尔展开积极的外交活动，采取一切措施努力争取同盟者，首先大力争取美、苏两国的支持和参加。

1941 年 6 月 22 日，德军大举入侵苏联。丘吉尔立即表示英国将同苏联联合对德作战。1941 年 7 月 12 日，英、苏两国签订了在对德作战中联合行动的协定。8 月，丘吉尔与美国总统罗斯福在纽芬兰签署了《大西洋宪章》。苏德战争爆发不到两个月，长期以来屡遭挫折的国际反法西斯统一战线终于初步形成，丘吉尔对此起了积极的作用。在大战过程中，丘吉尔作为同盟国的主要领导人之一，出席了苏、美、英三国领袖在德黑兰、雅尔塔和波茨坦举行的重要会晤，继续为争取反法西斯战争的最后胜利做出自己的贡献。

二战结束后，作为英国垄断资产阶级的政治代表，为了阻止苏联控制东欧，恢复英国在巴尔干地区的传统势力范围，丘吉尔竭力主张在所谓"欧洲柔软的下腹部"即巴尔干地区开辟第二战场，并企图在南斯拉夫、希腊、波兰等国恢复地主资产阶级政权的统治。1944 年 10 月，丘吉尔在访问莫斯科期间向斯大林提出了划分巴尔干势力范围的方案。1945 年 2 月在雅尔塔会议上，美国提出的关于由联合国托管英国殖民地的计划使丘吉尔暴跳如雷。他宣布，只要他当一天首相，就决不会放弃"哪怕是一小块不列颠土地"。1944 年 12 月，丘吉尔派军队血腥镇压了希腊人民的革命力量。

1945 年 7 月，大战还没有最后结束，保守党在英国大选中失败，丘吉尔丢掉了首相职务。可是，他并未就此退出政治舞台。他始终认为自己是最有资格统治英国，"是能够对付俄国的唯一的人"。1946 年 3 月 5 日，丘吉尔访问美国时在富尔顿威斯敏斯特学院发表了题为"和平砥柱"的著名演说，提出"铁幕"政策（冷战开始的标志之一），鼓吹美、英联合，共同对付苏联和世界共产主义运动，叫嚷不能对苏联的所谓"共产主义的威胁""采取绥靖政策"，拉开了战后"冷战时代"的序幕。同时，丘吉尔还致力于西欧联合。1946年9月，他在瑞士苏黎世的一次讲话中提出了建立"欧洲合众国"的主张。1948年5月，在海牙召开的讨论欧洲统一问题的会议上，丘吉尔被推为名誉主席。为了加强英国在世界事务中的作用，他在1948年的保守党年会上全面阐述了所谓"三环外交"的政策，提出第一环是英联邦和英帝国，第二环是包括英国、加拿大和美国的英语世界，第三环是联合起来的欧洲。丘吉尔认为，"一旦它们连结在一起，就没有任何力量的结合足以推倒它们"，而英国"则是在这三环的每一环中都占有重要地位的唯一国家"。

第二次世界大战后，民族解放和人民革命运动迅猛高涨，大英帝国的殖民统治和霸权地位呈现土崩瓦解之势，印度、巴基斯坦、缅甸等英国的一些主要殖民地相继独立。为了扭转这种颓势，英国统治阶级再度起用丘吉尔。1951年，77岁的丘吉尔又一次出任首相。但是，丘吉尔也没有回天之力，在他任内，英国殖民地的民族解放运动继续发展。1955年，心力交瘁的丘吉尔辞去首相职务，宣告退休。

晚年，丘吉尔对于自己终生为之效力的事业仍然念念不忘。他在回顾自己的一生时，也只能无可奈何地承认："我曾取得过很多成就，但到头来却是一场空。"1965年1月24日，丘吉尔逝世，享年91岁。

丘吉尔不仅是一位政治家，也是一位演说家和作家。他的主要著作有《第二次世界大战回忆录》（六卷），《英语民族史》（四卷），《世界的危机》（四卷），《马尔巴罗的生平与时代》（四卷），《河上的战争》等。其中，《世界的危机》《第二次世界大战回忆录》两部最为出色，既具有文献价值，又富于文学意味，因此而获得1953年度诺贝尔文学奖。

【毛泽东评说】

过去资产阶级内部的分裂，曾经是打倒法西斯主力军的重要条件（如果只有张伯伦没有丘吉尔，只有汪精卫没有蒋介石，就打倒不了法西斯），现在的继续分裂必将起着新的更重要的作用,因此我们应该促进他们的这种分裂。

> ——毛泽东:《关于时局的四条分析》,载《毛泽东文集》第四卷,人民出版社 1996 年版,第 97 页。

蒋介石在抗战中有某些作用,但比起丘吉尔在英国反德战争中所起的作用就不如。

> ——毛泽东:《对中国革命新高潮的说明》,载《毛泽东文集》第四卷,人民出版社 1996 年版,第 222 页。

斯大林和罗斯福、丘吉尔开会,决定把中国全部都给美国,给蒋介石。……决定是在雅尔塔会议上作出的。……

> ——摘自毛泽东 1956 年 9 月同南斯拉夫共产主义者联盟代表团的谈话,《毛泽东外交文选》,中央文献出版社、世界知识出版社 1994 年版,第 253—254 页。

第一件,打希特勒的时候,罗斯福和丘吉尔的手里有多少钢呢?大约七千万吨。可是吃不下希特勒,毫无办法。总要想个办法吧,于是采用了旅行的办法,一走就走到雅尔塔,请求苏联帮助。……条件是什么呢?易北河以东划为红军的进攻区,就是说,他们忍痛下决心让这一大块区域脱离他们的体系,让这一大块区域有可能转变为社会主义体系。……在雅尔塔又谈到打日本。又是美国人吃不下日本,又是要请共产主义帮助。中国的满洲,朝鲜的一部分,作为红军的攻击区。并且决定让日本退还半个库页岛、一个千岛群岛。这也是忍痛让步啊!为了吃掉他们的同伴——日本帝国主义。

> ——摘自毛泽东 1957 年 11 月 18 日在莫斯科共产党和工人党代表会议上的发言,《毛泽东外交文选》,中央文献出版社、世界知识出版社 1994 年版,第 292—293 页。

我们斥责战争贩子丘吉尔的狂妄声明。四月二十六日,丘吉尔在英国下院,要求英国政府派两艘航空母舰去远东,"实施武力的报复"。丘吉尔先生,你"报复"什么?英国的军舰和国民党的军舰一道,闯入中国人民解放军的防区，并向人民解放军开炮，致使人民解放军的忠勇战士伤亡二百五十二人之多。英国人跑进中国境内做出这样大的犯罪行为，中国人民解放军有理由要求英国政府承认错误，并执行道歉和赔偿。难道你们今后做的不是这些，反而是开动军队到中国来向中国人民解放军进行"报复"吗？

——毛泽东:《中国人民解放军总部发言人为英国军舰暴行发表的声明》，《毛泽东选集》，第四卷，人民出版社1991年版，第1460页。

【作者述评】

丘吉尔是20世纪最负盛名的英国政治家，1940年至1945年、1951年至1955年曾两度出任英国首相。他参加过两次世界大战。第一次世界大战中，他任海军大臣，因英国海军出征达达尼尔海峡惨败而被迫辞职。第二次世界大战中，在英国本土面临希特勒进攻的形势下，丘吉尔临危受命，1940年5月出任首相，组织联合政府，领导英国人民坚持与法西斯作战。1941年德军入侵苏联后，他立即表示英国将同苏联联合对德作战，并签订了两国对德作战中联合行动的协定。8月，丘吉尔与美国总统罗斯福在大西洋的纽芬兰岛签署了《大西洋宪章》，标志着国际反法西斯统一战线的初步形成。在大战过程中，丘吉尔作为同盟国的主要领导人之一，出席了中、美、英三国首脑举行的开罗会议，出席了美、英、苏三国首脑在德黑兰、雅尔塔和波茨坦举行的重要会晤，为争取反法西斯战争的最后胜利作出了重要贡献。

毛泽东对丘吉尔在"二战"中的历史功绩是充分肯定的。他曾指出："如果只有张伯伦没有丘吉尔，……就打倒不了法西斯。"还说："蒋介石在抗战中有某些作用，但比起丘吉尔在英国反德战争中所起的作用就不如。"毛泽东肯定了丘吉尔在反法西战争中的历史作用，但同时又揭露了丘吉尔为维护英国资产阶级的利益，不惜牺牲弱小民族的利益的本质。雅尔塔会议上，丘尔吉伙同罗斯福为了让苏联抗击德、日法西斯，便把东欧、中国东北、朝鲜等地划为苏联红军进攻区，就是这种损人利己的把戏。丘吉尔是资产阶级政治家，他反对人民革命，是个反共急先锋，他仇视社会主义苏联，反对新生的中华人民共和国，妄图把社会主义制度扼杀在摇篮中。1949 年 4 月 20 日、21 日，正当毛泽东指挥百万大军强渡长江的时候，发生了英舰紫石英号阻挠我军渡江的事件。4 月 26 日，时任保守党领袖的丘吉尔在下院发言，指责中共军队的所谓"暴行"，并要求英国政府派一两艘航空母舰到中国海上去"实施武力的报复"。毛泽东怒不可遏。4 月 30 日，他在为解放军总部发言人起草的声明中，称丘吉尔在下院的发言是"狂妄声明"，严厉斥责丘吉尔是"战争贩子"。

毛泽东对丘吉尔的评价坚持两点论，既高度评价丘吉尔在第二次世界大战中反法西斯的历史功绩，又斥责解放战争时期丘吉尔意欲唆使英国政府派军舰到中国进行武力干涉的"战争贩子"行径。这个评价无疑是正确的、公允的。

希 思

【传略】

希思（1916—2005），全名爱德华·理查德·希思，曾任英国首相，保守党人。

希思生于英格兰肯特郡的布罗兹泰尔斯。基督教徒。终身未娶。希思的父亲是位木匠。

在拉姆斯格特一所中等学校毕业之后，1935年，希思进入牛津大学巴利奥尔学院，选修哲学、政治学和经济学，以优异成绩毕业。在大学期间，他加入了保守党，一心想当一个"职业政治家"，曾任牛津大学保守党协会主席。

第二次世界大战爆发后，1940年7月，希思应征入伍，参加皇家炮兵部队，由于表现出色，晋升为中校。1946年8月，他以中校身份退役。为了早日圆政治理想之梦，他进了文官部，到民航部计划局长期任职。后来，他在《教会时报》当过一段时间新闻编辑，并在商业银行布朗希普利公司找了一份工作。

1950年，希思当选为下院议员。1951年10月，保守党以多数票重新上台，希思被指定为助理组织秘书。

从1952年起，希思任保守党副督导长、督导长等职，负责欧洲政策。1955年底，艾登当首相时，任命希思为首席组织秘书，成为内阁核心成员之一。1960年，希思担任劳工大臣，之后任外交部次长，负责英国进入共同市场的任务。1961年7月，希思主持英国申请加入欧洲共同市场的谈判工作。这一计划于1963年被戴高乐否决。1963年10月，希思出任霍姆内阁工业贸易和地方发展大臣。1964年10月，保守党大选失利后，希思任影子内阁经济发言人和政策咨询委员会主席，负责审查和制定保守党的政策。1965 年 6 月，希思接替麦克米伦当上保守党领袖。他当选后，在保守党内部进行了一番整顿，组成了一个精干的领导班子。

1970 年 6 月，保守党在大选中获胜，希思出任首相，成为英国保守党的第一位平民首相。在任职期间，希思大力削减政府开支，实行"西欧第一"的政策，力排艰难，使英国加入了欧洲共同市场；注意发展与中国的关系，使两国关系由代办级升格为大使级，为英、中两国关系的发展做出了贡献。不过，他遇到通货膨胀、失业、工人罢工等令人头痛的问题，社会出现动荡。希思试图通过法律手段强行控制工资和物价的办法来应对，但收效不大，便铤而走险，于 1974 年 2 月解散议会，提前举行大选，企图以此摆脱困境，结果工党以微弱多数战胜保守党，希思被迫下台。1975 年 2 月，在保守党的选举中，希思又败给撒切尔夫人，从此告别了政坛。

希思曾是"勃兰特委员会"委员、"美日欧三边委员会"成员。1981 年底，希思出任"国际情报和情报系统咨询委员会"主席。他认为世界分为美、苏两大集团的时代已经结束，出现了一个"联合的欧洲"、一个"新兴的中国"、一个"有巨大经济实力的日本"，多极世界的格局正在形成。他认为美国仅是"第一流的中等国家"，并积极推进西欧联合。他的这些真知灼见，得到不少人的首肯。

希思喜欢音乐，善弹钢琴，曾任欧洲交响乐队指挥。他还是赛艇能手，1969 年曾获国际赛艇冠军。

【毛泽东评说】

爱德华·希思（以下简称希）：早上好！

毛泽东主席（以下简称毛）：好！

希：见到你非常高兴，非常荣幸。

毛：谢谢你，欢迎。

希：机场的欢迎十分动人，色彩鲜艳，情绪活跃。

毛：嗯。（面向周恩来）为什么没有仪仗队？

周恩来总理（以下简称周）：因为照顾他不是现任首相，怕引起误会，使现任首相不高兴。

毛：我看还是要有。

周：走的时候加。

王海容：不怕得罪威尔逊啊？

毛：不怕！（面向希思）我是投你的票的！

希：没有理由要怕欧洲。

毛：过去怕呢！

……

希：那是很久以前的事了。

毛：没有冤仇。过去不仅英国，还有法国、意大利、德国、奥匈帝国……，八国联军。

周：还有俄国、日本、美国，八个国家代表十二国，那是一九〇〇年。

毛：都成了历史了。你们剩下一个香港问题。我们现在也不谈。到时候怎么办，我们再商量吧。是年轻一代人的事情了。

——摘自毛泽东1974年5月25日同英国前首相爱德华·希思的谈话，《毛泽东外交文选》，中央文献出版社、世界知识出版社1994年版，第602—606页。

【作者述评】

希思是英国著名政治家、保守党领袖，曾任首相。他出身寒微，是一位木匠的儿子。他抱着"职业政治家"的远大理想走进牛津大学，加入保守党。第二次世界大战爆发后，希思入伍，参加皇家炮兵部队，后以中校身份退役。1950年，他当选为英国下院议员，步入政坛。此后，连选连任。从1952年起，他先后任保守党副督导长、督导长、劳工大臣、掌玺大臣，负责欧洲政策。1965年，希思成为保守党领袖。1970年，保守党在英国大选中获胜，希思出任首相，成为保守党中第一位平民首相。希思于1970年至1974年任英国首相，在任期内，他实行"西欧第一"政策，力排艰险，使英国加入欧洲共同市场。希思注意发展与中国的关系，使两国的关系由代办级升格为大使级，并先后12次访华，其中1974年5月和1975年9月两次访华，毛泽东两次都会见了他。希思为英、中两国关系的

希
思

发展做出了贡献，是中国人民的朋友。毛泽东对希思比较重视，据美国前总统尼克松回忆，他第一次访问北京时，毛泽东会见他，进行了友好的谈话。"谈到我们的总统选举时，毛说他必须老实告诉我，如果民主党人获胜，中国人就会同他们打交道。这个我们懂得。我说。'我们希望我们不会使你们遇到这个问题。''上次选举时，我投了你一票，毛爽朗地笑着说。当主席说他投了我的票的时候，我回答，他是在两害之中取其轻者。''我喜欢右派。'毛显然开心地接着说，'人家说你们共和党是右派，说希思首相也是右派'。'还有戴高乐。'我补充了一句。'戴高乐另当别论。'接着他又说，'人家还说西德的基督教民主党是右派。这些右派当权，我比较高兴。'"（《尼克松回忆录》（中册），载《第一次见到毛泽东》，中央文献出版社 2002 年版，第 239—240 页。）

1974 年 5 月 24 日，英国保守党领袖希思抵达中国北京。周恩来总理委托邓小平副总理带领中国官员和数千名群众到机场热烈欢迎。第二天上午，毛泽东主席会见了希思。互致问候后，毛泽东指示要给希思首相以仪仗队的礼遇，不怕得罪现任首相威尔逊，并对希思说："我是投你的票的！"这种礼遇，是把他和因"水门事件"下台的尼克松仍然当总统接待是一样道理，表示对希思的尊重。随后两人就苏联威胁及中苏关系、中美关系、中日关系以及香港问题进行了亲切交谈，坦率地交换了意见。谈到中英关系时，毛泽东说："你们剩下一个香港问题。我们现在也不谈。到时候怎么办，我们再商量吧。是年轻一代人的事情了。"

说着，毛泽东问坐在身边的周恩来总理："还有多少时间？"周恩来迅速准确地回答道："是 1898 年租给他们的，租期 99 年，到 1997 年期满，距现在还有 23 年挂零。"毛泽东对希思说："到时候怎么办，我们再商量吧。"接着，毛泽东用他巨人般的手一挥，指着在不远处的邓小平等人说："是他们的事情了。"

显然，毛泽东仍坚持维持现状的方案，在有生之年不打算把收回香港列上议事日程，而是把这一问题交给了比他年轻的邓小平等人。

当时，邓小平副总理在欢迎希思的宴会上曾侧面谈到香港问题，表示在将来的适当时候解决它。

1976 年 9 月 9 日，毛泽东逝世。希思先生当即在《每日电讯报》上发表文章，题为《不停顿的革命者》。文中回忆了他与毛泽东的会见：

自从中华人民共和国 1949 年成立以来，毛泽东一直处在一切事务的中心。亿万中国人从来不知道有什么别的人处在这样的地位。

他和周恩来在同一年去世，必将在全中国留下深切的若有所失之感。当我 1974 年 6 月在北京第一次会见毛泽东的时候，我一下子就同他交上了朋友。

他本人是一位非常令人愉快的人，和蔼可亲，平易近人。

他的热情欢迎使我毫不拘束，他不仅了解我爱好航海和音乐，而且还了解我向他介绍的我的一行中的每一个成员。

在其后的会谈中，双方都开了许多玩笑。总之，同他谈话既使人感到愉快，又使人感到兴奋。

那一次以及 1975 年 9 月那一次，我们都是在他的书房里会见的。那是一间陈设简朴的房间，周围摆满了书和他伏案批阅的文件。

在他的世界战略的见解中，他赞成有一个强大的统一的欧洲，这显然是因为这是合乎中国的利益的，但也因为他不希望看到苏联的影响扩大到我们欧洲。

他在许多方面称赞英国人。我上次见到他时他说，如果发生冲突，当然英国人会再次坚持到底的。

他很高兴的是，在我当首相的时候，我们同中华人民共和国建立了正式外交关系，也很高兴我使英国参加了欧洲共同体。

他还认为，保守党政府对苏联是坚定的。事实上，我们已经表明，英国人不会听任任何人的摆布。

自从中华人民共和国 1949 年成立以来，毛泽东一直处在一切事务的中心，亿万中国人民从不来不知道有什么别的人处在这样的地位。（华敏编：《第一次见到毛泽东》，中央文献出版社 2000 年版，第 259—262 页。）

周恩来、毛泽东相继去世后，中、英之间遗留下来的香港问题并未解决。此时的希思先生早已不在其位，却为香港问题再三奔走，与他的老朋友邓小平进行了友好的合作。

希
思

1982年4月上旬，希思作为平民使者，为进一步了解中国政府关于解决香港问题的方针政策，专程访华。希思此行实际上是为撒切尔夫人秋天访问打前站的。

4月6日，邓小平会见希思时向他透露：中国政府已确定了解决香港问题的政策：港人治港。邓小平请希思把中国的这种考虑转告撒切尔夫人。希思回国后，将邓小平的话转告了首相撒切尔夫人。

中、英谈判艰难进行。到1983年，英方先后打出"主权换治权"、"三脚凳"（中、英、港三方参与）、"经济牌"、"民意牌"，使谈判陷入僵局。为打开局面，1983年希思再次访华。9月10日，邓小平会见希思时，斩钉截铁地说：想用主权换治权是行不通的。如果英方不转变态度，中国就不得不在1984年9月单方面宣布解决香港问题的政策。希思回国后，向英国政府传递了邓小平的谈话内容，并劝首相改变以主权换治权的做法。

1984年12月19日，中、英双方终于达成了《关于香港问题的联合声明》。从此，香港进入过渡时期，并于1997年7月1日成功地实现顺利回归。希思先生为了解决香港问题穿针引线，在中国的"总设计师"邓小平与英国的"铁女人"撒切尔夫人之间架设了一座特殊的桥梁，功不可没，希思先生不愧为中国人民的朋友。

戴高乐

【传略】

夏尔·安德烈·约瑟夫·玛丽·戴高尔（1890—1970），法兰西第五共和国总统。

1890年11月22日，戴高乐出生于法国北部里尔城一个笃信天主教的下层贵族世家和资产阶级家庭。他中学毕业后，于1909年8月考入圣西尔军校。1912年毕业，他以少尉军衔在第二步兵师第33步兵团任职，第二年被晋升为中尉。

1914年第一次世界大战爆发，戴高乐在对德作战中表现勇猛，被提升为上尉，获得最高荣誉十字勋章。他连续三次负伤。最后一次是在凡尔登附近，因腿部重伤被俘，在德国人的监狱中度过两年零八个月。这期间，他三次越狱均告失败，到1918年11月战争结束方获释。

1919年4月，戴高乐作为志愿人员应募加入波兰军队，在波兰军事学院教授战术学，并参与对苏维埃俄国的武装干涉。1921年4月，戴高乐从波兰回国度假，在加来与当地有名的饼干制造商旺德鲁的女儿伊冯娜结婚。10月，他奉调回国，在圣西尔士官学校任战争史讲师。

1922年，戴高乐考入军事学院深造，1924年毕业，在总参谋部运输供给局任职，一年后，被法国三军总监贝当委任为自己的幕僚。1927年底，戴高乐晋升为少校，受命指挥驻防莱茵区特里尔（德国）的第19轻步兵营。两年后，调至中东地区任职。1931年起，他在直属总理府负责战备工作的最高国防委员会秘书处工作，研究军事理论问题。

戴高乐对军事理论早有创见并著书立说，1924到1938年，先后发表《敌人阵营的倾轧》《剑锋》《建立职业军》《法国及其军队》等著作，提倡坦克战的新思想，力主建立机械化部队。他反对法国军事当局依靠马奇诺防线的消极防御战略。他为实践自己的主张四处游说，使他在军界稍有名气。

1936 年德军进军莱茵区时，他坚决主张法国"应该迅猛而突然地采取行动"阻止德国进军。1937 年底，戴高乐晋升为上校，任驻梅斯的第五〇七坦克团团长。

1939 年 9 月，德国军队侵入波兰，英、法被迫对德宣战。戴高乐在此前后，从梅斯调至下阿尔萨斯，指挥第五集团军的坦克部队。他极力鼓吹建立一支能独立作战的机械化部队。

1940 年 5 月 10 日，希特勒军队入侵荷兰、比利时和卢森堡，法国危在旦夕。11 日，戴高乐出任新编第四装甲师师长，受命在拉昂地区单独作战，阻止德军进犯巴黎。14 日，德军攻入法国。戴高乐使用坦克部队两次从敌后进行突袭，俘虏德军 600 多人，缴获大量战利品，受到总司令魏刚的嘉奖。6 月 4 日，总理雷诺在紧急关头改组政府，破格任命戴高乐为国防与陆军部次长。

6 月 14 日巴黎陷落。17 日，贝当元帅接替雷诺出任总理，向德国乞降。戴高乐毅然出走伦敦，寻求继续抵抗的道路。第二天，他在英国广播电台向法国人民发出著名的"六一八"号召，指出"无论发生什么情况，法兰西抵抗的火焰决不应该熄灭，也绝不会熄灭"。戴高乐竖起了反对法西斯侵略、维护民族独立的义旗，伦敦顿时成了"自由法国运动"的中心。

戴高乐首先筹建法兰西民族委员会，组织武装力量。他向法国殖民地的总督、海外驻军首长发出电报，邀请他们参加该委员会。1940 年 7 月底，募兵 7000 人组成了第一个师。8 月，戴高乐争取到乍得、喀麦隆、刚果和乌班吉沙立（今中非共和国），并派部队攻占了加蓬。9 月，建立了"自由法国"全国委员会。10 月 27 日，戴高乐在布拉柴维尔发表宣言，强烈谴责在德国卵翼下建立的法国维希政府违反宪法；同时颁布法令，宣布成立法兰西国防务委员会，行使政府职权。

戴高乐还通过"自由法国"的"情报和军事行动总局"，同国内抵抗组织建立联系，使北部"解放北方"等五个组织在军事上合并和承认"自由法国"。1942 年 1 月，戴高乐把投奔他的前省长让·穆兰作为自己的总代表派到法国南部，统一各抵抗组织。1942年7月，"自由法国"更名"战斗法国"，把在德国占领下的法国包括在内。1943年5月，在法国本土成立了以穆兰为主席的"全国抵抗运动委员会"，承认"戴高乐为法国抵抗运动的唯一领袖"，从而大大加强了戴高乐在国际上的地位。

1943年6月3日，戴高乐和法国抗德运动领导人吉罗在阿尔及尔组成法国唯一的中央权力机关——"法兰西民族解放委员会"，二人同任主席。8月26日，该委员会获美、英、苏正式承认，成为实际上的法国临时政府。不久，戴高乐排除吉罗，单独任法兰西民族解放委员会主席，成为名副其实的"法国抵抗运动的唯一领袖"。

1944年春，美国伙同英国策划在法国实行军事占领制度。企图把法兰西民族解放委员会撤在一边，建立盟国军政府。在盟军进行诺曼底登陆前10天，戴高乐把法兰西民族解放委员会正式改称为法兰西共和国临时政府，派遣法国精锐部队参加解放巴黎的战役，利用组织起来的50万法国内地军队配合盟军作战。由于戴高乐的坚决反对，以及1944年8月19日巴黎人民武装起义，美国不得不放弃建立盟国军政府方案。

巴黎解放后，以戴高乐为首的法兰西临时政府获得承认。1944年9月，临时政府改组，广泛吸收各方代表参加，法国共产党人第一次参加政府。戴高乐就任第一届临时政府首脑。

不久，在讨论为战后建立第四共和国而制定宪法时，戴高乐力求制定一部加强总统和政府权力的宪法，遭到各政党普遍反对。1946年1月，戴高乐挂冠而去，归隐科隆贝乡间故居，从事《战争回忆录》的写作。1946年10月，法兰西第四共和国宣告成立。戴高乐于1947年建立"法兰西人民联盟"，自任主席，试图争取议会多数，重返政界，结果失败。1953年，他解散"法兰西人民联盟"，继续撰写回忆录。

1958年春，法国陷入由阿尔及利亚殖民战争触发的严重政治危机，5月3日，阿尔及利亚的法国极端殖民主义分子和殖民军人集团在阿尔及尔发动军事暴乱，宣布成立以伞兵司令马絮为首的"救国委员会"，要求在巴黎成立救国政府并要戴高乐"出山"。戴高乐抓住这一有利时机，迫使各主要政党同意他上台。6月1日，国民议会授权戴高乐组阁，2日、3

日，又授予他修改宪法和在阿尔及利亚行使特别权力。

1958 年 8 月 14 日，戴高乐主持制定了新宪法定稿，规定总统在国家严重危机时刻可以行使全权；允许殖民地在同法国组成的联邦制共同体内实行部分自治。1959 年 1 月，新宪法生效，法兰西第五共和国宣告诞生，戴高乐当选为总统。

新宪法实施后不到两年，非洲大陆的法国殖民地，除阿尔及利亚外都相继宣布独立。在 9 月一次电视讲话中，戴高乐公开提出让阿尔及利亚自决。法国的极端殖民主义分子和殖民军人集团公开反对这一政策。他们组织了两次武装叛乱，多次策划要谋杀戴高乐。戴高乐运用新宪法赋予的权力，解除了马絮将军的一切职务，对领导、参与叛乱和谋杀的将领们判以重刑，直至处死。1962 年 7 月，法国撤出军队，阿尔及利亚独立。

戴高乐甩掉殖民地问题的包袱之后，开始全力谋求法国在世界政治中的大国地位。早在 1958 年 9 月，他在致美国总统和英国首相的备忘录中，提议在北大西洋联盟中建立美、英、法三大国的理事会，遭到美、英两国的拒绝。戴高乐决心利用法国的欧洲共同体成员国地位与美国对抗。他的策略是拉拢联邦德国，排斥英国，试图以法、德为核心，以欧洲共同体为基础，实现欧洲的政治联合，使之逐步发展为介乎美、苏之间的"第三种力量"。1963 年 1 月，法国与联邦德国签订合作条约，建立了两国政府间就有关的外交政策的重大问题进行磋商的机制。在这以前，他否决了英国加入欧洲共同体的申请。1967 年 11 月，他再次否决英国的申请，用以惩罚与美国保持"特殊关系"的英国。

戴高乐还决心在北大西洋公约组织中自由行事，反对美国的限制。1959 年 3 月，戴高乐从北约撤出法国地中海舰队；6 月，拒绝美国在法国储存核弹头和建立中程导弹基地。1960 年 2 月，法国第一颗原子弹在撒哈拉沙漠试验成功。6 月，戴高乐向美国总统和英国首相提出新的建议，要求三国首脑共享处理联盟战略问题的权力。他提议 9 月中旬在百慕大举行三国最高级会议，英、美两国表示"原则上"同意三国最高级会议的设想，但建议把会议推迟至 12 月举行。1963 年 6 月，戴高乐从北约撤回了法国的大西洋舰队。1966 年 3 月，他宣布退出北大西洋公约军事一体化组织。1976 年，他迫使美军从法国的军事基地撤离。

在对华关系方面，戴高乐反对美国孤立、封锁中国的政策，认为新中国"正在顽强地建设成为一个无比强大的国家"，法国不能无视新中国的存在。1964 年 1 月 27 日，法国正式承认中华人民共和国政府为中国唯一合法的政府，实现法、中两国建交。

戴高乐执政期间，对国内事务较少注意，为了发展独立的核力量及防务力量，法国花费了巨额款项，人民负担加重，结果导致 1968 年 5 月的巴黎大罢工。为了缓和社会各阶层的不满，戴高乐决定对法国社会进行改革。他提出地方改革和参院改革两个方案，决定举行公民投票。在 1969 年 4 月 27 日的公民投票中，法国公民以 52.41% 的多数否决了戴高乐的两项改革方案。4 月 28 日，戴高乐宣布辞去总统职务。

戴高乐回到科隆贝故居，撰写有关第二次执政的《希望回忆录》，未及完成，便于 1970 年 11 月 9 日因心脏病猝发去世。根据他多年前立下的遗嘱，法国政府没有为他举行国葬，亲属们只是在科隆贝教堂的墓地上为他立了一块刻有他的姓名及生卒年份的简单墓碑。为了纪念他对法国所做的贡献，巴黎市议会决定把凯旋门所在的星形广场改名夏尔·戴高乐广场。

【毛泽东评说】

戴高乐登台好，还是不登台好？现在法国共产党和人民应该坚决反对戴高乐登台，要投票反对他的宪法，但是同时要准备反对不了时，他登台后的斗争。戴高乐登台要压迫法共和法国人民，但对内对外也有好处：对外，这个人喜欢跟英美闹别扭，他喜欢抬杠子。他从前吃过苦头的，他写过一本回忆录，尽骂英美，而说苏联的好话。现在看起来，他还是要闹别扭的。法国跟英美闹别扭很有益处。对内，为教育法国无产阶级不可少之教员，等于我们中国的"蒋委员长"一样。没有"蒋委员长"，六亿人民教不过来的，单是共产党正面教育不行的。戴高乐现在还有威信，你这会把他打败了，他没有死，人们还是想他。让他登台，无非是顶多搞个五年，六年，七年，八年，十年，他得垮的。他一垮了，没有第二个戴高乐了，这个毒放出来了。

> ——毛泽东：《在第十五次最高国务会议上谈国际形势》，载
> 《毛泽东外交文选》，中央文献出版社、世界知识出版社1994
> 年版，第345页。

我们是站在你们一边，不是站在戴高乐一边的，我们不怕戴高乐生气。法国不承认中国，还有蒋介石代表在巴黎。中国为什么不可以支持你们，为什么不能同你们往来？美国占领我们的台湾，承认蒋介石，不承认我们，说蒋介石是"好人"，我们是"坏人"。戴高乐也说我们是"坏人"，并说你们是"坏人"，好吧，那我们就是"坏人"同"坏人"来往。

> ——摘自毛泽东1960年5月17日同阿尔及利亚共和国临时政
> 府代表团的谈话，《毛泽东外交文选》，中央文献出版社、世
> 界知识出版社1994年版，第418—419页。

毛泽东（以下简称毛）：我们对戴高乐有两方面的感觉：第一，他还不错；第二，他有缺点。

蒙哥马利（以下简称蒙）：人人都有缺点。

毛：说他还不错是因为他有勇气同美国闹独立性。他不完全听美国的指挥棒，他不准美国在法国建立空军基地，他的陆军也由他指挥而不是由美国指挥。

蒙：海军也是这样。

毛：法国在地中海的舰队原来由美国指挥，现在他也把指挥权收回了。这几点我们都很欣赏。

另一方面他的缺点很大。他把他的军队的一半放在阿尔及利亚进行战争，使他的手脚被捆住了。

> ——摘自毛泽东1960年5月27日同英国陆军元帅蒙哥马利的
> 谈话，《毛泽东外交文选》，中央文献出版社、世界知识出版
> 社1994年版，第432页。

我看中间地带有两个，一个是亚、非、拉，一个是欧洲。日本、加拿

大对美国是不满意的。以戴高乐为代表的，有六国共同市场①，都是些强大的资本主义国家。东方的日本，是个强大的资本主义国家，对美国不满意，对苏联也不满意。东欧各国对苏联赫鲁晓夫就那么满意？我不相信。情况还在发展，矛盾还在暴露。过去几年法国人闹独立性，但没有闹到今天这样的程度。……戴高乐到处说法国不当卫星国，他们是控制和反控制的斗争。赫鲁晓夫说我们同戴高乐站在一条线上，其实我们同戴高乐也没有见过面。我们无论国内、国外，主要靠人民，不靠大国领袖。靠人民靠得住。

——摘自毛泽东1963年9月28日在中共中央工作会议上的讲话，《毛泽东外交文选》，中央文献出版社、世界知识出版社1994年版，第506—507页。

你们不要学英国在台湾问题上的态度。英国同我们只有一个分歧，就是它对台湾的地位不肯定。第一，英国承认中华人民共和国，不承认台湾，这是好的；第二，英国现在在联合国投我们的票，这也是好的；第三，英国同美国都搞"两个中国"，这点上表明它是美国的代理人。我们同英国已有十五年的外交关系，它也像你们那样，要我们派个大使去，它派个大使来。我们说不行，再搞十五年，甚至几十年也可以，我们不派大使去。联合国进不了，那也不要紧。十五年没有进联合国，我们也活下来了，再让蒋介石大元帅在联合国呆上十五年、三十年、一百年，我们照样活下去。要我们承认"两个中国"或者是"一个半中国"，那都不行。你们要派就派个大使来，不要学英国那样，搞了十几年，还是个代办，不要钻进美国的圈套。这一点不搞清楚，我们不接纳你们的大使，我们也不派大使到你们那里去，事先讲个清楚。我见富尔先生时，也同他讲清楚了这个问题。我们外交部发表过声明，也在瑞士和你们打过招呼，取得了协议。你们同国内有什么密码通讯吗？在外国跑，没个密码通讯可不方便。

你们要同英国区别开来，要痛痛快快地把话讲个清楚。我是个军人，

---

① 六国共同市场，即欧洲共同市场，是法国、联邦德国、意大利、荷兰、比利时、卢森堡六国于1958年1月成立的国际垄断联盟。

打过二十二年仗，戴高乐将军也是军人，讲话不要弯弯曲曲，不要搞外交手腕。

> ——摘自毛泽东1964年1月30日同法国议员代表团的谈话，《毛泽东外交文选》，中央文献出版社、世界知识出版社1994年版，第522—523页。

戴高乐总统七月二十三日批评了西德[①]。我看这个批评相当好，也让西德考虑一下，就是听美国话太多啦。还有英国，我看也值得批评一下，它跟美国太靠拢了。

······

我们很欣赏法国这种独立政策。不能跟着少数大国转，它们说什么就跟着说什么。把英国算在美国那边也可以，但是英国保守党里也有人不赞成英国政府的政策。世界在变化，不是一两个大国所能管住的。各国的事情应由各国人民来管，不能允许任何外国人干涉。······

> ——摘自毛泽东1964年9月10日同法国技术展览会负责人的谈话，《毛泽东外交文选》，中央文献出版社、世界知识出版社1994年版，第542页。

巴　黎

夏尔·戴高乐夫人：

获悉夏尔·戴高乐将军不幸逝世，谨对他，反法西斯侵略和维护法兰西民族独立的不屈战士，表示诚挚的悼念和敬意。

毛泽东

一九六〇年十一月十一日于北京

> ——毛泽东：《悼念戴高乐逝世的唁电》，《人民日报》，1970年11月12日。

[①] 1964年7月23日，法国总统戴高乐在记者招待会上指责美国破坏《日内瓦协议》，干涉印度支那事务，并批评联邦德国政府当时奉行的外交政策不是"欧洲的和独立的政策"。

【作者述评】

戴高乐是法国著名军事家、政治家。在他去世时，毛泽东以个人名义给他的夫人发去唁电，称他是"反对法西斯侵略和维护法兰西民族独立的不屈战士"。这个评价在毛泽东对西方人士的看法中是绝无仅有的，也十分恰当地概括了戴高乐将军一生的主要业绩。

戴高乐作为一名职业军人，参加过两次世界大战。在第一次世界大战中，他还是一个下级军官。但他作战勇敢，足智多谋，因此获得最高荣誉十字勋章，并被提升为上尉。后在凡尔登附近的一次战役中负伤被俘，被德军关押了两年零八个月。第二次世界大战中，在法军节节败退的情况下，他指挥第五集团军的坦克部队英勇抗敌，并任国防和陆军部次长。巴黎陷落后，法国政府投降，戴高乐出走伦敦，组织领导"自由法国运动"，并在本土建立"抵抗运动委员会"，对德国法西斯进行坚决斗争，直至法国光复。戴高乐堪称"反对法西斯侵略的""不屈战士"。

第二次世界大战后，战败国的阴影使法国的国际地位极为难堪，英、美想分割法国，作为其附庸国。戴高乐以他高超的外交策略和宁折不弯的坚韧品格使法国得以摆脱英、美的控制，从一个战败国争取到了独立自主的大国地位，挽回了法兰西民族的尊严。之后，戴高乐推行维护法兰西民族独立和自由的政策，反对超级大国的强权政治和霸权主义。他施行法国和德国和解，和德国总理阿登纳一起，试图以法、德为核心，以欧洲共同体为基础，实现欧洲的政治联合，推行欧洲一体化进程，对抗美国的世界霸权主义。在军事上，他以北大西洋公约组织为突破口来反对美国的控制，他从北约撤回法国的地中海舰队、大西洋舰队，后又退出北约军事一体化组织，拒绝美国在法国建立导弹基地，迫使美军从法国的军事基地撤离。戴高乐强硬的反美外交路线为法国赢得了世界荣誉，他不愧为"维护法兰西民族独立的不屈战士"。毛泽东对戴高乐作了积极的正面的评价，他认为戴高乐喜欢跟英、美"闹别扭""抬杠子"，值得称赞。

毛泽东曾说中、法两国有共同点，这就是两国都反对大国霸权主义。戴高乐积极发展同中国的友好关系。1964 年 1 月 27 日，中、法建立了正式外交关系。

戴高乐对毛泽东、周恩来非常崇敬。他晚年一直希望访问中国。他说：中国"是真正的国度，比历史还古老的国家，那里有真正的人，自豪的人"。

由于当时中国正在进行"文化大革命"及 1969 年戴高乐因公民投票失利而辞职等多种原因，戴高乐作为总统访华的愿望未能实现。卸任后的戴高乐，在等待中国政府的邀请，并拟于 1970 年底以前访华，甚至他的回忆录的最后一章都设计好了，题目就是"与毛泽东的会见"。但令人遗憾的是，当周恩来总理委派的密使——美籍华人韩素音前往巴黎传递信息时，戴高乐将军已撒手人寰。

惊闻戴高乐将军去世的消息，毛泽东、周恩来分别给戴高乐夫人和蓬皮杜总统发去唁电。周恩来等中国领导人到法国驻华使馆吊唁，并委派黄镇大使为特使参加法国政府为戴高乐在巴黎圣母院举行的宗教悼念仪式。北京天安门、新华门、外交部下半旗志哀。

法国科龙贝戴高乐墓地摆放着毛泽东、周恩来送的花圈。

希特勒

阿道夫·希特勒（1889—1945），德国纳粹党党魁，德意志国家元首和政府总理，发动第二次世界大战的法西斯战犯。

1889年4月20日，阿道夫·希特勒出生在奥地利境内的布劳瑙小镇，其父是名海关公务员。希特勒6岁上小学，11岁读中学，学习成绩很差。

父母去世后，1908年，孑然一身的希特勒再次前往维也纳谋生。在维也纳，希特勒过着流浪生活，靠做零活或出售临摹画糊口。

1914年，第一次世界大战爆发，希特勒参军服役。他曾参加过伊普莱斯战役和著名的索姆河战役，并两次受伤。战争时期，他先后得到两枚勋章，并由列兵升为下士。

1918年11月11日，德国战败投降。这对在医院养伤的希特勒刺激很大。从此，他决定投身政治活动，来实现他在战争中没有实现的个人野心。11月底，他回到慕尼黑。1919年9月，希特勒奉陆军的指派，去了解慕尼黑的一个政治组织"德国工人党"的情况。希特勒参加了"德国工人党"，并成为该党的领导成员之一，负责宣传工作。1920年2月，他在德国工人党会议上提出了《二十五点纲领》，要求所有日耳曼人在一个大德意志国家内统一起来；废除《凡尔赛和约》；建立一个强大的中央集权的国家等。同年4月1日，"德国工人党"改称"国家社会主义德国工人党"（国社党或纳粹党）。从这时起，希特勒被革除军职，专门从事党务活动。希特勒为纳粹党组织了纠察队，1921年10月5日又将纠察队改名为冲锋队。他采用卍字做党徽，并亲自设计了红地、白圆心、中间上个黑"卍"字的党旗，并以褐色衫以及举手礼作为与其他政党区别的方式。1921年7月，在纳粹党的特别会议上，希特勒迫使其他委员接受了他的要求，修改党章，推选他为党的主席，并拥有独裁权力。这样，他就成了纳粹党的"元首"。

1923 年 11 月 8 日晚，希特勒率领一批冲锋队员，在慕尼黑的贝格勃劳凯勒酒馆扣押了巴伐利亚州的三名军政长官，当场宣布"全国革命已经开始了"！这就是所谓的"啤酒馆暴动"。然而第二天，在与警察的冲突中，16 名纳粹党徒被击毙，若干人受伤，希特勒当场逃跑，其部下作鸟兽散。11 月 11 日，希特勒被逮捕归案。1924 年 2 月 26 日，开始对希特勒等人进行公开审讯。4 月 1 日，希特勒被判五年徒刑。由于陆军方面的支持，他只服刑九个月，就于同年 12 月 20 日获释。在狱中，希特勒口授，由鲁道夫·赫斯执笔，开始撰写《我的奋斗》一书。这本书系统地阐述了希特勒的"理想"：创建第三帝国和征服欧洲。全书充满了民族主义狂热和对马克思主义、民主制度及犹太人的仇恨。他认为雅利安人，尤其是日耳曼人是上帝选定的"主宰民族"；宣称德国必须与世仇法国算账，"德国必须在东方进行扩张——主要牺牲俄国"，夺取新的"生存空间"。

希特勒出狱后，继续进行推翻共和国和谋取政权的活动。从"啤酒馆暴动"中他得出的结论是：必须建立一个庞大的、由他严加控制的法西斯党和用合法斗争方式取得政权。冲锋队改组成武装团体，专门负责保护纳粹党举行的集会，捣乱其他政党的集会，以及恫吓希特勒的政敌。继而又建立了元首的卫队——党卫军。希特勒常常在党卫军和冲锋队簇拥下，召集群众集会，发表演说。在 1930 年 9 月的国会选举中，纳粹党获得 640 万张选票，在国会中得到 107 个席位，一跃成为仅次于社会民主党的第二大党。在 1932 年 7 月的选举中，它又赢得 1370 万张选票，成为全国第一大党，希特勒的同党戈林竟当上国会议长。

在此期间，纳粹党还加强了与德国垄断资本家的勾结，不断获得他们的资助。1930 年至 1933 年，垄断资本家们向纳粹党赠送了数百万马克。1932 年 11 月 29 日，沙赫特、梯森、克虏伯、西门子等大资本家联名上书，要求兴登堡总统"委托民族运动的最大集团的领袖"希特勒组阁。兴登堡在 1933 年 1 月 30 日召见希特勒，请他出任德国总理并组织政府。

希特勒上台之后，1933 年 2 月初，下令禁止德国共产党举行游行示威，查抄共产党在柏林的办事处。2月27日，纳粹党又制造了耸人听闻的国会纵火事件，以此诬陷共产党，对共产党人横加逮捕和镇压，取消81名共产党议员的合法席位，宣布共产党为非法组织。随之，其他政党也遭到同样的厄运，工会组织被勒令解散。1933年10月，希特勒解散国会，在纳粹党徒刺刀下进行改选。结果新"国会"的议员几乎全是纳粹党徒及其信徒。新国会通过的《授权法》规定，总理希特勒可以不受宪法的约束而颁布法令。为了加强对国内的控制，他建立了臭名昭著的秘密国家警察体系（盖世太保）。1934年6月30日，希特勒命令秘密处决了冲锋队首领恩斯特·罗姆，解散了这一组织。1934年8月2日，兴登堡去世。希特勒立即宣布：德国总统的职务与总理的职务合并为一，总统原有的职权移交给总理。于是，希特勒成了总统兼总理，并拥有对武装部队的最高统帅权。至此，魏玛共和国寿终正寝，希特勒的第三帝国正式形成。

希特勒政府一方面在国内采取了若干经济措施来巩固其统治。另一方面希特勒很快打破《凡尔赛和约》的束缚，迅速恢复德国的军事力量。1935年3月9日，希特勒政府通告各国，德国已建立了空军。同年3月16日，德国宣布恢复普遍义务兵制，其陆军的平时编制定为30个师55万人。6月18日，德、英海军协定签字，德国可以拥有英国军舰总吨位35%的海军，其潜艇吨位可达英国的45%。在此期间，德国军费开支急剧增加。

随着德国军事力量的增长，希特勒加快了侵略扩张的步伐。1936年3月7日，希特勒派三个营的兵力渡过莱茵河，一举占领了莱茵非军事区。1936年夏，希特勒出兵干涉西班牙，支援佛朗哥对西班牙共和国的镇压。1936年10月24日，希特勒政府与意大利签订"轴心"协定。同年11月25日，签署德日反共产国际协定，第二年意大利加入该协定。于是，德、日、意三国结成了法西斯联盟。

1937年11月5日，希特勒在柏林的总理府召集陆、海、空三军最高将领和外长，举行秘密会议，抛出进行战争的一揽子计划，史称《霍斯巴赫备忘录》。他命令将军们要尽早做好战争准备，最迟在1943—1945年以前完成。国防部部长布罗姆堡和陆军总司令弗里奇表示疑义，他们于1938年2月被迫辞职。希特勒趁机取消国防部，成立三军最高统帅部，自任最高统帅，取得直接指挥军队的最高权力。

1938年3月11日，德军越过德奥边界，吞并了奥地利。3月12日希特勒来到林茨。3月14日，他"凯旋"式地进入久别的维也纳。1938年5月，希特勒制造了捷克斯洛伐克危机，并在张伯伦和达拉第的绥靖政策纵容下，于1938年9月29日签订了《慕尼黑协定》，占领了捷克斯洛伐克的苏台德等地区。五个半月之后，希特勒派兵占领了整个捷克斯洛伐克。

随后，希特勒把侵略的矛头指向了波兰。波兰是英、法的盟国，在地理上又是通向苏联的跳板。希特勒要灭亡波兰的近期战略目的，主要是打击英、法的势力，消除德军西进时的后顾之忧。从1939年初开始，希特勒对苏联作出一些修好的姿态。1939年8月23日，他派外长里宾特洛甫到莫斯科，当天与苏联签订了《苏德互不侵犯条约》。1939年9月1日，德军大举入侵波兰；9月3日，英、法两国对德宣战。9月28日，德、苏签署了友好边境条约，从而为德国的西进解除了后顾之忧。1939年11月23日，希特勒再次召集三军高级将领训话，宣布向英、法开战的决定。1940年4月德军一举攻占丹麦和挪威，5月向荷兰、比利时、卢森堡、法国进攻，并在5月底6月初将30余万英国远征军和法、比军队从敦刻尔克赶到英伦三岛。1940年6月14日，德军进入不设防的法国首都巴黎。6月22日，法国向德国投降。1940年冬初，希特勒放弃了远征英国的"海狮计划"，因他坚信英国实际已经垮了。在这一年中，希特勒德国还相继入侵巴尔干国家和北非地区，以控制地中海，堵塞英国通往东方的道路，并从南翼包围苏联。

1940年11月12日，希特勒向他的将领部署了进攻苏联的"巴巴罗萨计划"。1941年6月22日，300万德军越过苏德新边界，苏德战争爆发，德军迅速占领了苏联的大片领土。但1941年底在莫斯科城下遭到顽强抵抗，其闪击战术被粉碎。1942年底至1943年初，22个德国陆军师在斯大林格勒被全歼。在1943年夏季的库尔斯克战役中，德军再遭惨败。于是德军不得不由战略进攻转为战略防御，并节节败退。

1944年6月，美、英联军在法国的诺曼底登陆，开辟了欧洲的第二战场。德国处于两线作战的不利地位，希特勒及其帝国灭亡的命运已成定局，而长期以来他与陆军军官团之间的矛盾也日趋尖锐。1944 年 7 月 20 日，史陶芬贝格上校在拉斯腾堡用一枚定时炸弹轻伤了希特勒（史称"七二〇事件"或"七月事件"）。这便导致希特勒对陆军军官的大清洗，使德国的战争机构从内部受到严重损伤。此后，希特勒更加不信赖别人，处在歇斯底里式的狂暴与幻想之中。

1945 年 4 月下旬，苏军攻入柏林，展开激烈巷战。在第三帝国末日来临之际，希特勒写下了他的"政治遗言"，拟定了以海军上将邓尼茨为首的新政府名单。4 月 30 日 3 时 30 分，希特勒举枪自杀，结束了自己罪恶的一生。

【毛泽东评说】

大家都知道，法西斯宣传中包含的真实性是如此之微小，肉眼几乎无法看到。当墨索里尼要征服阿比西尼亚时，他宣称他在解放非洲的奴隶。当希特勒在欧洲发动侵略时，他对德国人民说光荣胜于面包，对欧洲人民则说他是一个和平爱好者。日本军阀在吞并东北时也说，他们是在解放中国人民。

——毛泽东：《和美国记者斯诺的谈话》，载《毛泽东文集》第一卷，人民出版社 1993 年版，第 396 页。

希特勒不是曾经被人们看作很有力量的吗？但是历史证明了他是一只纸老虎。墨索里尼也是如此，日本帝国主义也是如此。相反的，苏联以及各国爱好民主自由的人民的力量，却是比人们所预料的强大得多。

——毛泽东：《和美国记者安娜·路易斯·斯特朗的谈话》，载《毛泽东选集》第四卷，人民出版社 1991 年版，第 1195 页。

希特勒的实力和他的野心之间的矛盾，是他失败的重要原因。这个矛盾，表现在他在采取避实击虚政策上面。列宁格勒、莫斯科是被认为应该避开的，他就集中力量向着南线一隅。7 月间他曾拼命争夺沃罗涅日，打不开，又避开它。拼命争夺克列茨基，只打不开，又避开它。于是攻击点集中在斯大林格勒与高加索北麓了。这是无可避开的了，又是打不开，又是要避开了。但这是最后的避开，就是说，被迫放弃攻势，转入防御地位，希特勒现在就是处在这样情况中。希特勒今天还没有发出停止进攻的一般声明，他也许还想最后挣扎一下，但大势已去，无可挽回了。一切他所避开的地点，都成了红军向他进攻的出发点，目前红军就是从克列茨基到斯城北角一线向德军进攻的。这样将迫使希特勒最后地放弃他的一切战略进攻。

——毛泽东：《历史教训》，载《毛泽东文集》第四卷，人民出版社1993 年版，第 445 页。

拿希特勒在第一阶段上的情况和第三阶段作比较，就可知希特勒是处在最后失败的门口了。目前红军在斯大林格勒和高加索两方面，实际上均已停止了德军的进攻，希特勒已到再衰三竭之时，他对斯大林格勒、高加索两处的进攻已经失败。他在去年12月至今年5月整个冬季中所整备的一点兵力，已经耗竭了。在苏德战线，距冬季不到一个月了，他须赶快转入防御。整个顿河的以西以南是他的最危险的地带，红军将在这一带转入反攻。今年冬季，希特勒因被死亡所驱迫，将再一次整备他的军队。他或者还可能搜索他的一点残余力量装备出几个新的师团，此外则乞援于意、罗、匈三国法西斯伙伴，向他们勒索一些炮灰，以应付东西两线的危局。但是，他在东线须应付冬季战争的极大消耗，他在西线须准备对付第二条战线，而意、罗、匈等国则将在希特勒大势已去的这种悲观情绪中，一天一天变成离心离德。总之，10月9日以后的希特勒，将只有死路一条好走了。

——毛泽东：《第二次世界大战的转折点》，载《毛泽东选集》第三卷，人民出版社1991 年版，第 887 页。

希特勒曾经尽过这样的历史责任，还有墨索里尼，在东方还有日本帝国主义，把广大的欧洲人民和世界人民教育过来了。可惜现在没有希特勒了，墨索里尼也不见了，日本有些军国主义者也不存在了。但是教员还是有的，有杜勒斯，这不是一个好教员吗？

——毛泽东：《杜勒斯是世界上最好的反面教员》，载《毛泽东外交文选》，中央文献出版社、世界知识出版社1994 年版，第355—356 页。

【作者述评】

希特勒是德国法西斯首领。他于1919年参加德国工人党（次年改为国家社会主义德国工人党，即纳粹党），后成为该党党魁。1933年，他在德国垄断资产阶级支持下出任总理，次年总统兴登堡死后，他自称国家元首，实行法西斯统治，积极扩军备战。1939年9月，他派德军入侵波兰，挑起第二次世界大战，以闪击战很快席卷大半个欧洲、北非。1941年6月，他派德军大举进攻苏联，主力被苏军消灭，英、美又开辟了第二战场，在法国诺曼底登陆，形成东西夹击之势，德国法西斯走向失败。1945年4月，柏林被苏军攻克，希特勒自杀身亡。以希特勒为首的德国法西斯，在第二次世界大战中给世界许多国家的人民带来了空前的灾难。希特勒不仅对世界人民犯下滔天罪行，而且给德国人民的生命财产也造成了巨大的损失，战争中近800万名德国人死亡，至于世界各国的珍贵文化遗产的损失更是无法计算。

毛泽东曾说，世界上常人多，疯子少，但是有疯子。希特勒就是一个战争狂人，是个疯子。早在1936年7月15日，毛泽东在陕北保安的窑洞里接见美国记者斯诺的采访时，就揭穿了"希特勒在欧洲发动侵略时"，"对欧洲人民则说他是一个和平爱好者"的谎言。

1942年10月12日，毛泽东为延安《解放日报》写了一篇社论《第二次世界大战的转折点》。文中对斯大林格勒保卫战及世界反法西斯战争的形势作了全面分析。毛泽东得出的结论是：

拿破仑的政治生命，终结于滑铁卢，而其决定点，则是在莫斯科的失败。希特勒今天正是走的拿破仑的道路，斯大林格勒一役之后，希特勒"将只有死路一条好走了"。

两天后，即10月14日，毛泽东为《解放日报》写了另一篇社论：《历史教训》。毛泽东分析苏德战争的形势，总结说：

整个苏联战争已经证明：只要人们不对法西斯慈悲，就是说，多一点勇气，法西斯就会失败的，这就是历史教训。

10月16日，毛泽东又在《解放日报》上发表《评柏林声明》，驳斥希特勒发言人说希特勒被迫转入守势并不是丧失主动权的谎言。

1946 年 8 月 6 日，毛泽东与美国记者安娜·路易斯·斯特朗谈帝国主义和一切反动派都是"纸老虎"，顺便也说到希特勒：希特勒不是曾经被人们看作很有力量的吗？但是历史证明他是一只纸老虎。

在和平年代，毛泽东又多次谈到过希特勒，是把他当作反面教员的。在毛泽东看来，希特勒、墨索里尼、东条英机这些法西斯分子，和美国反动政客杜勒斯，是一丘之貉，是世界上最好的反面教员，他们的倒行逆施对人们的反面教育作用，是正面教育代替不了的。它警示我们，法西斯党魁已亡，霸权主义未死。历史的警钟将在我们耳畔长鸣！

墨索里尼

【传略】

贝尼托·墨索里尼（1883—1945），法西斯主义的鼻祖、意大利独裁者、第二次世界大战的主要战犯之一。

1883年7月29日，墨索里尼出生于弗利省多维亚村一个破产的农民家庭。其父亚历山德罗是个有激进思想的铁匠，其母是名农村教师。墨索里尼9岁开始读小学，毕业后考进了弗利姆波波利的一所师范学校。在学校时，墨索里尼由于家境贫寒，经常遭到富人子弟的歧视，产生了强烈的报复心理。一次，他对母亲说："将来我要让世界发抖！"1900年，17岁的墨索里尼加入了意大利社会党。

1901年，墨索里尼在师范学校毕业后，当了一段时间代课教师，很快就被解雇。1902年6月，他前往瑞士寻找生活出路，在侨居国外的两年多时间里，墨索里尼变换过多种职业，当过建筑工人、屠宰工人和送货人。无事可做时，他就栖身街头，与流浪儿、妓女们混在一起。他与意大利侨民当中的社会党人有着密切联系，并尽可能多地阅读了康德、斯宾诺莎、克鲁泡特金、尼采、考茨基和索雷耳的著作。他经常给一些激进刊物撰稿。墨索里尼在这些文章中反复宣传立即建立工会，实行总罢工，不惜用暴力和流血来达到目的等主张。为此，瑞士政府曾多次将其拘留。

1904年，墨索里尼回到意大利，这时，他在意大利社会党中已经以"强硬的革命派"的名声而为人知晓了。1904年底，他应征入伍。1908年，他来到奥地利。第二年9月，因宣传无神论，反对奥地利教权势力而被驱逐。不久，他被任命为社会党弗利省省委书记，并筹办了《阶级斗争》周报。他还对该省的社会党组织实行大改组，扩大了社会党在这个省的影响，成为艾米利亚－罗马涅大区（以下简称罗马涅区）社会党的著名活动家。

1911 年，意大利乔里蒂政府为了从土耳其手中夺取利比亚，决定发动意土战争。墨索里尼和一些共和党人一起领导了罗马涅区的反战运动，被当局判处五个半月徒刑。

在 1912 年 7 月举行的社会党全国代表大会上，墨索里尼进入社会党的领导层，并担任了《前进报》的编辑。

1914 年 6 月 7 日，安科纳的人民群众组织了反军国主义集会。政府派兵驱散这一次活动，造成严重的流血冲突。马尔凯和罗马涅两区工人自发举行了总罢工。后来，罢工转为起义。但是，由于没有明确的政治目标和集中领导，起义于 13 日失败。这个被称为"红色周"的事件使墨索里尼大失所望。

不久，第一次世界大战爆发。墨索里尼起初在公开场合还附和意大利社会党的"绝对中立"的和平主义立场，但是私下却认为应该打击奥地利，表示同情和支持协约国。1914 年 10 月 18 日，他从民族沙文主义立场出发，在《前进报》上发表了《从绝对中立转向积极、有效的中立》一文，公开主张和英、法一起参战。他的立场遭到社会党上下一致反对。10 月 20日，他被撤销编辑职务。墨索里尼不顾别人的劝告，私自接受法国的"资助"，于同年 11 月 15 日在米兰创办了《意大利人民报》。他在一篇文章中鼓吹我们要对奥地利"以牙还牙"。他终于在 11 月 24 日被开除出社会党。

1915 年 1 月 25 日，墨索里尼建立了第一个法西斯组织——"革命行动法西斯"。当意大利政府决定参战以后，"革命行动法西斯"利用小资产阶级和青年学生的民族主义情绪，组织他们上街游行，冲击议会，殴打反对参战的议员。墨索里尼本人也于 1915 年 8 月底应召入伍，直至 1917 年2 月 23 日，因在一次训练中负重伤退伍，又回到报馆。

1919 年 3 月 23 日，墨索里尼在米兰建立了名为"战斗的法西斯"的半武装组织。其盟旗是黑字上印着一个白色的骷髅，其成员穿统一的黑色衬衫，佩骷髅徽章，加一顶圆筒无边毡帽。他们高举手臂行"罗马式敬礼"，宣誓效忠墨索里尼。该组织叫嚣要以武力拯救意大利。

4 月 15 日，"战斗的法西斯"匪徒袭击并焚毁了米兰的社会党《前进报》编辑部。在 7 月 20 日至 21 日的总罢工中，墨索里尼又秉承省长的旨意，动员法西斯武装行动队到处袭击罢工者。9 月，他支持的另一个国家主义半军事组织"义务军"武装占领了阜姆。

1936 年 11 月，意大利举行竞选。墨索里尼为了笼络群众，提出一系列口号：召开制宪会议，建立共和国，取消义务兵役制，没收"非生产"资本等。但是，选举结果，墨索里尼惨败，只得到不足 5000 张选票。

乔里蒂政府上台以后，把方兴未艾的国内革命运动视为心腹大患，采取了扶持、武装法西斯分子的态度。政府为墨索里尼提供了充足的武器、弹药和交通工具。政府甚至规定，法西斯分子的暴力行动不受警察和军队的干涉，享有免罪特权。1920 年 8 月，意大利全国规模的"占领工厂运动"越出了经济斗争的范围，有可能发展成社会主义革命。在当局的纵容下，法西斯组织捣毁工人组织，强行解散民选的、社会党人所控制的市政厅，殴打和杀害左派分子。墨索里尼还以反对社会党"土地社会化""扩大小农所有制"为口号，诱骗意大利农民参加法西斯组织。墨索里尼的这些行为得到了意大利垄断资本家的赏识和大力资助。1921 年 5 月 15 日议会选举前夕，乔里蒂决定让法西斯分子加入右翼势力组成的"政治联盟"，参加竞选，以便削弱社会党在议会中的力量。结果，法西斯分子得到了 35 个席位。

在法西斯活动日益猖獗的情况下，意大利各阶层人民在 1921 年组成广泛的统一战线，回击法西斯暴力活动。这就是通常所说的"人民勇士"运动。墨索里尼为了麻痹群众，削弱反法西斯斗争，于 1921 年 8 月 3 日与社会党签订了和解条约。然而，就在当年 11 月 7 日召开的第三次法西斯全国代表大会上，他宣布废除和解条约，并把法西斯运动改名为国家法西斯党。此时，墨索里尼感到法西斯势力已非常强大，足以代替自由派资产阶级的政府，便下令占领许多省会，"用武力夺取政权"。10 月 16 日，他确定了"向罗马进军"的军事计划。28 日，法西斯部队开始向罗马进发，29 日国王任命墨索里尼组阁。

墨索里尼上台后竭力加强中央集权，削弱地方自治权。他向各地方政府和重要的国家机关派遣政治特派员进行监督。1924 年，法西斯党在议会中攫取了三分之二的席位，从而牢牢地控制了议会。他实行法西斯党服从国家、省委服从省长的制度，保证一切权力最后集中在自己手中。

在经济方面，他从鼓励私人资本出发，于 1922 年 11 月 3 日废除了有价证券记名登记制；停止调查军事利润；取消了对保险业、电话业和火柴生产的国家垄断，改由私人经营；废除家族财产继承税、股票红利税；降低房屋税。1923 年 1 月 4 日，他又增设土地收入税，取消对地租的限制，11 日又废除了占领荒地合法化的法令。与此同时，他大批解雇工人，镇压罢工。

墨索里尼对无产阶级和其他劳动人民实行残酷镇压。1922 年 12 月，法西斯分子在都灵进行大屠杀，许多共产党人和社会党人以及进步人士惨遭杀害。1924 年 6 月，法西斯分子暗杀了社会党议员马太奥蒂。墨索里尼下令搜查和封闭反对派报纸，仅三天内就解散了 95 个政治俱乐部，25 个反法西斯组织。他在 1925 年至 1926 年间还先后颁布一系列法令，进一步剥夺人民的基本权利。如：1926 年 11 月颁布的《特别法》，他取消了 123 名国会中反对派的议员资格，取缔一切反对派政党，规定对行刺政府首脑者处以死刑，建立"特别法庭"专门迫害反法西斯战士。1927 年，他又建立了秘密警察组织。墨索里尼政府在经济危机中，采取了支持大工业和金融资本家、降低劳动人民生活水平和准备战争的政策。与此同时，意大利加紧准备对外侵略。不仅用快速巡洋舰和潜水艇补充了海军，而且扩大了海、空军基地。1933 年至 1934 年度的军事预算达到国家预算的 18.7%。1933 年，墨索里尼政府与英、法、德签订了四国条约，以保证它们在意大利采取侵略行动时不进行干涉，加快了军事侵略的步伐。

1935 年 10 月 3 日，意军向埃塞俄比亚进攻。1936 年 5 月 5 日，攻占其首部。法西斯意大利的侵略遭到"国际联盟"的谴责和经济制裁。意大利以前曾因试图把奥地利和巴尔干控制在自己手下，而同德国相竞争，现在墨索里尼则开始转向德国一边。

1936 年 6 月，德、意两国在西班牙策动法西斯佛朗哥发动政变，紧接着两国出兵武装干涉，推翻西班牙共和国。10 月，德、意两国签订一项协定，规定在重要国际问题上采取共同方针，形成了"罗马—柏林轴心"。1937 年底意大利加入德国和日本签署的所谓《反共产国际协定》，12 月 11 日又宣布退出国联。至此，德、日、意三国的同盟正式形成。

西方的"绥靖政策"使墨索里尼的扩张野心急剧膨胀起来。继德国占领捷克斯洛伐克后，墨索里尼于 1939 年 4 月下令占领阿尔巴尼亚。同年 5 月 22 日，他又与德国签订《钢铁条约》，正式缔结了军事政治同盟。他把扩张的矛头不但指向南斯拉夫、法国，而且把"取得海上自由和得到一个通往各大洋的窗户"（称霸地中海）定为意大利的扩张目标，一再暗示苏伊士、马耳他和直布罗陀海峡可能成为与大英帝国发生冲突的地方，妄图实现其独霸地中海的野心。由于在希特勒德国进攻波兰时，墨索里尼还没有做好战争准备，不得不宣布"非交战状态"。

德国在军事上的迅速胜利使墨索里尼蠢蠢欲动。1940 年 1 月 23 日，他在内阁会议上说：意大利不能无限期地中立下去，否则它将变成"欧洲的二等国家"。1940 年 3 月底，他终于作出了参加战争的决定，并且制订了战争计划。1940 年 6 月 10 日，他下令对法国开战，成为希特勒的帮凶。但是，1940 年至 1941 年冬，意大利军队在巴尔干地区和非洲战场上都遭到失败。巴多格里奥为首的保皇党和以内政部长迪诺·格朗迪为首的法西斯头目们积极策划政变。1943 年 7 月 25 日，法西斯大枢密院投票不信任墨索里尼，第二天，国王下令将他软禁起来。墨索里尼在意大利实行了 21 年的法西斯统治宣告结束。

1943 年 9 月 12 日，德国伞兵把墨索里尼救往德国。23 日，他奉希特勒之命回到被德军占领的意大利北部组织傀儡政府，宣布成立"萨洛共和国"。他在德国占领军司令部的监督下残酷镇压反法西斯抵抗运动和屠杀游击队员。1945 年 4 月 25 日全国总起义那天，抵抗运动最高领导机构——"北意大利民族解放委员会"命令他在两小时之内无条件投降。他害怕人民的审判，化装成德国士兵企图越境逃往瑞士，但中途被意共领导的游击队截获。4 月 28 日下午，根据人民法庭的判决，墨索里尼这个历史的罪人被执行枪决。

【毛泽东评说】

有些青年，仅仅在嘴上大讲其信仰三民主义，或者信仰马克思主义，这是不算数的。你们看，希特勒不是也讲"信仰社会主义"吗？墨索里尼在二十年前也还是一个"社会主义者"呢！他们的"社会主义"到底是什么东西呢？原来就是法西斯主义！

> ——毛泽东：《青年运动的方向》，载《毛泽东选集》第二卷，
> 人民出版社 1991 年版，第 566—567 页。

一切反动派都是纸老虎。看起来，反动派的样子是可怕的，但是实际上并没有什么了不起的力量。从长远的观点看问题，真正强大的力量不是属于反动派，而是属于人民。……希特勒不是曾经被人们看作很有力量的吗？但是历史证明了他是一只纸老虎。墨索里尼也是如此，日本帝国主义也是如此。

> ——毛泽东：《和美国记者安娜·路易斯·斯特朗的谈话》，载
> 《毛泽东选集》第四卷，人民出版社 1991 年版，第 1195 页。

大家都知道，法西斯宣传中包舍的真实性是如此之微小，肉眼几乎无法看到。当墨索里尼要征服阿比西尼亚时，他宣称他在解放非洲的奴隶。当希特勒在欧洲发动侵略时，他对德国人民说光荣胜于面包，对欧洲人民则说他是一个和平爱好者。日本军阀在吞并东北时也说，他们是在解放中国人民。

> ——毛泽东：《和美国记者斯诺的谈话》，载《毛泽东文集》
> 第一卷，人民出版社 1993 年版，第 396 页。

西方国家有许多大王，什么煤油大王、钢铁大王、汽车大王，历史证明大王的结局都是不妙的。希特勒、墨索里尼、东条、蒋介石都曾经是大王。……大王都是手里掌握许多东西的，人民手里没有东西。……几千年来的历史证明，腐朽的人手里东西越多，倒得也越快。因此，结论还是一个：和平为上。

> ——毛泽东：《和平为上》，载《毛泽东外交文选》，中央文
> 献出版社、世界知识出版社 1994 年版，第 212 页。

希特勒曾经尽过这样的历史责任，还有墨索里尼，在东方还有日本帝国主义，把广大的欧洲人民和世界人民教育过来了。可惜现在没有希特勒了，墨索里尼也不见了，日本有些军国主义者也不存在了。但是教员还是

有的，有杜勒斯，这不是一个好教员吗？

> ——毛泽东：《杜勒斯是世界上最好的反面教员》，载《毛泽东外交文选》，中央文献出版社、世界知识出版社1994年版，第355—356页。

美国武装干涉多米尼加，还打着"反共"的旗号。美帝国主义的"反共"，就是反对一切不愿意做美国奴隶的人，就是反对一切保卫本国独立、主权和民族尊严的人，就是反对一切不愿意受美帝国主义侵略、控制、干涉和欺负的人。过去，希特勒、墨索里尼和东条英机都是这样。现在，美帝国主义更是这样。

> ——毛泽东：《支持多米尼加人民反对美国武装侵略的声明》，《人民日报》，1965年5月12日。

【作者述评】

墨索里尼是意大利法西斯①首领。他是一个流氓无产者，早年曾参加意大利社会党，后被开除。1921年他组织法西斯党，1922年用暴力夺取政权，建立了法西斯专政。1939年同德国缔结政治、军事同盟，次年追随德国参加第二次世界大战。他1943年7月，由于军事失败和国内反法西斯运动的高涨，他的独裁政权垮台。1945年4月28日，墨索里尼被意共领导的游击队枪决。

在毛泽东的评价中，墨索里尼从来都是和希特勒、东条英机摆在一起的。他们都是战争狂人、法西斯匪首，被毛泽东视为反动力量的总代表。他们对内实行专制独裁，对外进行扩张侵略，妄图称霸世界。但他们不过是纸老虎，没有什么了不起的力量，他们的倒行逆施给人民带来了巨大的灾难，但他们终归难逃覆灭的命运，"实力和他的野心之间的矛盾，是他失败的重要原因"。

---

① 法西斯，是拉丁语"fasces"的译音。原指中间插着一把斧头的"束棒"，为古罗马执法官吏的权力标志。后来奉行独裁统治的法西斯党用来作为该党的标志，故借指专制独裁，实行恐怖统治者。

毛泽东对墨索里尼的丑恶行径进行了无情的揭露和批判。

1936年7月，毛泽东和美国记者斯诺谈话时，揭穿了墨索里尼法西斯宣传的虚伪性，墨索里尼把侵略阿比西尼亚说成是"解放非洲的奴隶"。

1937年5月3日，毛泽东在《中国共产党在抗日时期的任务》一文中怒斥轴心国的德、意、日："对于中国本部的侵略，日本帝国主义正在加紧准备着，和希特勒、墨索里尼在西方加紧准备的强盗战争相呼应。"

1939年1月，毛泽东在《关于目前战争局面和政治形势》一文中又说："日本帝国主义是'老鼠过街，人人喊打'的，它的朋友有希特勒和墨索里尼，英、美、法等民主国家都不喜欢它，苏联就更不必说了。"

1939年5月4日，毛泽东在《青年运动的方向》一文中，谈到真假马克思主义、真假社会主义、真假三民主义时，揭露墨索里尼的"社会主义"，"原来就是法西斯主义"。

在第二次世界大战后的和平年代，毛泽东仍没有忘记墨索里尼这个反面教员，向人们常敲警钟。

1955年5月26日，毛泽东同印度尼西亚总理阿里·沙斯特罗阿米佐谈话时指出，"希特勒、墨索里尼、东条、蒋介石都曾经是大王"，但"历史证明大王的结局都是不妙的"。

1958年10月2日，毛泽东同保加利亚、阿尔巴尼亚、罗马尼亚、蒙古、苏联、波兰六国代表团谈话时指出，墨索里尼和他的同伙希特勒一样，"曾经尽过这样的历史责任"，"把广大的欧洲人民和世界人民教育过来了"，他是世界上最好的反面教员。

1965年5月12日，毛泽东在《支持多米尼加人民反对美国武装侵略的声明》中揭穿了帝国主义所谓"反共"的实质，就是反对一切不愿做奴隶的人，"就是反对一切保卫本国独立、主权和民族尊严的人"，就是反对一切不愿意受帝国主义"侵略、控制、干涉和欺负的人"。一切反动派都是反人民的，开历史倒车的，到头来他们必然被历史的巨轮碾得粉碎，落一个可耻的下场。

东条英机

　　东条英机（1884—1948），前日本内阁总理大臣，军国主义独裁政治的推行者，侵华战争和太平洋战争的主要战犯之一。

　　明治 17 年（1884 年）12 月 30 日，东条英机出生在日本东京的一个军人家庭。其父东条英教是日本陆军大学第一届毕业生，1877 年参加平定西乡隆盛叛乱，在 1894 年中日甲午战争中担任大本营参谋，在 1904 年的日俄战争中担任野战军姬路旅团的旅团长，为日本军国主义对外扩张立有战功，从下级军官晋升到中将。退役后，东条英教的军事著作《战术麓之尘》，被奉为"陆军之宝典"。东条英机自幼在家里受到严格的军国主义武士道教育。东条英机的青少年时代，正是明治维新后日本军国主义开始大举对外扩张的时期。他小时候住在东京的须贺町，贪玩厌学，常和小伙伴打架。

　　东条英机稍大，转入贵族子弟学校。东条英教唯恐他染上奢华的贵族习气，禁止他坐车上学。东条英机只得每天提着饭盒，徒步走到学校。为培养东条英机的武士品格，英教聘请日比野雷风氏教他学习"神刀流剑舞"。剑舞遂成其终身爱好，也成了他发泄狂热感情的最佳方式。

　　1899 年，东条英机 16 岁，进入东京陆军地方幼年学校，系统地接受军事训练。刚入校时，东条英机仍然喜欢打架，而且打起架来不要命，赢得了"打架王英机"的称号。从二年级起，便一心一意地用心学习。

　　1904 年，东条进入著名的日本陆军士官学校。该校以《军人训诫》为指导，教育学生以忠君思想作为根本，灌输军国主义思想，强化武士道精神。除艰苦的军事训练外，为磨炼学生的意志和适应恶劣环境的能力，学校经常命令学生在烈日暴晒之下全副武装地训练，或者裸露上身肃立在刺骨的寒风之中。当时，日俄战争激战正酣，战场上乃木希典大将发明的"肉弹"攻击战术和广濑武夫舍命沉船的事被士官生们当作典范，二人便成为东条英机崇拜的偶像。

1905年2月，东条英机在陆军士官学校毕业，被天皇授予陆军少尉军衔。不久，他便跟随新建的第十五师团开赴中国东北投入日俄战争。日俄战争后日本军士加官晋爵，军部势力抬头。1907年，24岁的东条英机升任陆军步兵中尉。1912年他被保送进陆军大学学习。在第一次世界大战期间的1915年，东条英机于陆大毕业，升任陆军步兵大尉。东条英机效忠天皇，办事专断，强调"闪电"效率，有"剃刀东条"的绰号，得到上级赏识。

1920年，东条英机升任陆军步兵少佐（相当于少校），并被任命为驻德国大使馆武官。东条英机担任驻德武官第二年的1921年10月，与驻在德国的武官永田铁山、冈村宁次、小畑敏四郎三少佐，在德国南部的巴登温泉聚会，订立"盟约"，发誓将来要共同刷新陆军人事，改革军队军制，以便推行总体战体制，完成现代战争的准备。

巴登聚会的参加者，回国后积极活动。1928年，日本陆军内部出现一个"无名会"，其宗旨是研究未来的现代战争和满蒙问题（指侵略中国东北和蒙古地区）。第二年，"无名会"发展为"一夕会"，东条英机也参加了这个团体。"一夕会"的成员几乎都是后来日本陆军中枢的掌权人物，这些人组成了叫作"统制派"的法西斯军阀派系，与另一派"皇道派"争权夺利。他们当中不少人，如板垣征四郎、土肥原贤二、铃木贞一、武藤章等，后来都成了侵华战争的重要战犯。

早在1906年，日本以经营南满铁路为由，在大连设立"南满铁路股份公司"，又以保护满铁和侨民为借口，派两个军团常驻中国，这便是臭名昭著的"关东军"。

1928年6月3日，日本关东军制造了"皇姑屯事件"，炸死了奉系军阀张作霖，加快了侵略中国东北的步伐。

1931年日本关东军悍然发动九一八事变，侵占整个中国东北，并不久制造了以溥仪为傀儡皇帝的伪"满洲国"。东条英机参与策划这次事变有功，1933年晋升为陆军少将，同年任军事调查部部长，负责调查所谓"思想不轨"和反对侵略中国东北的人。1935年9月，东条英机被任命为关东军宪兵司令官。他到任后，大搞所谓"维持治安"活动，镇压我东北人民的抗日斗争。

日本帝国主义自发动九一八事变以来，加强推行国家的法西斯化，其主导势力为军国主义分子。他们妄图建立军事法西斯独裁政治体制，以适应对外发动侵略战争的需要。1931年至1936年初，日本军事法西斯势力为策动军事政变，制造了一系列包括流血事件在内的政治阴谋事件。1936年2月26日，"皇道派"青年军官，率领部下官兵1500人，发动了一场震惊日本国内外的军事叛乱。叛军杀死内务大臣斋藤实、藏相高桥是清、教育总监渡边锭太郎。在袭击冈田启介首相时，叛军误把冈田的秘书堂弟当作冈田杀死，冈田才得以幸免。

"二二六"事件后，"统制派"军阀以"整肃军队"为名，大力排斥"皇道派"，独揽军内大权。站在"统制派"方面的东条英机于1936年12月被提升为陆军中将，1937年3月被任命为关东军参谋长。

"二二六"事件后，日本军事法西斯独裁政治体制业已确立。同年8月，日本政府召开五相会议（首相、外相、藏相、陆相和海相参加），通过了《国策大纲》。其内容有："稳步地向海外扩张"，"确保帝国在东亚大陆的地位"；实现"日、满、华三国紧密提携"和进一步对中国实行全面侵略的计划。日本军政当局经过1936年末的"将官大演习"，加紧为全面侵华战争进行准备。1937年6月第一届近卫文麿内阁组成。9日，在关东军掌握实权的东条英机便迫不及待地向日本大本营建议："如为我武力所许，首先对南京政权加以一击，除去我背后的威胁，此最为上策。"煽动"尽早"对中国发动大规模进攻。1937年日本帝国主义制造七七事变，发动全面侵华战争。身为关东军参谋长的东条英机，与侵入华北的日军相呼应，指挥"察哈尔兵团"先后侵占承德、张家口、大同等地。日军所到之处，烧杀奸掠，无恶不作。因东条英机直接指挥该部队作战，故"察哈尔兵团"又称"东条兵团"。1938年5月，东条被调回国内，晋升陆军次官；6月，被任命为陆军航空本部长；12月，任陆军航空总监兼陆军航空本部部长，掌握了日本陆军航空部队的大权。

1940 年 7 月，第二届近卫内阁成立。东条英机入阁，担任陆军大臣，兼"对满事务局总裁"（主管对中国东北实行殖民统治的事务）。这一年，东条英机 57 岁。他一就任，便发表讲话，主张将全面侵华战争坚持下去，为此，"对内应整顿国内组织，确实使战时体制臻于完善"。近卫内阁对内实行所谓"新体制"，加强法西斯统治；对外与法西斯德国、意大利进一步勾结。继日本、德国、意大利签订《反共产国际协定》之后，1940 年 9 月 29 日，日本与德国、意大利两国签订《三国军事同盟条约》，形成了法西斯轴心。

1941 年 1 月 8 日，东条英机为使日军官兵在"大东亚战争"中死心塌地充当炮灰，颁布他所制定的法西斯军人《战阵训》。《战阵训》宣扬军国主义武士道精神，要求日本军队官兵一体效忠天皇，说什么"皇军军纪之精髓，存于诚惶诚恐对大元帅陛下（天皇）之绝对服从之崇高精神"；"处于生的困苦之间，命令一下，欣然投身于死地"。这是明治时代《军人敕谕》和《教育敕语》的翻版。他不仅在军队内部，而且在国民当中广为推行，流毒很深。

1941 年 6 月，法西斯德国悍然挑起苏德战争。第二次世界大战的规模不断扩展。日本看到希特勒在欧战中进展顺利，又向苏联开战，便企图乘机向东南亚扩张。从 1941 年春开始的日、美以牺牲中国求得妥协为内容的谈判，在新的形势下无法获得成功。对于美国以日本自中国的撤军为条件同日本妥协的做法，东条英机极力反对。当时他是第三届近卫内阁的陆相。他说："对陆军来说，在驻军问题上决不能让步。""撤军问题是要害。如果完全屈从美国的主张，中国事变的成果就将毁于一旦。满洲国也将难保，朝鲜的统治也将陷入危机。"结果，近卫内阁便因与坚决主张立即对美作战的东条英机等人发生严重分歧，被迫辞职。

近卫内阁下台，1941 年 10 月，东条英机受天皇之命组阁。东条英机为保证其对外扩大侵略战争的计划顺利实施，极力排斥异己，独揽大权。他除任内阁首相外，还兼任内务大臣、陆军大臣等职，实行赤裸裸的法西斯军阀独裁统治。

东条英机上台的当天,在第一次内阁会议上就公然宣布:"完成中国事变""确立大东亚共荣圈"是日本"帝国既定之国策"。在东条英机的极力推动下,11月5日,御前会议作出了12月上旬向美、英宣战的决定。12月1日,日本天皇正式同意开战。同月8日,在海军联合舰队司令长官、海军大将山本五十六指挥下,由南云忠一率领的一支日本海军舰队偷袭了美国在太平洋上的重要海军基地珍珠港,从而挑起了太平洋战争。在不到半年的时间里,日军占领了菲律宾、新加坡、马尼拉、仰光、香港及英属东印度等东南亚大部分地区及太平洋关岛部分岛屿。

出于推行大规模侵略战争的需要,东条内阁在加紧剥削日本人民的同时,加紧掠夺东南亚广大地区的资源。1942年1月,东条英机在议会宣称:"大东亚战争的关键,一是确保大东亚的战略据点,一是把重要资源地区收归我方管理和控制。"1942年11月1日,东条内阁专门成立了一个部级机构,名曰"大东亚省",负责着手建立所谓"大东亚共荣圈"活动。然而,日本法西斯的迷梦不久就开始破灭。1942年6月,日军进攻中途岛受挫,日本损失4艘航空母舰、2艘重型巡洋舰、332架飞机及几百名经验丰富、身经百战的飞行员和机务人员,战局开始发生逆转。同年8月至第二年2月,日军在瓜达康纳尔岛战役中,又惨遭失败,日军陆、海、空共损失5万人之多。战略上,日军失守瓜岛,意味着其在南太平洋末日的开始。4月18日,联合舰队司令长官山本五十六也因座机被美军击中而丧命。日军在太平洋重大战役上一连串的失败,使太平洋战局急转直下,形势对日本日趋不利。东条英机为挽回败局,频繁改组内阁。1943年10月8日,他兼任商工大臣;11月1日,又废除通信省、铁道省、农林省和商工省,新设运输通信省、农商省和军需省(专门负责战时军用物资的生产和调拨),并亲自担任军需省大臣。1944年2月21日,他又兼任参谋总长。至此,日本军事法西斯独裁政治已发展到登峰造极的地步。

随着战局发展愈加不利于日本帝国主义,统治集团内部的矛盾也不断扩大,广大人民对东条内阁的种种倒行逆施更深为不满。当年在民间流传"击落英机"的双关语(英机既指英国的飞机,又是东条的名字),渴盼东条内阁垮台。1944年日军失陷战略重地塞班岛 ① 后，南云忠一兵败自杀，日本战败已成定局。众叛亲离的东条内阁陷于四面楚歌之中。1944年7月18日，在与东条英机持不同意见的重臣和海军将领的坚决反对下，历时两年又十个月的东条内阁终于垮台。

1945年5月，德国投降。6月，冲绳失守。7月，苏、美、英、中四国发表《波茨坦公告》，敦促日本无条件投降。8月，美国在日本本土投下两颗原子弹，苏联对日宣战。8月15日，日本宣告战败，并以天皇诏书形式宣布无条件投降。同年8月底，美国以盟军的名义占领日本。同时，盟国成立远东委员会，并在东京设立远东国际军事法庭，审讯日本战犯。东条英机的战争罪行，由该法庭进行长达半年之久的调查。根据他的罪行，决定将他作为日本甲级战犯进行起诉。东条英机一度畏罪自杀未遂。

远东国际军事法庭将东条英机逮捕后，在1946年5月3日至1948年4月16日，长达两年的时间里对他进行多次审讯。他顽固坚持其极端反动的法西斯立场，死不悔罪，他甚至说日本帝国主义进行的"战争并不违反国际法"等，竭力为日本帝国主义的侵略行为辩护。

但是，历史的罪人终难逃脱历史的惩罚。1948年11月12日，远东国际军事法庭宣布判处东条英机死刑。同年12月23日零时1分至零时35分，东条英机与其他六名甲级战犯一起被处绞刑，被永远地钉在历史的耻辱柱上。

【毛泽东评说】

日寇匪首东条爱说什么"十亿民众"，但这十亿民众即中国的四万万五千万人，印度的四万万人，南洋的一万万人，日本、朝鲜以及台湾的一万万人，实际上都是反对日本法西斯的。

---

① 塞班岛是被日本视为保护日本本土的屏障、太平洋上的"防波堤"和"绝对确保"的防御线——马里亚纳群岛的主要岛屿之一。东条英机曾说："守卫塞班岛，我是作过保证的。"美军占领该岛，便可建立直接空袭日本本土的空军基地。1944年11月24日，美军B29超重型轰炸机70架从塞班岛等岛起飞，空袭了日本东京。

——毛泽东：《英勇斗争的二十年》，载《毛泽东文集》第三卷，人民出版社 1996 年版，第 31 页。

由于希特勒的战争失败与外交失败，希特勒维系意大利、日本及各附庸国的威信已经突然下降。意大利内部正在生长着一种要求退出战争的力量。日本内部的极端亲德派亦已受到其他派别的排挤，只要希特勒再遭遇一二个如同斯大林格勒与北非那样的打击，日本统治阵营内的任何派别都将不敢再依靠希特勒，不敢再依靠法西斯同盟了。到了这种时候，法西斯侵略同盟不但在其外部处于完全的孤立地位，即在其内部亦将处于各个孤立的地位。这种对于日本法西斯在国际上陷入完全孤立地位的威胁，使得日本法西斯匪首东条在过去一年中，不得不向中国沦陷区及南洋各占领地的民族叛徒们提出了一种所谓"新政策"的无耻诡计，给这些叛徒们挂上"独立"的假面具，以壮自己的声势，并妄想欺骗坚决抗日的中国人民与印度人民。匪首东条的所谓"新政策"，不是任何什么有利于日本法西斯的情况的反映，而仅仅是日本法西斯在国际地位上已陷入完全孤立状态这一种情况的反映。

——毛泽东：《中共中央为抗战六周年纪念宣言》，载《毛泽东文集》第三卷，人民出版社 1996 年版，第 39 页。

还有一条要质问国民党人的，世界上以及中国境内，"破产"的只有一种马克思列宁主义，别的都是好家伙吗？汪精卫的三民主义前面已经说过了，希特勒、墨索里尼、东条英机的法西斯主义怎么样呢？张涤非的托洛茨基主义又怎么样呢？中国境内不论张记李记的反革命特务机关的反革命主义又怎么样呢？

——毛泽东：《质问国民党》，载《毛泽东选集》第三卷，人民出版社 1991 年版，第 908 页。

我们说，用谈判来解决问题，试试看。况且朝鲜战争和印度支那战争最后都是用谈判解决的，台湾问题也可以用谈判解决。我们已经在万隆会议表明了这一点，可以用这一点去说服西方国家。但是西方国家可能不听，它们的想法是偏在一边的，认为它们钢铁多、钱多、原子弹多。对

东条英机

于这些，我们怕不怕呢？有一点怕，不十分怕。我们说有一点怕，因为武器是杀人的。我们的人民不希望遭受损失，因此我们不要战争。西方国家手里这些东西的作用，是不会超过人民的力量的，因为人民是有生命的。西方国家有许多大王，什么煤油大王、钢铁大王、汽车大王，历史证明大王的结局都是不妙的。希特勒、墨索里尼、东条、蒋介石都曾经是大王。这间屋子就是皇帝曾经住过的，但是他们现在已经不在这里了。大王都是手里掌握许多东西的，人民手里没有东西。我相信，印尼朋友开始斗争的时候手里也是没有东西的。我们在开始斗争的时候手无寸铁，我们的对手都是全副武装的。但是手无寸铁的人民却把全副武装的人赶跑了。几千年来的历史证明，腐朽的人手里东西越多，倒得也越快。因此，结论还是一个：和平为上。

> ——摘自毛泽东 1955 年 5 月 26 日同印度尼西亚总理阿里·沙斯特罗阿米佐约的谈话，《毛泽东外交文选》，中央文献出版社、世界知识出版社 1994 年版，第 211—212 页。

美国武装干涉多米尼加，还打着"反共"的旗号。美帝国主义的"反共"，就是反对一切不愿意做美国奴隶的人，就是反对一切保卫本国独立、主权和民族尊严的人，就是反对一切不愿意受美帝国主义侵略、控制、干涉和欺负的人。过去，希特勒、墨索里尼和东条英机都是这样。现在，美帝国主义更是这样。

> ——毛泽东：《支持多米尼加人民反对美国武装侵略的声明》，《毛泽东外交文选》，中央文献出版社、世界知识出版社 1994 年版，第 568 页。

【作者述评】

东条英机是恶贯满盈的日本战犯，中国人民的凶恶敌人。1931 年他参与策划九一八事变，侵占中国东北，扶植伪满洲国傀儡政权。后来，他任日本关东军宪兵司令、关东军参谋长，疯狂镇压东北人民的反抗斗争。1937 年日军发动七七事变，1938 年底日军又进行南京大屠杀，血债累累，罪恶滔天。1940 年至 1941 年，他担任日本陆军大臣，积极主张扩大侵华战争和准备对英、美战争。1941 年至 1944 年，他出任内阁首相期间，发动太平洋战争，把侵略战争的范围从中国扩大到太平洋和东南亚地区。日本投降后，他被驻日盟军最高司令官麦克阿瑟将军下令逮捕，1948 年被远东国际军事法庭判处绞刑。

但是，对东条英机等 7 名战犯判处死刑是很不顺利的。当时，远东军事法庭对东条英机等日本战犯判刑耗时半年，主要是十一位法官间发生了严重的意见分歧。原来，远东国际军事法庭虽然制定了共同遵守的诉讼程序，却没有制定共同的量刑依据。各国法律对死刑的规定又不相同，因此，来自中国、美国、法国、苏联、印度、加拿大、澳大利亚、新西兰、荷兰、菲律宾、英国等十一个国家的法官，各自援引本国的法律条款，各执己见，争得面红耳赤。

法庭庭长韦伯是澳大利亚人，因澳大利亚已废除死刑，他就主张把东条英机等人流放到荒岛上去。美国法官虽然同意死刑，但注意力仅限于对发动太平洋战争和虐待英、美战俘的那些战犯判死刑。印度法官帕尔态度更顽固，竟然主张无罪开释全体战犯，理由是："世人需以宽宏、谅解、慈悲为怀，不应以正义的名义来实施报复。"

通过争辩表态可以看出，力主死刑的是少数。而法庭规定，决定一名战犯的刑度至少需要 6 名法官同意。来自中国的法官梅汝璈认为，若不能严惩双手沾满中国人民鲜血的大战犯东条英机，决无颜再见江东父老，唯蹈海自尽以谢国人。为此他日夜与各国法官磋商，最终争取到六票赞成，只有五票反对，从而得以通过判处东条英机等七名罪大恶极的战犯死刑。

1948 年 11 月 12 日，远东国际军事法庭对东条英机作出判决。当法官宣布判处东条英机死刑后，东条英机铁青着脸，一言不发，向法官鞠了一躬，转身退出法庭。

法庭判决后，东条英机被关押进巢鸭监狱内的单人牢房。单人牢房长 8.5 英尺，宽 5 英尺，高 10 英尺，配有桌子、洗脸设备和厕所，地上铺着稻草垫。牢房的灯昼夜不熄，每间牢房门口都有一名宪兵把守，狱医每隔一段时间就给东条英机检查一次呼吸和脉搏。

12 月 21 日晚 9 时，东条英机收到了两天后执行死刑的通知书。

24 日零时 1 分 30 秒，执行官下令行刑。零时 10 分 30 秒，东条英机气绝身亡。当天晚上，东条英机等 7 名甲级战犯的尸体被秘密地送到横滨市西区久保山火葬场火化，骨灰被美国军舰运到一百海里以外抛入海中，目的是不给日本军国主义分子留下可以悼念的遗物。多行不义必自毙，法西斯战争狂人东条英机终未能逃脱历史的惩罚。

尽管如此，后来有一些日本军国主义分子的残渣余孽，冒天下之大不韪，竟然把东条英机等战争罪犯的牌位供奉在靖国神社之内进行参拜，企图让日本军国主义的亡灵死灰复燃，重温"大东亚共荣圈"的迷梦，这只能把日本引向危险的道路。前车之覆，不可不鉴，这就是我们对日本军国主义分子发出的严正警告。

但值得我们深入探讨的是，东条英机不是偶然现象，他是日本法西斯的典型代表。东条英机这类战争狂人，适应了日本帝国主义侵略扩张的需要，代表了日本大资产阶级的利益，以天皇为代表的封建官僚制度和经济制度才是产生军国主义分子的温床。由于日本战败投降后，没有追究日本天皇的战争责任，没有摧毁产生军国主义分子的官僚制度，使日本保持了"国体"，后来美国占领军又积极扶持日本政府，以对付中国和苏联，致使日本军国主义阴魂不散，这是值得警惕的。

东条英机在侵华战争中犯下了滔天罪行，是遭到毛泽东痛斥的几名侵华罪魁祸首之一。

1943 年 7 月 1 日，毛泽东在《英勇斗争的二十年》文中称东条英机为"日寇匪首"。

1943 年 7 月 7 日，毛泽东在《中共中央为抗战六周年纪念宣言》中称东条英机为"法西斯匪首"。

同年 7 月 12 日，毛泽东在《质问国民党》一文中将希特勒、墨索里尼、东条英机这三个法西斯魔王归为一类。

东条英机被押上绞刑架的时候，毛泽东领导的中国革命已经取得了决定性的胜利。此后，毛泽东也一直用东条英机这个反面教员教育中国人民对日本军国主义分子保持高度警惕。

1955 年 5 月 26 日，毛泽东在与印度尼西亚总理阿里·沙斯特罗阿米佐约的谈话时说，"希特勒、墨索里尼、东条英机都曾经是大王"，"历史证明大王的结局都是不妙的"。

1960年6月21日，毛泽东在与日本文学家代表团谈话时说："我同很多日本朋友讲过这段事情，其中一部分人说日本侵略中国不好。我说侵略当然不好，但不能单看这坏的一面，另一面日本帮了我们中国的大忙。假如日本不占领大半个中国，中国人民不会觉醒起来。在这一点上，我们要'感谢'日本'皇军'。"毛泽东十分重视东条英机等日本战犯这些反面教员的作用。

1965年5月12日，毛泽东发表《支持多米尼加反对美国武装侵略的声明》，又一次指出："美国武装干涉多米尼加，还打着'反共'的旗号。"引史为证，"过去，希特勒、墨索里尼、东条英机都是这样"。再一次提到希特勒、墨索里尼、东条英机这三个法西斯匪首。

1972年9月27日晚，毛泽东接见前来进行日中邦交正常化谈判的日本首相田中角荣和外相大平正芳时，询问会谈情况，田中角荣说："我们进行了非常圆满的会谈。""那就好了。你们那个'增添麻烦'的问题怎么解决了？"毛泽东关切地问。因为在周恩来总理举行的欢迎宴会上，田中角荣在祝酒词中把日本的侵华战争轻描淡写地说成给中国"添了麻烦"。"我们准备按中国的习惯来改。"田中首相真诚地说。因为这个问题关系到日本的侵华罪责问题，所以毛泽东抓住不放。接着又讲古论今，循循善诱地加以教导，意味深长。

田中角荣

【传略】

田中角荣（1918—1993），曾任日本内阁总理大臣、自民党总裁。

田中角荣，1918 年 5 月 4 日生，日本新潟（xì，细）县人。1930 年高小毕业。后因家境衰落，1934 年田中角荣只得去东京谋生，当过学徒、职员和见习记者，靠半工半读，于 1936 年从中央工学院土木系毕业。1937 年，他自办"共荣建筑事务所"，专门承包土建工程。第二次世界大战期间，他应征入伍，随部队驻中国黑龙江，未直接参加作战。1940 年，他因患重病被送回日本医治。1941 年，他因伤病退伍，与比他大 10 岁的坂本结婚，后重操旧业。1943 年，成立田中土木建筑工业股份公司并任总经理。由于战后房地产价暴涨，田中角荣一举成为富翁，他的公司也成为日本五十家最大的建筑公司之一。同时，他还跻身政界，于 1947 年（29 岁）首次当选众议院议员，以后又连续 12 次当选为众议员。1948 年，他加入自由党，任第二届吉田茂内阁法务省政务次官。后因与贪污事件有牵连而去职，并被美国占领当局逮捕，两年半后被宣布无罪释放。1950 年，田中任长冈铁道公司总经理。1953 年，任理研化学公司董事。1954 年，任自民党副干事长。1955 年，任众议院商工委员会委员长。1957 年至 1958 年，任岸信介内阁邮政大臣。1961 年，任自民党政务调查会长。曾先后任 1962 年 7 月池田勇人内阁、1963 年池田第二届改造内阁以及同年 12 月第三届池田内阁和 1964 年 11 月第一届佐藤荣作内阁的大藏大臣。1965 年 6 月至 1966 年 12 月，田中任自由民主党干事长。1968 年 11 月，再次担任该党干事长。1971 年 7 月，任佐藤内阁通商产业大臣。任期内，他与财界建立了广泛的联系。

1972 年 7 月 5 日，自民党进行临时党代表大会，选举第六届总裁，田中角荣以 282 票对 190 票的优势当选，并成为战后最年轻的首相。他精于谋算，办事果断，上台后支持率曾高达 61%，被称为"庶民宰相"。执政的当天，他便对新闻界发表谈话："将以认真态度对待（日中邦交）正常化"，"正常化的时机已经成熟"。在第一次内阁会议上，他进一步强调："在动荡的世界形势中，要加快同中华人民共和国的邦交正常化，以便强有力地推进和平外交。"7 月 13 日，田中角荣将自民党的"中国问题调查会"改组为"日中邦交正常化协议会"，并扩大其成员，在自民党参、众两院 431 名议员中，有 249 名议员参加了该协议会。1972 年 9 月，田中角荣率日本政府代表团访问中国，其间他曾与周恩来总理举行会谈，并受到毛泽东主席接见，最后双方发表中日联合声明，宣告结束迄今为止中、日两国的不正常状态，为以后全面发展中日友好合作关系奠定了基础，中日关系从此掀开了新的一页。1972 年 12 月 22 日，田中角荣第二次组阁。

与此同时，田中角荣在处理日美关系方面也加大了力度，曾两次参加日、美首脑会晤，确认了日、美"不可动摇的友好关系"。为加强日欧关系，1973 年 9 月，他率团历访英、法、西德。在对苏关系上，1973 年 10 月，他又率政府代表团访问苏联，同勃列日涅夫举行会谈，并发表联合声明，间接明确了日、苏间存在的北方领土问题。在国内问题方面，他倡导"日本列岛改造论"，提出以开发为主导的经济增长政策。但由于设备投资额大幅度上升，增长过热，带动土地、物价上涨，公害问题日趋突出，逐渐引起国民普遍不满，支持率也随之下降。1973 年 10 月，因"石油危机"冲击日本，造成能源极度紧张，物价狂涨，物资匮乏。紧接着自民党在 1974 年 7 月参议院选举中失利，"田中金权政治"内幕又被揭露出来，加之党内斗争日趋激烈，田中角荣陷入重重困境之中，被迫于 1974 年 11 月辞去首相和自民党总裁职务。1976 年 7 月 27 日，因洛克希德事件被捕后保释出狱，他退出自民党。在同年 12 月举行的众议员大选中，他以无党派候选人身份继续当选众议员。1983 年，东京地方法院判其四年徒刑，但被最高法院于 1987 年驳回。田中角荣下野后在相当长一段时间内仍然具有左右政局的庞大势力，被称为"田中军团""幕后将军"，自民党内田中派仍具有较强实力。1985 年 2 月，他因患脑溢血，政治影响力下降。

1989 年，他退出政坛，居家中疗养。1993 年 12 月 16 日因病逝世。其著作有《我的履历书》《日本列岛改造论》。

【毛泽东评说】

你们到北京这么一来，全世界都战战兢兢。主要是一个苏联，一个美国，这两个大国。它们不大放心了，晓得你们在那里捣什么鬼啊。

美国好一点，但也有一点不那么舒服，说是他们今年二月来了没建交，你们跑到他们前头去了，心里总有点不那么舒服就是了。

可以几十年、百把年达不成协议，也可以在几天之内解决问题。

现在彼此都有这个需要，这也是尼克松总统跟我讲的。他问是否彼此都有需要，我说是的。我说，我这个人现在勾结右派，名誉不好。你们国家有两个党，据说民主党比较开明，共和党比较右。我说民主党不怎么样，我不赏识，不感兴趣。我对尼克松说，你竞选的时候，我投了你一票，你还不知道啊。

这回我们也投了你的票啊。正如你讲的，你这个自民党主力不来，那怎么能解决中日复交问题呢？

所以有些人骂我们专门勾结右派。我说，你们日本在野党不能解决问题，解决中日复交问题还是靠自民党的政府。

——摘自 1972 年 9 月 27 日毛泽东与田中角荣的谈话，《毛泽东外交文选》，中央文献出版社、世界知识出版社 1994 年版，第 598—599 页。

【作者述评】

在日本历届首相中，田中角荣是非常特殊的人物，他既无高深学历，又非出自名门，也未继承过先人或政治前辈传给他的遗产。他却从一个平民百姓一跃成为掌握最高权力的统治者，其中原委，日本学者立花隆和儿玉隆也所著《田中角荣研究》一书中概括为一句话：田中在他成为政治家以前是一个企业家、土木建筑业者，他或许是以土木建筑家的感觉去搞政治的。田中首先成为企业家，由此又成为政治家。他成功地把政治和企业糅合起来体现于一身。这正体现了第二次世界大战后民主主义的实质：企业与政治的糅合，包括企业内工会和革新党派的糅合。在这一基础上，形成了维护私人权利"和平与民主主义"的意识形态，代表了日本资产阶级的利益。

田中角荣执政后，实行了"改造列岛"的对内政策。他从竞选开始就提出"日本列岛改造论"，建议"坚决地扭转都市过分集中的趋势。把民族的有生力量和雄厚的经济余力，引向整个日本列岛"，主张"必须面向全国把工业重新布局，知识力量要集中起来，建设遍及全国的高速铁路和高速公路，构成全国的通信联络网"。这样，就要把大力开放、高度增长，以无比的规模和进度向前推进。但所需资金田中不从财界附有条件募取，而是自己出力赚钱。这种做法使他失掉了大财团的支持。况且改造列岛论直接导致大企业疯狂的土地投机，加以田中自身的企业中热衷于土地投机，更加促进田中角荣威信扫地。迫使田中角荣辞职的另一原因是得罪了美国。田中角荣提出能源"独立化"，以本国资源为基础，不单纯依靠外来资源，企图改变全面依靠美国跨国公司的状况，因此美国有意把田中角荣搞下台。

田中角荣在对外关系上取得的突出成就，就是恢复了日中邦交。

日本战败投降后，中国国、共两党的斗争没有结束。中、日两国没有签订和平条约。1949 年 10 月 1 日，中华人民共和国成立后，由于当时的日本政府紧跟美国，奉行敌视社会主义新中国的政策，日、中两国一直处于冷战状态。1952 年 4 月 18 日，日本政府又和台湾签订《日台和平条约》。周恩来总理立即发表严正声明，对此表示强烈抗议。随后，日本首脑先后访问台湾，中日关系进一步恶化。但尽管如此，中、日民间友好往来却没有间断过。1952 年 6 月，第一次中、日民间贸易协定签署。1962 年 11 月 9 日，中、日签署《贸易备忘录》。1964 年 9 月 25 日，中、日双方互派新闻记者。1970 年 4 月 15 日，周恩来总理提出中日贸易四原则。随着中国在联合国地位的恢复，中国的国际地位日益提高，法国、英国等国家相继与中华人民共和国建立了外交关系，美国尼克松总统也对中国进行了友好访问。与此同时，中、日两国人民要求友好的呼声也越来越高涨，越来越迫切，致使对中日关系持消极态度的佐藤陷入困境而被迫提前下台。

1972 年 7 月，田中角荣当选为自民党总裁，奉命组阁，出任首相。他决心推进和平外交，加速中日邦交正常化进程。日本社会党前委员长佐佐木更三为了沟通中、日对邦交正常化的看法，于 7 月 12 日来北京访问。临行前，他专门拜会了田中角荣首相，了解新内阁对华的基本态度，探寻对复交三原则，尤其对处理台湾问题的真意。佐佐木更三坦率地问田中首相："在复交三原则中，如何处理日台条约是最重要的，您打算怎么办？"田中角荣果断地说："那是理所当然的，我承认三原则。因此，对处理台湾问题有坚定的信心。"佐佐木更三为了慎重起见，又叮问一句："如果周总理问到，就照那样转达可以吗？"田中角荣明确地表示："一定实行。"

与此同时，中国在打开中日关系的大门方面，周恩来为了万无一失，经毛泽东同意，指定姬鹏飞、乔冠华、廖承志、韩念龙等组成日本组，研究中、日两国建交问题，有时就在毛泽东住处开会，向毛泽东汇报。

7 月 16 日、19 日，周总理两次会见佐佐木更三。佐佐木更三向周总理透露了他和田中首相谈话的内容，转达田中首相要建交的决心和种种打算，并保证说："我想田中君是靠得住的。"周总理当即表示："那是否就请田中首相到北京来吧。"佐佐木更三立即补充了一句："那是最好不过的了，希望务必邀请。"周总理再一次回答说："如果田中角荣首相来北京，欢迎。"略一思索，接着说："田中角荣首相访华时的待遇和尼克松总统一样。"考虑到田中首相乘专机来访，"绕道香港不方便，所以田中角荣首相来的时候，就请直飞北京"。

7 月 21 日，佐佐木更三回到东京后，立即向田中首相汇报，使田中了解中方的态度，坚定实现日中邦交正常化的决心，同时也切实感到必须迅速拟定日本方面对日中谈判的见解。

8 月 30 日晚田中首相和大平外相乘机飞抵太平洋中部夏威夷群岛的胡瓦岛（檀香山），与美国总统尼克松举行日、美首脑会谈。9 月 1 日发表了《日美联合公报》，不仅赞同田中角荣访华，而且对台湾问题也只字未提。

日方在研究了中方关于中日复交的要点的基础上，拟订了中、日两国政府联合声明草案。9月9日大平托其智囊古井喜实携带日方草案，和田边诚一等率领日本备忘录贸易代表团访华，12日受到周恩来总理接见。周总理再次阐述了中国方面的原则立场，并对为中日友好做过贡献的老朋友表示感谢。

9月16日至20日，以日中邦交正常化协议会会长、前外相小坂善太郎率领的日本自民党代表团访华。他此行主要目的是为田中角荣首相访华、实现日中邦交正常化做最后准备，负有先遣队的使命。小坂等人通过同廖承志等开诚布公的会谈和周总理的谈话，达到了预期目的。

正当田中角荣首相积极进行日中复交的准备时，中国方面在日本自民党总裁选举前夕，于7月3日任命熟悉日本情况的萧向前为中日备忘录贸易办事处驻东京联络处新的首席代表。11月又派中日友好协会副秘书长孙平化率上海歌舞团到日本访问和演出。22日大平外相会见萧向前、孙平化二人。8月11日，大平再次会见孙平化、萧向前二人，正式转达田中角荣首相访华决定。次日，中国外交部部长姬鹏飞受权宣布："中华人民共和国国务院总理周恩来欢迎并邀请日本首相田中角荣访问中国，谈判并解决中日邦交正常化问题。"

9月21日，中、日两国政府同时发表新闻公报，宣布"田中首相欣然接受周恩来总理的邀请，为谈判和解决日中邦交正常化问题，从9月25日至30日访问中国"。

1972年9月25日，以田中角荣为首的日本政府代表团乘坐的日航DC-8型专机，于8时10分从东京羽田机场起飞，11时30分到达北京机场，受到周恩来、叶剑英、郭沫若、姬鹏飞等中国领导人的热烈欢迎。田中角荣住进钓鱼台国宾馆18号楼。

当天下午，周恩来与田中角荣举行了首轮会谈，有了一个良好的开端。9月26日上午的实质性会谈曾使谈判遇到困难，当天下午又举行了第二轮首脑会谈。晚上的会谈起草了日方的妥协方案。27日下午双方举行第三轮首脑会谈，在互谅互让的基础上，使分歧点逐渐缩小，难点逐一解决，从而对《联合声明》的内容逐步达成一致的意见。

9月27日晚8时刚过，周恩来总理来到国宾馆，亲自陪同田中角荣首相、大平外相和二阶堂官房长官前往中南海，毛泽东主席要接见日本客人。车子到了中南海丰泽园毛主席住所外停下，周总理陪同田中角荣等步入毛主席的书房。毛泽东主席见田中首相他们进来，便迎上去同客人们一一握手问候，然后客人在沙发上落座。

"欢迎你，我是个大官僚主义者，见你们都见得晚了。""怎样，吵了架吗？总要吵一些，天下没有不吵的。"毛泽东以独特的幽默和诙谐，立即消除了客人们来时的紧张心情。

"吵是吵了一些，但是已经基本上解决了问题。"田中首相很有礼貌地说。

"吵出结果来就不吵了嘛。"毛泽东说。

周总理在旁插话说："两位外长很努力。"

"是的，两位外长很努力。"田中首相也补充了一句。

毛泽东侧过脸，对着大平外相说："你把他打败了吧？"说着用手指了一下坐在周总理旁边的姬外长，说完哈哈一笑。这笑声顿时感染了在座的其他人，大家都笑了起来。

"没有，我们是平等的。"大平外相不好意思地连忙解释。

田中首相接着大平外相的话说："我们进行了非常圆满的会谈。"

"那就好了。你们那个'增添麻烦'的问题怎么解决了？"毛泽东关切地问。日本方面把侵华战争说成给中国"添了麻烦"。

"我们准备按中国的习惯来改。"田中首相真诚地说。

毛泽东说："中日有两千多年的来往，历史记载中第一次见于中国历史的是后汉嘛。"

"所以，我们一直听说日中交流的历史有两千年。"日本首相也蛮有兴趣地说。

"你们到北京这么一来，全世界都战战兢兢，主要是一个苏联，一个美国，这两个大国。它们不大放心了，晓得你们在那里捣什么鬼啊。"毛泽东把话引向田中首相这次访华上来。

"美国声明支持我们到中国。"田中首相表明了美国对他访华的立场。

"基辛格也通知我们了，不设障碍。"毛泽东说。

"是的，我同大平外务大臣去夏威夷见过美国总统尼克松。美国也承认日本来访中国是符合世界潮流的、必然发展的趋势。""因此美国支持中、日两国改善关系。"田中进一步阐明了美国的态度。说着，从茶几上拿起一支熊猫牌香烟，问毛泽东："我是否可以抽烟？"

毛泽东拿起身边的小雪茄说："你抽不抽我的烟？"

"这个就行了，我本人已经戒烟了，但由于同周总理谈判的时间长了，又抽上了。"田中首相说着，划着火柴，站起来给毛泽东点烟，然后把烟点上。

毛泽东用英语说了句"Thank you（谢谢）"，然后悠悠地吸了口烟，柔和的青烟，冉冉地向四周飘散。毛泽东转过头问周总理："声明什么时候发表啊？"

周总理回答说："可能明天，今天晚上还要共同研究定稿。要搞中、日两种文本，还有英文本。"

毛泽东深深地吸了口烟，对田中首相赞许地说："是的，只要时机一成熟，就可以得到解决。"田中首相兴奋地回答，坦诚地说："只要双方不玩弄外交手腕，诚心诚意地进行谈判，一定可能取得圆满的结果。"

毛泽东专注地听着田中首相的谈话，饶有兴趣地说："现在彼此都有这个需要，这也是尼克松总统跟我讲的。他问，是否彼此都有需要，我说是的。我说，我这个人现在勾结右派，名誉不好啊。""你选举的时候我投了你一票，你还不知道啊。"说到这里，毛泽东爽朗一笑，对田中首相说："这回我们也投了你的票。正是你讲的，你这个自民党主力不来，那怎么能解决问题呢？""解决问题还是靠自民党政府啊。"

毛泽东的话，亲切自然，幽默风趣，充满魅力，蕴含着深刻的哲理。田中等人和毛泽东谈得那么和谐亲切，就像老朋友话家常似的，谈古说今，无拘无束，兴趣所至，不时发出阵阵朗朗笑声。

"不行了，我这个人要见上帝了。"毛泽东诙谐地笑着说。

"他每天读很多文件，你看有这么多书。"周恩来关切地说，并用手指了指靠墙的书架。

田中首相随着周总理的手扫视了摆满各种书籍的书架，无限感慨地说："今天使我感到不能借口忙而不读书了，要好好读书才好。"

一提到书，毛泽东就特别兴奋地说："我是中了书毒了，离不了书。"指着周围书架和桌子上的书说，"你看，这是《稼轩》，那是《楚辞》。"说着随手拿起桌上的《楚辞集注》（共六册）递给田中首相说："没有什么礼物，把这个送给你。"

田中惊喜不已，连忙起来接过毛泽东递过来的书，向毛泽东深深地鞠了一躬，动情地说："非常感谢，感谢毛主席。我们三个人一定好好学习。祝毛主席身体健康。"

毛泽东起身和客人一一握手，并把客人送至门外。

毛泽东会见田中首相，说明中日关系正常化的会谈事实上已达成协议。正如二阶堂在这次历史性的会晤后对外界说的："毛泽东同田中角荣握手，难道不意味着解决具有历史深远意义的时刻已经到来了吗？"

毛泽东接见当晚，姬鹏飞外长和大平外相继续会谈，进展顺利。对田中首相在宴会祝酒词中关于侵华战争给中国人民"添了很大麻烦"的说法，最后采纳大平外相的表述，即"痛感日本过去由于战争给中国人民造成的重大损害的责任，表示深刻的反省"。直至28日清晨，工作人员也完成了《联合声明》的全文。

28日下午3时40分，周总理和田中首相举行第四轮首脑会谈，最后确定《联合声明》条文。会谈结束时，周总理亲笔书写了"言必信，行必果"，赠给田中首相，田中首相也亲笔题写了"信为万事之本"，回赠给周总理。中、日两国领导人用东方特有的方式，表达了恪守信义的决心。29日《联合声明》签署。在周总理陪同下，田中首相于当日下午飞赴上海访问。9月30日由上海归国，在机场受到朝野各党首脑的热烈欢迎，表明日、中复交是人心所向，大势所趋，也是对田中首相、大平外相最公正的评价。（参见刘万镇《中日关系史的新篇章——毛泽东与田中角荣》,《毛泽东国际交往录》，中共党史出版社1995年版，第30—48页）

毛泽东主席和田中首相，仅仅一次会面，两位领袖互相都留下了深刻的印象。1975年7月，毛泽东对来访的泰国总理克立说："几乎每一个来见我并令我欣赏的人回国后都会面临灾难。"他接连举出尼克松、田中角荣等七个人的名字。田中角荣也非常敬佩毛泽东，称赞"他是一位圣人，是一位诗人、哲学家和导师"。1976 年毛泽东逝世后，9 月 15 日，刚被保释出来的田中角荣亲赴中国驻日使馆吊唁。他在悼词中写道："接到具有数千年友好历史的邻国——中国的代表毛泽东逝世的噩耗，感到不胜悲痛。为结束日、中两国间数十年的不幸历史，我曾作为日本方面的代表访问北京。日中复交这个具有历史意义的伟大事业并不是事务性地就能解决的。为揭开日、中永远和平的帷幕作出决断的，是新中国的八亿人民的领袖——毛泽东。我认为这是为日本，为中国，也是为全人类作出的伟大决断。"

田中角荣

尼赫鲁

【传略】

贾瓦哈拉尔·尼赫鲁（1889—1964），印度共和国首任总理。

尼赫鲁祖籍克什米尔。他出生在印度联合省（今北方邦）阿拉哈巴德市一个婆罗门贵族家庭。其父莫蒂拉尔·尼赫鲁是一位著名律师，也是印度国大党元老，他对尼赫鲁的政治思想产生过较大的影响。其母斯沃鲁普拉尼是一个婆罗门贵族家庭妇女，温文尔雅，很有教养。

尼赫鲁从小生活在优裕的家庭环境中，在英国和爱尔兰籍家庭教师的教育下成长。1905年，16岁的尼赫鲁去英国留学，先后在哈罗公学、剑桥三一学院、伦敦内宫法学院学习。1912年，他结束学习生活，带着律师证书，回到印度。七年的英国教育，尼赫鲁养成了一套西方资产阶级的思想作风和生活习惯。他说："我沾染了哈罗和剑桥的许多偏见，就好恶来说，与其说我是一个印度人，不如说我更像一个英国人。"

1916年，尼赫鲁同卡麦拉·考尔结婚。卡麦拉出身于克什米尔富商家庭，也属婆罗门种姓。次年，他们的女儿英迪拉（后来的英迪拉·甘地夫人）出生。卡麦拉于1936年病逝。

尼赫鲁回国后的头几年，在阿拉哈巴德高等法院任律师，间或也参加一些政治活动。不久参加国大党联合省地方组织，曾作为代表出席国大党班克波尔年会。

在1916年国大党勒克瑙年会上，尼赫鲁同甘地首次会面。甘地比尼赫鲁年长20岁，当时已是一位颇具声望的政治家，而尼赫鲁只是个初出茅庐的年轻人。起初，尼赫鲁感到甘地"像一股强有力的新鲜气流，使我们振作起来"。两人建立了十分亲密的友谊。尼赫鲁在政治上深受甘地的影响，甘地则视尼赫鲁为他政治上的继承人。

1917 年至 1927 年是尼赫鲁在政治上迅速成长的时期。1917 年他积极参加自治同盟①的活动。1919 年，他放弃了律师业务，投身于民族独立运动，成为一名职业政治家。当时他虽然怀着满腔热忱，但对于如何开展这个运动却没有明确的见解。他说："我不断批评空谈政治的做法，我坚持采取行动。什么样的行动呢？我自己也不很清楚。"

1920 年，国大党接受甘地"非暴力不合作"的主张，发起了不合作运动，并提出"到乡村去"的重要行动口号。尼赫鲁说："我所钦佩的是不合作运动和坚持真理运动在道义和伦理方面的意义"，非暴力主义"对我的吸引力日益增加，使我相信，鉴于印度的环境、背景及传统，这种政策是我们所应当采取的正确政策"。1920 年至 1921 年，尼赫鲁走访北方农村，向农民传播新的行动真理，唤醒农民。1921 年 12 月，在不合作运动的高潮中，尼赫鲁第一次被捕。此后，他又 8 次入狱，前后在狱中度过了 9 年。

1922 年，发生了乔里乔拉村农民为报复警察的压迫，放火焚烧警察局的事件。甘地认为农民的行动超出了非暴力的范围，下令停止不合作运动。血气方刚的尼赫鲁在狱中听到这个消息，"不由得感到愤怒"。后来他在《自传》中写道："1922 年停止和平抵抗运动的决定也许是正确的，虽然作事的方法还有许多缺点，并且在一定程度上动摇了人心。"

这一时期，尼赫鲁先后担任国大党全国委员会委员（1918 年）、国大党阿拉哈巴德县委会副主席（1920 年）、阿拉哈巴德自治市市长（1923—1925年）和国大党总书记（1924—1926 年）等职务。

第一次非暴力不合作运动终止后，印度民族运动陷入低潮。甘地在党内的权威开始动摇，印度教徒和穆斯林教徒冲突激烈，尼赫鲁看不到前面明确的道路，决定重访欧洲，以探索印度的出路。

1926 年 3 月，尼赫鲁为了陪妻子治病，以瑞士为大本营，访问意大利、法国、英国、德国、比利时和苏联等欧洲一些国家。上述活动，使尼赫鲁获得印度出路的新答案：政治上必须完全独立，经济上应该实行"社

---

① 1916 年，蒂拉克等人建立的团体，目的在于实现印度自治，存在时间不长即被并入国大党。

会主义"。他曾以国大党代表的身份出席了 1927 年在布鲁塞尔举行的"被
压迫民族大会",会见了来自亚、非国家的共产党人、社会主义者和激进
民族主义者,并被推选为反帝大同盟 ① 的名誉主席和执行委员会委员。他
认为,参加这些会议有助于"认识殖民地和附属国的若干问题","了解西
方劳工内部的冲突"。1927 年,他访问莫斯科,参加了十月革命 10 周年
纪念活动。他对社会主义的苏联发生了兴趣,并为此撰写了一系列文章,
记述他旅苏的观感。这些文章后来汇编成《苏维埃俄国》一书出版。

尼赫鲁从欧洲回国后,投入 1927 年国大党马德拉斯年会的准备工作。
他负责向年会提出关于争取完全独立、关于战争危机以及同反帝大同盟建
立联系等决议,获得一致通过。这些决议,尤其是关于争取完全独立的决
议,已经超出了甘地所提出的争取自治领地位的要求。这是尼赫鲁政治上
成熟的标志,但也引起了他同甘地的第一次意见分歧。甘地未出席年会,
他写信批评尼赫鲁"走得太快了"。

1928 年,尼赫鲁再度任国大党总书记,并被选为全印工会主席和全印
独立大同盟的领导人。1929 年,由甘地提名,尼赫鲁在拉合尔年会上当选
为国大党主席。从此,尼赫鲁便以国大党领袖的身份,活跃在印度的政治
舞台上。

1930 年至 1934 年,在国大党发动的两次不合作运动中,尼赫鲁四次
被捕。他被捕后,在狱中读书、写作。他的主要著作《尼赫鲁自传》便是
1934 年至 1935 年在狱中写成的。

1937 年,英国在印度实行省自治。国大党在省议会的选举中取得胜
利,先后在八个省组织政府。1938 年,根据尼赫鲁建议,在当时的国大党
主席鲍斯的主持下,召集了国大党执政的各省工业部长会议,成立了全国
计划委员会,以促进民族工业的发展。

1939 年 9 月,第二次世界大战全面爆发。在如何对待这场战争的问题
上,尼赫鲁同甘地又产生了意见分歧:甘地认为,应该无条件支持英国作

---

① 反帝国主义同盟简称反帝大同盟。1927 年 2 月由宋庆龄和巴比塞等在比利时
首都布鲁塞尔发起成立的国际保卫和平组织。

战，但这种支持是非暴力性质的；尼赫鲁认为，印度应该有条件地支持英国反对纳粹德国的战争，但不能用非暴力来对付武装侵略。

1940年10月，甘地放弃原来无条件支持英国的主张，决定发动不合作运动，并拟定了一个派赴各地发表和平反战演说的国大党领导人名单，尼赫鲁名列第二。他出发后，还没有来得及发表反战演说即遭逮捕，被关押了一年多。

1942年春，日本占领缅甸，印度面临威胁。英国政府为了争取印度的支持，派出由战时内阁阁员克里浦斯组成的调查团，同印度民族运动领袖进行协商。克里浦斯带来了战后给予印度"自治领"地位的宣言草案，而未答应给予印度独立，也未同意建立战时责任制政府。甘地拒绝这个宣言草案。尼赫鲁虽然对它不满，但没有一概拒绝，他企图找出一个双方都能接受的解决办法。谈判破裂后，甘地在报刊上提出了英国"退出印度"的口号，国大党全国委员会也通过了关于英国"退出印度"的决议。尼赫鲁虽然不愿意干扰英国作战，但也予以同意。但在这个决议通过的第二天（1942年8月9日），全体国大党工作委员会成员，包括甘地和尼赫鲁，统统被捕。尼赫鲁被关押了将近三年，到1945年6月才获释。1944年，尼赫鲁在狱中写成了另一部重要著作《印度的发现》。

第二次世界大战结束后，印度民族独立运动出现了新的高潮。英国政府派出代表同印度独立运动的领导人进行谈判，尼赫鲁任国大党方面的主要谈判者。1946年6月，国大党举行主席选举，在甘地的支持下，尼赫鲁又一次当选为主席。一个月后，英国总督韦维尔根据立宪会议选举的结果，邀请尼赫鲁组织临时政府。9月，尼赫鲁宣布就任临时政府总理兼外交和联邦关系部部长。

这期间，穆斯林联盟发起了争取建立单独的巴基斯坦的"直接行动日"，引起了穆斯林与印度教徒之间的流血冲突和屠杀。这是英国长期实行"分而治之"政策的结果。这样印、巴分治就成为不可避免。1947年6月，英国蒙巴顿总督提出了印、巴分治方案。甘地坚决反对分治；但当时掌握党内实权的尼赫鲁认为，"这是一条正确的道路"。国大党全国党委会也以多数票通过接受蒙巴顿方案。1947年8月15日，印度自治领成立，尼赫鲁任总理。1950年1月26日，印度立宪会议批准的宪法生效，成立共和国，但留在英联邦内。尼赫鲁任共和国总理，直到病逝，前后达17年之久。

在印度，尼赫鲁被认为是现代化的建设者。尼赫鲁执政17年，他的国内外政策可以归结为议会民主、"社会主义"、非教派主义和不结盟四项内容。

尼赫鲁信仰资产阶级议会民主制。早在制宪会议成立时，他就宣称新印度将实行民主制。宪法生效后，他不顾一些人的反对，坚持按照宪法进行大选。这次大选从1951年10月一直进行到次年2月。尼赫鲁亲自为国大党起草竞选宣言，规定候选人标准，并亲赴各地参加竞选活动。选举结果，国大党赢得74.4%的人民院议席，68.4%的各邦议会议席，成为中央和各邦的执政党。尼赫鲁在世时，印度共进行过三次大选，国大党始终以压倒多数票在中央和大多数邦组阁，形成一党天下。尼赫鲁除任总理外，还兼任过外交部部长和国防部部长，又是10个内阁委员会中9个委员会的主席。

1955年，国大党阿瓦迪年会通过关于建设"社会主义类型社会"的决议。尼赫鲁在会上说，"社会主义"就是"主要生产手段社会占有或控制，生产日益提高，国家财富平均分配"。1964年，布巴内斯瓦尔年会通过他提出的建立"民主社会主义"的决议。

尼赫鲁的"社会主义"与马克思主义的科学社会主义有本质的不同。科学社会主义以消灭资本主义生产资料私有制为基本特征；尼赫鲁的"社会主义"却允许资本主义存在，发展所谓公立私营并举的混合经济。一方面，他主张基本工业、战略性工业和公用事业应为国家所有，建立公营经济，并予以尽快的发展；另一方面，他又认为私营经济在"社会主义社会"仍起着重要作用，但要加以限制。尼赫鲁所倡导的"社会主义"，是西方民主社会主义思潮在第三世界的一个变种，它带有甘地的民族主义思想成分，也借鉴了苏联计划经济的经验，目的还是发展资本主义。

尼赫鲁用以发展混合经济的主要途径是实行经济计划。1950年，印度成立计划委员会，他自任主席。1952年，开始实行第一个五年计划，但效果不佳。

尼赫鲁对宗教的态度是宽容的。他本人不信宗教，反对教派斗争，主张教派和睦。

尼赫鲁透过教派之间的冲突，看到了英国实行的教派政策，"不可避免地阻止印、伊两教团结，并且挑拨他们互相冲突"。他也敏锐地看到隐藏在教派主义后面的反动势力，"利用群众的宗教热情来达到他们自己的目的"。基于这种认识，尼赫鲁确立了他的非教派主义立场。

印度建国时，尼赫鲁坚持建立一个政教分离的国家。宪法明文规定，公民有宗教信仰的自由，少数教派可在议会中保留一定的席位。

尼赫鲁在对外关系上实行不结盟政策，是经过认真分析世界形势和两大阵营力量后制定的。他企图在以美国、苏联为首的两大阵营之外建立一个以印度为核心的"第三势力"，尼赫鲁"充当世界领袖"。在他的指导下，印度不参加任何军事集团，而致力于发展同所有国家的友好关系。1954年，尼赫鲁同中国周恩来总理共同倡导了具有历史意义的和平共处五项原则，成为国与国之间关系的指导原则。1955年4月，尼赫鲁率领印度代表团出席了在印度尼西亚万隆召开的亚非会议，为会议的成功做出了贡献。1961年，尼赫鲁同南斯拉夫铁托总统和埃及纳赛尔总统共同发起了不结盟运动，是不结盟运动的创始人之一。因此，尼赫鲁成为当时世界上的风云人物。

1962年以后，尼赫鲁的健康状况开始衰退。1964年5月27日病逝。印度人民深切哀悼这位伟人的逝世。

尼赫鲁著有《印度与世界》《苏维埃俄国》《印度的十八个月》《尼赫鲁自传》《世界史一瞥》《印度的统一》《印度的发现》《独立之后》等。

【毛泽东评说】

尼赫鲁是个什么人呢？他是印度资产阶级的中间派，同右派有区别。整个印度的局势，我估计是好的。那里有四亿人民，尼赫鲁不能不反映四亿人民的意志。西藏问题是很大的事，要大闹一场，要闹久些，闹半年也好，闹一年更好。可惜印度不敢干了。我们的策略是使亚洲、非洲、拉丁美洲的劳动人民得到一次教育，使这些国家的共产党也学会不怕鬼。

——毛泽东1959年5月6日同苏联等十一个社会主义国家的代表团和驻华使节的谈话，《毛泽东外交文选》，中央文献出版社、世界知识出版社1994年版，第375页。

总的说来，印度是中国的友好国家，一千多年来是如此，今后一千年一万年，我们相信也将是如此。中国人民的敌人是在东方，美帝国主义在台湾、在南朝鲜、在日本、在菲律宾，都有很多的军事基地，都是针对中国的。中国的主要注意力和斗争方针是在东方，在西太平洋地区，在凶恶的侵略的美帝国主义，而不在印度，不在东南亚及南亚的一切国家。尽管菲律宾、泰国、巴基斯坦参加了旨在对付中国的东南亚条约组织，我们还是不把这三个国家当作主要敌人对待，我国的主要敌人是美帝国主义。印度没有参加东南亚条约，印度不是我国的敌对者，而是我国的友人。中国不会这样蠢，东方树敌于美国，西方又树敌于印度。西藏叛乱的平定和进行民主改革，丝毫也不会威胁印度。你们看吧，"路遥知马力，日久见人心"，今后三年、五年、十年、二十年、一百年……中国的西藏地方与印度的关系，究竟是友好的，还是敌对的，你们终究会明白。我们不能有两个重点，我们不能把友人当敌人，这是我们的国策。……印度的朋友们，你们的心意如何呢？你们会同意我们的这种想法吗？关于中国主要注意力只能放在中国的东方，而不能也没有必要放在中国的西南方这样一个观点，我国的领导人毛泽东主席，曾经和前任印度驻中国大使尼赫鲁先生谈过多次，尼赫鲁大使很能明白和欣赏这一点。不知道前任印度大使将这些话转达给印度当局没有？朋友们，照我们看，你们也是不能有两条战线的，是不是呢？如果是这样的话，我们双方的会合点就是在这里。请你们考虑一下吧。请让我借这个机会，问候印度领袖尼赫鲁先生。

——毛泽东：《印度不是我国的敌对者，而是我国的友人》，载《毛泽东外交文选》，中央文献出版社、世界知识出版社1994年版，第376—377页。

毕·普·柯伊拉腊首相：这次我曾邀请尼赫鲁和周恩来总理去加德满都会谈，结果未能去成。

毛泽东主席：因为尼赫鲁要我们总理去他们的首都德里。开始我们主张在仰光谈，而尼赫鲁不同意。现在我们已同意去德里，所以也不能到你们那里去。……

我们同印度吵了一年架，但还是朋友。朋友吵架是常有的，夫妇之间、兄弟之间都吵架。我们同你们，同缅甸、锡兰、柬埔寨没吵过。真正同我们吵得厉害的国家，全世界只有一个，那就是美国。它占着我们的台湾，还封我们一个"侵略者"的称号，那我们也封它一个侵略者。我们从没有侵占过美国一寸土地，檀香山和中国还隔着中途岛，日本我们也没有去侵占过，而美国却占着我们的台湾。我就不知道我们怎么成了侵略者？

  ——毛泽东1960年3月18日同尼泊尔王国首相毕·普·柯伊拉腊的谈话，《毛泽东外交文选》，中央文献出版社、世界知识出版社1994年版，第391—392页。

蒙哥马利元帅（以下简称蒙）：日本对中国有没有什么坏的意图？

毛泽东主席（以下简称毛）：我看是有。

蒙：什么样的意图？

毛：当然主要是美国。日美条约把中国沿海地区，也包括在日本所解释的远东范围之内。

我读过艾登[①]的回忆录。他讲到苏伊士问题、埃及问题和伊朗问题，也谈到东南亚条约组织问题。他说，美国在组织东南亚条约组织的时候，英国希望印度参加，美国坚决反对。美国说如果英国要印度参加，美国就要蒋介石和日本参加。

蒙：印度是不会参加的。

毛：那个时候，艾登想让印度参加来对付美国。艾登在回忆录中说，他想不通蒋介石怎么能同尼赫鲁相提并论。

  ——毛泽东1960年5月27日同英国陆军元帅蒙哥马利的谈话，《毛泽东外交文选》，中央文献出版社、世界知识出版社1994年版，第428—429页。

---

 ① 艾登，英国前首相、外交家。

【作者述评】

　　尼赫鲁作为一位印度的资产阶级革命家，从青年时代起跟随圣雄甘地从事民族独立运动，1920年，他参加甘地领导的非暴力不合作运动。1921年，他第一次被英国当局逮捕入狱。在为争取印度独立的27年间，他9次入狱，在狱中度过10年之久。1929年、1936年、1937年、1946年、1951年至1954年数次任国民大会党主席。经过几十年的奋斗，终于通过议会斗争赢得了印度的独立。1946年尼赫鲁任临时政府副主席，兼外交部长和联邦关系部长。1947年8月印度独立后，他出任首任总理，直至逝世，实现了印度独立的理想。

　　印度独立之后，尼赫鲁为印度的发展制定了四项国策：议会民主、"社会主义"、非教派主义和不结盟政策。这四项政策从印度的实际情况出发，符合印度的国情，收到了一定的成效，对印度的发展起到了促进作用。所以，尼赫鲁无疑是印度现代史上一位杰出人物，也是20世纪世界上的风云人物之一。但作为一位资产阶级政治家，尼赫鲁在处理民族关系和对外关系方面，又不可避免地带有资产阶级民族主义和扩张主义因素。正如他在1944年所写的《印度的发现》一书中所设想的，印度要"在印度洋地区、在东南亚一直到中东"发展成为"经济政治活动中心"，印度不能成为二等角色，它应该成为世界上"有声有色的大国"。独立后，他一方面反对殖民主义，收复了被法国占领的本地治理、开利开尔、本赫和亚纳昂，以及葡萄牙领地果阿，是一种进步的表现；另一方面，他又承袭英帝国主义的衣钵，对不丹、锡金等邻国保持宗主国地位，二者是一种从属关系。在处理印度、巴基斯坦有争议的克什米尔问题上印度单方面宣布把克什米尔变成它的一个邦，埋下了这一带安全的祸根。

　　同样，在处理中印边界问题上，尼赫鲁无视中印实际控制线，妄图继承英帝国主义遗留下来的非法的"麦克马洪线"①，将位于中印边界东段历来属于中国的9万平方公里土地划归印度。贪心不足，印度还想把西藏变成中印之间的"缓冲国"，实现其称雄南亚、东南亚的构想。早在1951年，印度乘中国抗美援朝之际，大举向"麦克马洪线"以南蚕食，到1953年，印度基本上占领了该线以南的9万平方公里土地。1954年至1957年，又侵占了中印边界中方的巨畦、曲惹、香札、波林三多、拉不底以及西段的巴里加斯共两千平方公里的土地。这又埋下了中印边界不安全的种子。

1959年10月19日下午4时10分，毛泽东主席在中南海勤政殿会见了来中国访问的尼赫鲁总理。

毛泽东主席热情地迎上前去，紧紧地握住尼赫鲁总理的手："我们欢迎你，十分欢迎你。"

笑容可掬的印度总理连连说："我非常高兴地来到中国，这使我非常愉快，我向往这一天已经很久了。我抵达北京后，受到了盛大的欢迎，使我深为感动。"

会谈中，毛泽东回顾了中、印两个泱泱大国，又是世界文明古国，都有受过帝国主义国家长期欺侮的历史，结论是：决不能再受帝国主义殖民主义的压迫。他对尼赫鲁总理说："我们东方人有团结起来的感情，有保卫自己的感情。尽管我们在思想上、社会制度上有不同，但是我们有一个很大的共同点，那就是我们都要对付帝国主义。""刚诞生不久的新中国，需要一个和平的国际环境。"毛泽东又告诉尼赫鲁："我们现在需要几十年的和平，至少几十年的和平，以便开发国内的生产，改善人民的生活。假如能创造这样一个环境，那就很好。凡是赞成这一目标的，我们就能与其合作。"

---

① 麦克马洪线，是1914年3月英国殖民主义者背着中国中央政府的代表，同西藏地方当局以秘密换文方式制造的一条非法边界线。该线将位于中印边界东段历来属于中国的9万平方公里土地划归当时英国殖民统治下的印度。中国政府从未承认或批准这条边界线。

毛泽东的激情感染了尼赫鲁，他与毛泽东产生了共鸣。毛泽东提醒面前的这位印度朋友，对于中国来说，获得和平并不容易。美国变着法子不遗余力地排挤中国。不仅如此，它还炫耀武力，把第七舰队开进了台湾海峡。美国飞机多次到中国内地上空，空投特务。美国还加紧援助和支持蒋介石对中国大陆进行骚扰性战争。

尼赫鲁说，美国害怕它的利益受到损失，正像一切既得利益者一样，美国怀着恐惧，神经紧张，四处插手。

毛泽东以他特有的幽默与辛辣指出："美国的恐惧也实在太过分了。它要把防线摆在南朝鲜、台湾、印度支那。这些地方离美国那么远，离我们倒很近，这使得我们很难睡稳觉。"

尼赫鲁笑着点了点头，显得温文尔雅。

之后，毛泽东在中南海颐年堂又一次会见尼赫鲁，进行了一场关于战争的讨论。上次会谈快要结束时，他向尼赫鲁提出专门谈一回战争的建议，打算就第二次世界大战的情况进行探讨，向印度总理阐述关于殖民主义者为什么发动战争，"二战"后谁受益了，谁受损了，战争应该避免，但并不可怕，侵略者早晚要受到削弱、受到惩罚等问题。

当两国领导人面对面地坐下来，毛泽东向尼赫鲁询问与周总理会谈进行得如何，发生冲突没有。尼赫鲁总理说："会谈得很好，怎么能冲突呢？"毛泽东说："我们同印度好像没有多少架好吵。"然后，他马上转入他早已准备好的谈话主题。

律师出身的尼赫鲁，是圣雄甘地的忠实信徒，曾坚决执行甘地的非暴力不合作策略。对与毛泽东谈论战争问题，他饶有兴致，愿与毛泽东共同讨论。他称毛泽东是这方面的专家，其意见应该得到最大程度上的尊重。

在毛泽东眼里，战争并不那么可怕。他深信，从战争结果来说，决定因素是人。至于武器，当然某一方面拥有先进的武器，就占有优势，但这是暂时的现象。仅靠先进的武器来赢得战争的彻底胜利，根本不可能，因为除非一开始就一次地把对手完全毁灭。从现代战争的意义上说，原子弹、氢弹似乎可以做到这一点，但是这是冒极大风险的，侵略者可能由此丧失了自己存活的权利和机会。谁又能把中国和印度这样的大国，一下子翻个底朝天，然后扔到太平洋或印度洋里去呢！破坏之后的彻底征服，只能作为梦想，而无法实现。战争，加速人民的觉醒，导致人民的反抗。人民持久的反抗，必将削弱以至打败侵略者。第二次世界大战削弱了日本，中国得以从帝国主义的铁蹄下站立起来。英国被削弱，印度便获得了独立。

尼赫鲁先生的思维有着严谨的逻辑性，并颇具人道主义色彩。他认可人是战争的最后的决定因素，同时从另一个角度分析战争的后果，那就是战争给人本身造成的影响。战争可以使人觉醒，最终获得解放，但战争也可能把人类变得残酷，变得堕落。如果战争消灭了有知识和有训练的人，那么一切都得从头做起，人类将面临巨大的倒退。

毛泽东说："所以，归根究底，我们应该共同努力来防止战争，争取持久的和平。"

尼赫鲁先生提出了自己的希望："总有一天，世界的调整都用协议来完成。"

毛泽东幽默与机敏地反问："在世界调整以前（从现在起），十年之内没有战争可能吗？"

尼赫鲁依然坚持他的良好的永久和平的愿望："总有一天，人们会承认，战争如果爆发，会把双方都毁掉，谁也打不起战争。不过我并不能提任何担保。"

毛泽东无意让谁担保，这样的事，怎么能担保得了呢？他坚定地说："如果发生战争，我们的经济和文化计划都要停止，而不得不搞一个战争计划来对付战争。这就会使中国的工业化过程推迟。但是把中国全部毁灭，炸到海底下去，是有困难的。中国人是会永远存在的。"这段话的潜台词是，中国并不害怕战争，是很清楚的。

毛泽东与尼赫鲁深邃精辟地谈论着战争这个残酷的话题。他们谈得很投机，很愉快，很投入，又很自然。

对北京一个星期的访问结束了，尼赫鲁总理将到华东、华南等地参观后回国。尼赫鲁携爱女英迪拉·甘地夫人——一位印度未来的总理，以及其他随同访华的印度官员，又一次来到中南海勤政殿，向毛泽东等中国主人告别。来辞行的尼赫鲁总理感慨良多。他说："在这里我结识了许多朋友，也得到了很大的友谊。"他深情地表示："虽然要走了，但是可以说，已经把自己的一部分留在中国了。"

充满激情而又学识渊博的毛泽东，此时引用中国古代伟大爱国诗人屈原的诗句，赠予尼赫鲁。他吟诵道："悲莫悲兮生别离，乐莫乐兮新相知。"离别固然伤感，但有了新的知己，不又是一件高兴的事吗？

尼赫鲁非常欣赏毛泽东所吟诵的诗句，认为太适合于他们两个人之间的友谊了。不仅如此，他又进行了升华，说："主席刚才引用的两句诗，不仅适用于个人，而且也适用于国与国之间，第二句诗特别适用。"

也许谁都会如此联想，两个人、两个国家成了朋友和知己，那么存在其间的任何困难和障碍，都会容易解决的。所以，毛泽东在 1959 年 5 月 13 日与外宾的谈话中还强调说："总的来说，印度是中国的友好国家。"并说这是由中国的国策决定的；中国不会"东方树敌于美国，西方又树敌于印度"。这个意见，毛泽东在不同场合又说过多次。

然而，这只是毛泽东的良好愿望，事实是，在他与尼赫鲁会见的八年后两国间发生了战争。其原因是，印度军队一直在中印边界实行推进政策，不断挑起事端，蚕食我国领土，而且还大肆诬蔑"中国侵略了印度"，散布"中国好战"的谎言，不明真相的国家还指责中国。印度一直标榜自己是不结盟运动的领袖，在发展中国家具有一定的影响力。为了充分暴露印度政府的扩张野心，让世界人民认清谁是真正的侵略者，以争取和团结广大发展中国家的人民，毛泽东一直主张以和平谈判的方式解决边界争端，并对周恩来说："就让他欺负，无论如何不要打。"周总理为求和平解决，1960 年 4 月赴印度与尼赫鲁谈判。经过两国总理和三轮官员级会谈后，尼赫鲁一面表示要谈判解决边界问题，一面仍不断攻击中国"侵占"印度领土。中国政府对上述印度种种反华行径，不断提出抗议，但仍建议和平谈判解决边界问题。尼赫鲁在与中国进行外交周旋的同时，加紧备战步伐，1962 年 9 月 9 日由国防部部长梅农主持制定了代号为"莱克亨"的作战计划，其目标是把在扯冬地区塔格拉山脊的中国军队"赶走"。10 月 12 日尼赫鲁出访锡兰时，在巴兰机场宣布他已下令把中国军队从塔格拉山脊"清除掉"。当时，美、苏在国际上掀起一股反华浪潮，支持印度在西南牵制中国，使印度更加轻视中国，对中国的领土的侵略和蚕食到了肆无忌惮的程度。1962 年 10 月 20 日，印度军队 22000 多人，在中印边境东、西段同时向中国发动了侵略战争。中国军队奉命自卫反击，收复了印度非法侵占的中国领土，拔除了印军的全部据点，全歼印军第七旅，生擒准将达尔维，取得了完全胜利。毛泽东的英明决策，不仅维护了国家领土和主权的完整，而且使中国在军事、政治、外交斗争中赢得了极其有利、主动的地位。随后，毛泽东下令将缴获印军的全部武器、物资悉数归还印度方面，并释放所有战俘。此后 40 多年，中印边境维持了持久和平。

尽管如此，对于尼赫鲁，毛泽东也没完全否定，始终认为："他是印度资产阶级的中间派，同右派有区别。"这个评价是比较客观的、公正的。

苏加诺

【传略】

苏加诺（1901—1970），印度尼西亚首任总统。

苏加诺是东爪哇泗水（苏腊巴亚）勿里达人。伊斯兰教徒。他的父亲是贵族出身的小学教员，母亲出身于巴厘岛婆罗门（僧侣）家庭。苏加诺童年时代有好几年住在东爪哇南部土隆阿贡祖父母家里。6岁左右，当父亲调到惹班一所小学当校长时，苏加诺才跟父母亲住在一起，在惹班读小学。

1916年，苏加诺从惹班到泗水荷兰语中学读书，寄宿在父亲的朋友、赫赫有名的伊斯兰联盟领导人佐克罗阿米诺托[①]家里。泗水是印尼第二大城市，是刚刚兴起的印尼民族运动的重要中心，而佐克罗阿米诺托的家又是著名的民族运动领导人经常聚会的场所。在佐克罗阿米诺托家里，苏加诺认识了史尼弗利特、慕梭、阿利敏、司马温、阿古斯·沙林、苏里约普拉诺托等著名人物，经常向他们请教有关政治和民族运动的问题。在佐克罗阿米诺托影响下，苏加诺积极参加泗水的青年运动，加入伊斯兰联盟，并且学会了一套领导方法和演说的本领。

在这个时期，苏加诺阅读了不少世界名人传记和他们的论著。通过这些著作，他了解了杰斐逊、华盛顿、伏尔泰、马拉、马志尼、马克思、恩格斯、列宁、穆斯塔法·凯末尔、孙中山、甘地、黎萨尔等的生平事迹、理论和思想。苏加诺说："我受到了这些伟大人物的精神鼓舞。"特别是孙

---

① 1911年，梭罗大花裙厂主沙曼胡迪发起组织的"伊斯兰教商业联盟"，翌年改称"伊斯兰联盟"，代表印尼新兴工商业资产阶级利益，提出"伊斯兰教徒团结互助"口号，获得广大群众拥护。佐克罗阿米诺托为该组织的重要领导人。

中山的三民主义，对青年苏加诺的思想有很大的影响。他说："我阅读过三民主义，我不是一次，而是两次、三次、四次，从头到尾详细地阅读三民主义"，"三民主义，即民族、民权、民生，鼓舞了我年轻的灵魂"。

1921年，苏加诺中学毕业，考入万隆工学院建筑工程系。万隆的大学时期，是苏加诺政治思想形成的关键阶段。当时，伊斯兰联盟内部分歧日益加深。到1923年，白色伊斯兰联盟（佐克罗阿米诺托派）和红色伊斯兰联盟（司马温派）在组织上彻底分裂[①]，从此，它丧失了对印尼民族运动的领导权，坚持改良主义道路的佐克罗阿米诺托本人也不再成为民族运动的中心人物。在政治上，苏加诺与他的关系也逐渐疏远了，但苏加诺却结识了1912年建立东印度党的"三巨头"——道威斯·德克尔、集普托·曼昆库苏摩医士和基·哈·德宛塔拉。东印度党的许多成员是土生印尼人，饱受荷兰殖民者的歧视，要求摆脱殖民统治，建立所有在印尼出生、以印尼为祖国的各民族人民平等的国家。它第一个明确提出争取印尼民族独立的口号。这个党的创始人的经历和激进主义思想对苏加诺有重大的影响。

为了反对殖民主义，争取印尼的民族独立，苏加诺根据自己对印尼社会的认识，把学到的各种理论加以糅合，形成别具一格、自成体系的理论。

苏加诺提出的第一个理论是"马尔哈恩主义"（Marhaenism），即贫民主义。马尔哈恩是苏加诺在万隆郊区相识的一个自耕农的名字。苏加诺用"马尔哈恩"来代表印尼的所有"贫苦人民"——小百姓、小农、小商贩、车夫、仆役等。他认为，"无产阶级"这个概念不完全适用于印尼社会；无产者包括在"贫农"这个概念之内，而且在其中"占据极为重要的地位"。贫民主义旨在消灭资本主义和帝国主义的各种奴役方式和原则。每一个实行贫民主义的印尼人，都是贫民主义者。苏加诺的贫民主义理论，否认无产阶级在印尼作为一个独立的阶级存在，从而也就否定了它在印尼革命运动中的地位。

---

① 伊斯兰联盟成立后不久，几十万名工农群众和城市劳苦大众参加了该组织。以司马温为首的革命派在联盟内组织了"红色联盟"，采取直接反抗殖民主义的政策，引起改良派的不满。1923年两派决裂后，改良派被称为白色伊斯兰联盟。

苏加诺的第二个理论是"纳沙贡"（民族主义者、宗教信仰者、共产主义者）。1926年，苏加诺大学毕业，获得工程师职称。同年，他写了题为《民族主义、伊斯兰教、马克思主义》的文章，提出民族主义、伊斯兰教和马克思主义三大政治势力应该互相调和，团结合作，为争取印尼民族独立而共同斗争。苏加诺的"纳沙贡"理论，对促进印尼各阶层人民的反帝反殖统一战线起了有益的作用。

在万隆时期，苏加诺还致力于政治组织和宣传鼓动。他说："我们行动的重点必须放在政治觉悟和政治斗争，即唤醒人民的政治觉悟和政治斗争。"1924年，苏加诺在万隆创立普通研究会，吸引知识分子关心和讨论社会问题和政治问题，启发他们的政治觉悟。1926年至1927年印尼共产党领导的民族起义被镇压之后，苏加诺有意识地避开阶级斗争问题，而把目标集中在争取印尼独立上。

1927年7月4日，苏加诺等人在万隆创立印尼民族主义协会，翌年5月改名为印尼民族党，并任主席。这个民族资产阶级的新政党，以不同荷兰殖民政府合作为原则，明确地提出了争取印尼民族独立的政治纲领。苏加诺到处发表慷慨激昂的演说，猛烈抨击荷兰殖民当局的民族压迫政策，号召印尼人民消灭殖民统治，赢得了"讲坛雄师"的称号。

1927年12月，苏加诺建立民族统一战线组织——印尼民族政治团体协商委员会（以下简称印尼民族政党联盟），被选为主席。它是由印尼民族主义协会、伊斯兰联盟、至善社、巴巽丹协会、苏门答腊同盟、巴达维亚人联合会、印尼研究会等政党团体组成的松散的民族统一战线组织，虽然没有解决任何重大问题，但毕竟是走向统一民族运动的第一步，也是苏加诺实现民族团结理想的初步尝试。苏加诺称它是"最重要的民族事件"，"我们民族运动史上一个新时代的开始"。

1929年12月29日，苏加诺等领导人被荷兰殖民当局逮捕，关押在万隆监狱。1930年8月18日到9月29日，苏加诺等四人被万隆地方法院审讯，并被判处四年徒刑。苏加诺在法庭上发表题为《印度尼西亚控诉》的辩护词，他说："没有一个民族可以不要民族独立而成为伟大的民族，如果不独立，就没有一个国家能够巩固和强大有力。……因此，所有殖民地人民都要求取得这种独立，要求成为伟大的民族。"苏加诺被捕后，印度尼西亚民族党自动解散。党内沙尔托诺派另建印度尼西亚党，而沙里尔－哈达派则另建印尼国民教育党。

1931年12月31日，苏加诺被提前释放后，继续投身民族独立运动。他力图把原印尼民族党两派重新统一起来，但未成功，于是决定加入印度尼西亚党，并任主席。他创办了《人民思想》杂志，写了《争取印尼独立》的小册子，内容与《印尼控诉》大同小异。1933年8月1日，苏加诺第二次被捕，先后被流放到弗罗列斯和萌古路。直到1944年初，日本占领印尼时，他才恢复自由。

苏加诺对日本帝国主义既无好感又存幻想。太平洋战争爆发后，苏加诺曾从流放地打电报给荷兰政府，要求释放他并转移到澳大利亚，以便同盟国合作。这个请求遭到拒绝。日本占领印尼后，由于幻想日本会恩赐印尼独立，苏加诺和绝大部分印尼民族运动领导人转而同日本占领者合作，参加日本组织的"中央参议会""奉公会""印尼独立准备调查委员会"的活动。但在日本占领时期，苏加诺并未放弃争取印尼独立的信念，他始终不渝地宣扬民族主义和民族独立思想。1945年6月1日，苏加诺在"印尼独立准备调查委员会"会议上的演讲——《潘查希拉的诞生》，提出了印尼建国五原则——民族主义、人道主义、民主协商、社会繁荣、信仰神道。后来苏加诺说，这些原则包含了"印尼精神之精髓"。

日本投降后，1945年8月17日，苏加诺在雅加达宣布印尼独立，并被选为印尼共和国首任总统。共产党人沙利佛丁参加了政府。1945年12月底，荷兰军队侵占雅加达等城市，苏加诺不得不把首都迁往日惹。在八月革命时期（1945年8月—1949年12月），苏加诺一味谈判和退让，而没有发动和组织人民坚决抗战。

1948年9月，印尼右派在美、荷策划下制造茉莉芬事件[①]，血腥镇压印尼共产党。苏加诺没有识破帝国主义的阴谋，站到了右派一边，攻击印

---

① 1948年9月18日印尼右派捏造共产党人在茉莉芬"夺取政权"，调动大批军队围剿，杀害共产党员和爱国者约一万人，共产党领袖慕梭、沙利佛丁等英勇牺牲。

尼共产党想"篡夺政权"。同年 12 月 19 日，荷兰军队侵占首都日惹，苏加诺等共和国领导人被捕，分别流放到邦加岛等地，直到 1949 年 7 月获释返回日惹。"圆桌会议协定"签订后①，1949 年 12 月，苏加诺任印尼联邦共和国总统。1950 年 8 月 17 日，宣布成立印尼统一共和国，苏加诺任总统。

1950 年至 1959 年，印尼实行议会民主，内阁对议会负责，总统任命组阁人，并无实权。在这期间，苏加诺对印尼的政治发展未起决定性的影响；然而，他不断施展自己的威望和政治手腕，扩大其政治势力。1956 年 10 月，他发表了有关《埋葬政党》的演说，以此来试探当时的政治气候。

1957 年 2 月 21 日公布"苏加诺总统方案"，提出成立民族委员会和互助合作内阁或"纳沙贡"内阁。到 1959 年，苏加诺又恢复了在国家事务中的中心地位。

从 1959 年起，苏加诺实行"有领导的民主"。同年 7 月，宣布恢复"1945 年宪法"，总统的权力大大加强。他兼任总理，先后担任过最高评议庭主席、最高战时掌权者、民族阵线主席、国防委员会主席、解放西伊里安最高司令部总司令、参谋长联席会议主席、"抗马（来西亚）"总指挥、临时人民协商会议委任者等职。印尼临时人民协商会议先后授予苏加诺"伟大的革命领袖""终身总统"等头衔。

在 1959 年至 1965 年"有领导的民主"时期，内政方面，苏加诺实行"纳沙贡"政策，容许共产党参加从中央到地方的立法、咨询机构和各级政府，任命共产党人担任国务部长、省长、市长、县长等职；颁布《收成分配合同法令》和《土地基本法》；镇压"伊斯兰教国运动——

---

① 印尼与荷兰于 1949 年 11 月 2 日在海牙签订的一系列协定的总称。主要内容：由印尼共和国和荷兰扶植的 15 个邦区组成"印尼联邦共和国"。荷兰于 1949 年底以前将"主权"移交给这个"联邦共和国"；印尼联邦共和国必须加入"荷兰·印尼联邦"，承认荷兰女王为最高元首，并在外交、国防、财经等方面与荷兰"持久合作"。这个协定是殖民统治的新形式，遭到印尼人民强烈反对。1956 年 4 月全部废除该条约。

印尼伊斯兰教军"①"印尼共和国革命政府—全面斗争约章集团"等反革命武装叛乱②；先后取缔马斯友美党③、右翼社会党和平民党；准备建立第五军种④。

在对外政策方面，苏加诺对1955年4月在万隆召开的亚非会议，促进亚非人民团结反帝的事业，做出过重大的贡献。他在万隆会议上发表了题为《让新亚洲和新非洲诞生吧！》的著名演说。1960年，在联合国大会的演说中和1961年在贝尔格莱德不结盟会议上，苏加诺都以"新兴力量"的领导者自居。苏加诺密切同中国、朝鲜等社会主义国家的关系，在1956年、1961年、1964年三次访问中国。这期间，印尼收复西伊里安；没收荷兰和英国在印尼的企业；同马来西亚对抗；反对美国新殖民主义。1965年1月，印尼宣布退出联合国。

苏加诺的这些内外政策，引起帝国主义和国内反对派的极端仇视和反对。右派势力在美、英、荷等国的支持下，不断地进行颠覆苏加诺政权的活动，从阴谋政变、武装叛乱直到多次谋杀苏加诺（皆未遂）。

1965年，在美国中央情报局的策划下，右派军人集团组织"将领委员会"，企图乘10月5日建军节之际，发动武装政变。以苏加诺警卫部队查克拉比拉哇营的营长翁东为首的"革命委员会"，采取先发制人的行动，于9月30日发动政变（史称"九三〇运动"），杀掉了亚尼等六名右派将领，并宣布继续推行苏加诺的政策。10月1日，以苏哈托为首的军人集团

---

① 1949年8月，马斯友美党人卡托苏维约宣布成立"印尼伊斯兰教国"，建立"印尼伊斯兰教军"，自称为伊斯兰教国元首，在西爪哇一带进行恐怖活动，妄图颠覆共和国，建立反共反人民的伊斯兰国。

② 1957年3月2日，第七军区司令苏穆阿尔在望加锡发表"宣言"，宣告所谓"全面斗争约章"，要求印度尼西亚东部四省脱离中央。1958年2月，反叛中央政府的各派苏门答腊驻军，成立所谓"印尼共和国革命政府"，以马斯友美党人沙朴鲁丁为"总理"。这两股武装叛乱均为美国中央情报局所策划。

③ 印尼伊斯兰教团体总评议会的简称，代表封建买办阶级利益，主张建立一个百分之百的伊斯兰教国。

④ 1965年1月14日，印度尼西亚共产党主席艾地向苏加诺总统建议，由政府武装工农和青年，以反对帝国主义的颠覆活动。这种在陆、海、空军和警察四个军种之外的人民武装，称为"第五军种"。

迅速扑灭了翁东的"九三〇运动"。接着，苏哈托下令取缔印尼共产党，逮捕和屠杀共产党人及进步人士，并且逐步削弱苏加诺的权力。

1966 年 7 月，苏加诺的"终身总统"头衔被取消。1967 年 3 月 12 日，临时人民协商会议剥夺苏加诺的一切权力，任命苏哈托为"代理总统"。1968 年 3 月，苏加诺被软禁起来。

1970 年 6 月 21 日，苏加诺病逝于雅加达军人医院。鉴于苏加诺是印尼共和国的创立者，在印尼人民的心目中享有崇高威望，苏哈托政府不得不为他举行国葬。出殡那天，在雅加达，在东爪哇玛琅到勿里达的路上，约有 50 万名印尼人民在军人监视下站立在大道两旁，沉痛地目送苏加诺的灵车缓缓驶过。遵照苏加诺的遗嘱，他的墓碑上刻着："这里躺着朋加诺（加诺兄的意思），印尼人民的喉舌。"

【毛泽东评说】

毛泽东主席（以下简称毛）：万隆会议是一次很好的会议，万隆会议真了不得。一年多来，整个世界有很大的变化。是不是？

阿哈默德·苏加诺总统（以下简称苏）：是的，的确如此。我不论到哪里，大家都提到万隆会议。

毛：从前大家都同时提日内瓦会议和万隆会议。现在，日内瓦会议和日内瓦精神，大家都不大提了，剩下来的只有万隆会议。

读了你在美国的演说，我们都特别高兴。在那样的国家，讲那样的话，非常好。你代表了整个亚洲。

苏：我自己也认为是代表亚洲说话的。

毛：实际上，你是代表了亚洲、非洲和拉丁美洲。美国招待得还好吧？

苏：一般地说，美国人的欢迎还是相当热烈的。但是，美国政府的领导人员大多不很高兴，因为我说的话，是他们不喜欢听的。不论他们喜欢不喜欢，事实我还是要说出来的。

在美国不论到哪里，记者都问，印尼对于中国进入联合国的问题采取什么态度？我们的答复是很坚决的，中国必须参加联合国。我们还补充说，如果联合国没有代表六亿人民的中国参加，那末，联合国就变成了演滑稽戏的场所。

——毛泽东 1956 年 9 月 30 日同印度尼西亚总统阿哈默德·苏加诺的谈话，《毛泽东外交文选》，中央文献出版社、世界知识出版社 1994 年版，第 263—264 页。

我们热烈地欢迎中国人民的好朋友苏加诺总统前来我国访问。我们感谢苏加诺总统给我国带来了八千二百万印度尼西亚人民兄弟般的友谊。

印度尼西亚人民是伟大的人民。中国人民对印度尼西亚人民和苏加诺总统怀有最大的敬意。曾经被殖民主义统治了三百五十年的印度尼西亚，经过长期艰苦的斗争之后，终于赢得了民族的独立。现在，印度尼西亚人民正在为维护民族团结、逐步肃清殖民主义的残余势力和保卫世界和平而进行着勇敢的斗争。苏加诺总统在这些斗争中所起的卓越作用和最近在欧美各国访问期间所取得的巨大战就，是中国人民和全世界爱好和平和正义的人民同声赞扬的。印度尼西亚废除圆桌会议协定和要求收复西伊里安的斗争是正义的，中国人民坚决地支持你们。

印度尼西亚执行积极的独立自主的外交政策，无论对印度尼西亚人民，对世界和平，都有很大好处。万隆会议已经产生了广泛而深远的影响，印度尼西亚对这次会议的召开曾经作了重大的贡献。印度尼西亚在国际事务上正起着越来越重要的作用。我们亚洲、非洲和拉丁美洲爱好自由和独立的人民，都在反对殖民主义。……殖民主义者希望我们不团结，不合作，不友好。我们必须用加强团结、加强友好合作来回答他们，我们必须使殖民主义者的阴谋彻底破产。

中国人民和印度尼西亚人民历来就是很好的朋友。近年来，我们两国人民在反对殖民主义和维护世界和平的共同事业中的友谊，更加加强了。我深信，中国和印度尼西亚两国建立在平等互利与和平共处的原则上的友好合作关系，今后必将更加巩固和日益发展。

——毛泽东：《在欢迎印度尼西亚总统苏加诺宴会上的讲话》《人民日报》，1956 年 10 月 3 日。

苏
加
诺

【作者述评】

苏加诺是印度尼西亚杰出的反殖民主义战士和民族主义者，印度尼西亚共和国的奠基人，独立后出任首届总统。他的贡献主要有两个方面：

首先，领导印度尼西亚人民赢得了民族独立。

印度尼西亚是个千岛之国，350 多年前沦为荷兰的殖民地，第二次世界大战期间又被日军占领，第二次世界大战后，荷兰殖民主义者又卷土重来，并受到英国、美国的支持。苏加诺从青年时代起就立志谋求民族独立，长大后，创建资产阶级政党，团结人民大众，与殖民主义者进行了不屈不挠的斗争，曾经数次入狱，而斗志不为所挫，经过几十年的长期斗争，最终使被荷兰殖民主义者统治了 350 年之久的印度尼西亚人民获得独立。为此，人民称他为"独立之父"。

其次，举办万隆会议，坚持反帝反殖立场。

苏加诺执政期间，实行独立自主的和平外交政策，坚持反帝反殖立场，支持亚洲、非洲和拉丁美洲的民族独立斗争。苏加诺举办了 1955 年 4 月 18 日至 24 日在印度尼西亚万隆召开的亚非会议即万隆会议。参加会议的有缅甸、锡兰（今斯里兰卡）、印度、印度尼西亚和巴基斯坦 5 个发起国，以及阿富汗、柬埔寨、中华人民共和国、埃及等 29 个亚非国家。会议广泛地讨论了民族主权、反殖民主义斗争、世界和平，以及会员国之间的经济、文化合作等问题，发表了《亚非会议最后公报》，提出了著名的关于促进世界和平与合作的十项原则。后来，苏加诺又倡议并于 1963 年 11 月 10 日至 22 日在印度尼西亚首都雅加达举办了由亚洲、非洲、拉丁美洲和欧洲 40 多个国家和地区参加的新兴力量运动会。他在万隆会议上的著名演说《让新亚洲和新非洲诞生吧！》，震动了世界，特别是他在美国国会讲坛上发表的严厉谴责现代殖民主义罪行的演说，大长了亚非人民的志气，受到全世界爱好和平与正义人民的普遍赞扬。

苏加诺十分珍视中国和印尼两国的友谊，关注中国的建设和发展。早在中华人民共和国诞生之初，印度尼西亚政府就力排众议，与中国建立了外交关系。他曾在印尼的土地上热情地接待了刘少奇主席、宋庆龄副主席、周恩来总理、贺龙副总理、陈毅副总理等中国客人；他曾先后派出多批代表团来华参观访问，以加深对中国的了解。应毛泽东主席的邀请，1956 年 9 月 30 日至 10 月 15 日，他访问了中华人民共和国。毛泽东主席亲自到机场迎送、接见会谈，设国宴招待。在欢迎宴会上的讲话中，毛泽东热情赞扬苏加诺在赢得民族独立、维护民族团结、逐步肃清殖民主义的残余势力和保卫世界和平"这些斗争中所起的卓越作用"。在会见时，毛泽东盛赞苏加诺在美国的演说，说"在那样的国家，讲那样的话，非常好"，"实际上，你是代表了亚洲、非洲和拉丁美洲"。苏加诺也十分自信地说："我自己也认为是代表亚洲说话的。"宾主欢洽，其乐融融。临别时苏加诺热情邀请毛泽东主席在方便的时候访问印度尼西亚，毛泽东高兴地接受了邀请，但后来并未能成行，倒是苏加诺分别于 1961 年、1964 年又两次来华访问，毛泽东主席都亲切地会见了他。

苏加诺的内外政策引起了帝国主义和国内反对派的极端仇视和反对。1965 年，在美国中央情报局的策划下，以苏哈托为首的右派军人集团组织"将领委员会"，发动武装政变，推翻了苏加诺政府，并把苏加诺总统软禁起来，直至 1970 年 7 月 2 日病逝。但印度尼西亚人民不会忘记苏加诺的功绩，时隔 30 多年之后，他的女儿又成了印度尼西亚的总统，难道不是很能说明这一点吗？

胡志明

胡志明（1890—1969），原名阮爱国。越南民主共和国前主席兼政府总理、越南共产党中央委员会主席。

1890 年 5 月 19 日，胡志明诞生于越南义安省（今义静省）南坛县南莲乡金莲村。幼时取名阮必成，从事革命活动后改名阮爱国，并有许多化名，最后取名胡志明。

胡志明生长在贫寒的农村儒生家庭。父亲阮生辉（又名阮生色），曾考中副榜，做过几年县官，因具有爱国思想，不满法国的殖民统治和封建权贵的腐败，弃官出走，靠行医和教书为生，直到 67 岁在西贡病逝。母亲黄氏銮是个农村妇女，不到 40 岁便去世了。胡志明的姐姐阮氏清和哥哥阮生谦都曾参加抗法爱国运动，遭到监禁和流放。

胡志明从小学习汉文诗书，后又学拉丁化越南国语，1905 年进入顺化国立学校读书，1910 年到爱国人士创办的藩切育成学校任教。

1911 年 10 月，胡志明在西贡市（今胡志明市）培训海员和海运工人的"百艺学校"学习三个月。同年底，他化名阿三，在法国"拉都舍·特莱维勒都督号"商船当厨师助手，远涉重洋，去海外寻求救国的道路。胡志明到过法、英、德、美、意和非洲、美洲一些国家，做过园丁、侍役、扫雪工和烧炉工等。在海外的经历中，他目睹资本主义世界的黑暗与社会的不平，看到了被压迫民族的悲惨命运，从而加深了对帝国主义和殖民主义罪恶的认识，深感各国无产者和被压迫民族联合斗争的必要性。

第一次世界大战后期，胡志明结束海员生活，来到法国巴黎，他给自己取了一个新名字：阮爱国。不久，他加入法国社会党。与此同时，他积极联络居住在巴黎和法国各地的越南侨民，组织了"越南爱国者联谊会"。

大战结束后，1919 年 1 月战胜国召开"巴黎和会"。胡志明代表"在法国的一批越南爱国者"，向和会递交了包括"八项要求"的《建议书》，要求法国和各协约国承认越南民族的自由、民主、平等和自决权。这些要求遭到列强的拒绝，但是，《建议书》在法国社会党机关报《民众报》上一经公布，立即引起国际舆论对越南独立问题的关注，在越南人民特别是旅法越侨中产生很大反响。

俄国十月革命的胜利，列宁主义的广泛传播，对胡志明的思想产生了巨大的影响。1920 年，列宁在共产国际第二次代表大会上发表了《关于民族和殖民地问题提纲初稿》，提出了殖民地附属国革命运动的纲领和路线。胡志明学习了列宁的提纲，得到深刻启示。他说："这是我们解放的道路！"在 1920 年 12 月召开的都尔大会上，属于第二国际的法国社会党分裂，成立了一个属于第三国际的法国共产党，胡志明加入了新建的法国共产党，成为法共最早的党员之一，也是越南的第一位共产党人。

在法国期间，胡志明与留法勤工俭学的中国同志周恩来、萧三等结识，建立了深厚的革命情谊。1921 年，他还同法属非洲殖民地的一些爱国者一起，创立了"殖民地各民族联合会"，担任执行委员会领导成员和联合会机关报《劳苦人报》的主编和发行人。他经常在《劳苦人报》上发表文章，还为法共《人道报》、法国总工会的《工人生活》等报刊撰稿，揭露殖民主义的种种罪行，启发殖民地被压迫民族的觉醒。胡志明的文章和《劳苦人报》，由越南或法国海员秘密送回越南，对越南人民的抗法斗争起了重要的促进作用。

1923 年，胡志明来到十月革命的故乡——苏维埃俄国。他出席了农民国际会议，当选为农民国际执行委员。第二年，他以法共和法属殖民地代表的资格参加共产国际第五次代表大会，并就民族和殖民地问题作了发言；接着又出席了红色工会国际"三大"、青年国际"四大"和妇女国际等代表会议。同时，进入东方劳动者共产主义大学学习。此后，胡志明积极投身国际共产主义运动。在莫斯科，胡志明结识了张太雷，1924 年 1 月23 日，两人一起参加了列宁的葬仪。

1924 年底，胡志明从苏联来到中国广州。他化名李瑞、王山、王达人、王先生等，一面参加中国的革命运动，一面为推进越南的革命运动和在越南建立无产阶级政党进行思想上和组织上的准备。

当时的广州是越南和东南亚各国的革命者向往和云集的地方。越南的抗法组织，如潘佩珠领导的越南光复会（后改名越南国民党），范鸿泰、胡松茂、黎鸿峰等爱国青年组织的"心心社"，都在这里开展活动。胡志明在广州期间，曾为孙中山的政治顾问鲍罗廷担任翻译，与担任鲍罗廷助手的张太雷一起工作，参加中国共产党的内部材料翻译和对外宣传工作，并在中国共产党的帮助下，组织和训练越南革命者。

1925 年 6 月，胡志明以"心心社"为基础，创立"越南青年革命同志会"。这个组织是越南共产党的前身，核心是"共产团"，机关刊物为《青年》周刊，总部设在广州文明路 13 号（今延安二路 422 号）。胡志明除选派一些越南革命青年进入黄埔军校或送往苏联学习外，在广州举办了短期的"特别政治训练班"，参加者有陈富、阮良朋、黄文欢、范文同等人。他亲自讲课，也请中国共产党的负责同志周恩来、李富春、彭湃等讲课。1925 年至 1927 年，共培训和送回国 200 多名干部，为发展国内革命运动和建党打下了组织基础。胡志明还将这一时期的讲稿辑成《革命之路》一书，阐述了越南革命的基本战略和策略，为建党奠定了思想基础。胡志明还在廖仲恺的帮助下，同朝鲜、印度尼西亚、马来亚和印度等国的爱国者一起，组织"东亚被压迫民族联合会"，为加强国际反帝反殖的统一行动而努力。

1927 年蒋介石发动"四一二"政变后，胡志明被迫离开中国去苏联。1928 年初，他曾参加在布鲁塞尔举行的世界反帝同盟大会。1928 年秋，胡志明从欧洲到了暹罗（泰国）。他化名陶九，在越侨居住区开展革命活动。

1929 年下半年，在越南有三个共产主义组织各自独立活动。根据共产国际的指示，胡志明从暹罗到了香港，代表共产国际于 1930 年 2 月 3 日召集了党的统一会议，三个组织合并，建立了越南共产党。会上通过了胡志明拟定的《简要政纲》《简要策略》和《党章》。同年 10 月，他主持召开党的第一次中央会议，通过党的第一任总书记陈富起草的《资产阶级民权革命论纲》，并将党的名称改为"印度支那共产党"。胡志明虽然没有担任党中央的领导职务，但作为共产国际东方部委员和党的创始人，他直接指导着越南的革命斗争。

1931年6月5日，胡志明在香港被捕。港英当局准备将他引渡给法国。由于反帝国主义国际同盟和红色国际救济会的营救，得到英国进步律师罗塞毕的帮助，在1933年春获释。他路经上海，通过宋庆龄与中国共产党取得联系，重又到达苏联。在莫斯科，他先后进入列宁大学和共产国际民族和殖民地问题研究院，担任越南组组长，研究越南革命问题。

中国抗日战争爆发后，1938年秋胡志明从苏联到中国。他先到延安，住在枣园。不久，胡志明化名胡光，作为中共八路军办事处成员，与叶剑英等南下，相继在桂林、衡阳、贵阳和重庆工作。在重庆，他再次会见了周恩来。胡志明不仅为中国抗战做出宝贵贡献，同时利用国共合作的条件，以八路军军人身份，在邻近越南的中国西南各省开展工作，加强与在中国活动的越南革命者的联系。1940年2月，胡志明经中国共产党同志的帮助，在昆明与冯志坚、黄文欢等越共海外部党员取得联系，同国内党组织建立了关系。他亲自指导在云南的越党海外部的工作，在越侨中开展活动，并决定把斗争由边境地区逐步转移到越南国内。5月范文同、武元甲从越南来到昆明，经胡志明提议，由印支共海外部吸收入党，并拟派二人到延安"抗大"学习，后因故未去。

1940年9月，日军侵入印度支那。法国殖民者向日本屈膝，签订《日法共同防守印度支那协定》，形势发生变化。10月，胡志明与黄文欢、范文同等到广西桂林，集合在中国的越南革命者，团结其他爱国者，成立了越南独立同盟会和中越文化工作同志会，开展宣传、组织和统战方面的工作，准备回国开展革命活动。

1941年初，胡志明从广西边境进入越南，在高平河广县北坡直接领导革命运动。同年5月10日，他在北坡主持召开党中央第八次会议。会议作出了关于广泛团结越南人民，建立民族统一战线——"越南独立同盟"，组织游击队，准备武装起义，夺取政权，建立越南民主共和国的历史性决议。

1941 年 5 月 19 日，"越南独立同盟"宣告成立，胡志明任主席。"越盟"纲领规定的越南人民当前的战斗目标是："在推翻日、法法西斯之后，将按照新民主的精神成立越南民主共和国的革命政府，并采用金星红旗作为国旗。"为了开展武装斗争，他指示组织武装自卫队，亲自编写《游击战的打法》《中国游击战争的经验》等学习资料。此后，以越北山区为根据地的游击战争便蓬勃开展起来。

为了与中国抗日力量取得联系，以推进越南的民族解放斗争，1942 年 8 月，胡志明再次来中国靖西县，住在农民徐伟三家。27 日，由青年农民杨涛领路，二人走到德保县足荣乡时，被国民党乡公所的乡警拘留。之后，他被押解走过广西 13 个县，坐过 18 个监牢。在一年多艰苦的狱中生活期间，他写下了 100 多首汉文诗歌，抒发了他对越南民族解放事业的必胜信念，以及为这一事业献身的坚强志向。胡志明把一首绝句排在卷首，题名为《卷头》：

身体在狱中，精神在狱外。

欲成大事业，精神更要大。

1943 年 9 月 10 日胡志明获得自由后，参加改组越南革命同盟会的工作，与抗日反法组织联系。1944 年 8 月，回国继续领导革命。

1945 年，在第二次世界大战行将结束时，日、法之间在印度支那的矛盾激化起来。3 月 9 日，日本发动推翻法国统治的军事政变，独占了印度支那三国。以胡志明为首的党和越盟总部领导越南人民掀起抗日救国高潮。5 月，胡志明从高平南下转移到宣光省山阳县的新潮乡。他从这里发出重要指示，将越北六省的革命根据地合并为统一的解放区，将各支抗战游击武装组成越南解放军，为夺取全国政权准备条件。

1945 年 8 月，日本投降。8 月 13 日至 15 日，印度支那共产党中央召开会议。8 月 16 日，越盟总部召开国民会议，建立越南民族解放委员会，即临时政府。胡志明当选为主席，迅即发表《总起义号召书》。越南人民响应胡志明的号召，发动武装起义，夺取政权的斗争浪潮席卷全国。8 月 9

日，河内武装起义成功。24日，阮朝末代傀儡皇帝保大退位。9月2日，胡志明在河内巴亭广场50万群众参加的大会上，宣读了亲笔起草的《独立宣言》，庄严宣告越南民主共和国的诞生。接着，胡志明发表《致华侨兄弟书》。

越南民主共和国成立后，法国为恢复殖民统治卷土重来。在十分困难的形势下，胡志明号召人民加强团结，消灭外国侵略者，提出"一面抗战，一面建国"的口号。1946年初，通过普选，召开了越南第一届国会。胡志明当选为越南民主共和国主席兼政府总理。

为了赢得时间，准备长期抗战，胡志明率代表团访法，与法国政府谈判。1946年两国先后签订了"三六初步协定"和"九一四临时协定"。法国承认越南为"一个自由的国家"，但法国在越南仍保有经济、文化特权，且越南外交自主权与南部地区主权仍未解决。但在这年年底，法国政府悍然撕毁协定，发动全面侵略战争。12月20日，胡志明发表告全国人民书，号召人民反抗侵略，拯救祖国。

在胡志明领导下，越南人民进行了抗法战争。这场正义战争得到中国人民和世界各国人民的同情和支持。1947年春，印度支那共产党和中国共产党恢复无线电联系。1949年9月，胡志明派人同中共中央直接联系，并请求援助。1950年1月15日，越南民主共和国宣布承认中华人民共和国政府。1950年1月底，胡志明秘密访问新中国，与毛泽东主席会谈，中共中央决定派当时在云南工作的陈赓到越南，并派出以罗贵波为首的政治顾问团和以韦国清为首的军事顾问团入越，协助工作。在中国的援助下，同年秋天，越南人民发动著名的"边界战役"。胡志明不辞辛劳，长途跋涉，亲临前线，与中共中央代表陈赓一起指挥作战。这一战役的胜利，粉碎了法国封锁越中边界、孤立越南的阴谋，清除了边界线上许多法军据点，巩固和扩大了抗战根据地。

在抗法战争胜利发展的形势下，1951年2月，在越北解放区召开了印度支那共产党第二次代表大会，决定将党的名称改为越南共产党，选举胡志明为中央执行委员会主席。胡志明在这次大会的《政治报告》中批驳了抗法战争是"飞蝗踢大象"的悲观论，他号召全党全民积极准备，促进抗战进入总反攻。经过九年的艰苦奋战，尤其是 1954 年的奠边府大捷，迫使法国政府在同年 7 月签订了恢复印度支那和平的《日内瓦协议》。越南的北半部获得解放。

抗法战争结束后，胡志明领导越南北方人民恢复经济，完成土地改革，开展经济和文化建设，同时以北方为基地支援南方人民的斗争。《日内瓦协议》签订后，法国撤出越南，美国却取而代之，加紧入侵南越。南方人民于 1959 年掀起了抗美救国的武装斗争。

在新的斗争阶段，胡志明身居党和国家领导人的地位，但始终保持地下革命活动和抗法战争年代那种艰苦朴素的优良作风。他身着普通的咔叽制服，穿一双橡胶凉鞋，几乎走遍北方各省，与工人、农民同甘共苦，为干部和群众树立了榜样。他身在祖国北方，时刻惦念和关怀美伪统治下的南方骨肉同胞。1963 年，他谢绝了国会授予他最高荣誉——金星勋章的建议，希望待祖国统一、同胞团聚时，由南方人民授予他这份崇高的奖赏。

胡志明代表越南党和政府多次访问社会主义国家、第三世界国家和其他友好国家，以加强越南的国际联系，支持世界上被压迫民族和人民的解放斗争。他制定并坚持与中国友好的方针，盛赞越中两国是"同志加弟兄"，"恩深、情重、谊长"；多次访问我国，为巩固和增进越中两党、两国人民之间的友谊作了不懈的努力。

正当越南、南北两方人民的抗美救国斗争取得重大胜利的时候，胡志明不幸身患重病，于 1969 年 9 月 3 日与世长辞，享年 79 岁。临终前，他确信越南"人民的抗美救国事业尽管还要经历更多的艰苦和牺牲，但一定能获得完全胜利"。

【毛泽东评说】

至于对越南反对法国的侵略，对阿尔及利亚反对法国的侵略，我们都是公开支持的。这样岂不要得罪法国政府吗？不，胡志明胜利了，本·贝拉胜利了，法国却承认了中国。所以说，世界上的事情在发生变化。现在法国人在教训美国人，叫美国接受法国的教训，不要在越南南方打仗了："我们法国人失败了，你们美国人要打，也要像我们一样失败的。"美国大概会接受法国的教训，已经打了三年打不赢，再打下去也不行，它不走是不行的。你们看吧！三年也好，再长一些时间也好，美国总是要从越南走的。美国从泰国、老挝、菲律宾、南朝鲜、日本等地也都要走的，还有从台湾也是要走的。它走的时间算不准，但一定要走的。所以凡是压迫亚洲、非洲和拉丁美洲的帝国主义、殖民主义，总有一天要走的，只要人民团结起来，加强斗争。它走，也可以文明一点走。请它走它不走，怎么办？那就学卡斯特罗的办法，学本·贝拉的办法，学胡志明的办法，也可以学中国的办法。所以，我们看历史，就会看到前途。

——毛泽东：《从历史来看亚非拉人民斗争的前途》，《毛泽东外交文选》，中央文献出版社、世界知识出版社1994年版，第536—537页。

河内越南劳动党中央委员会主席、越南民主共和国主席亲爱的胡志明同志：

在你七十五寿辰的时候，我们代表中国共产党、中华人民共和国政府和中国人民，并且以我们个人的名义向你，亲爱的主席同志，致以最热烈的祝贺。

你是越南劳动党的创始者和久经考验的领袖，是国际共产主义运动杰出的老战士，中国人民最亲密的朋友。几十年来，你高举反对帝国主义和革命的旗帜，领导越南人民为祖国的解放事业，进行了英勇顽强、坚韧不拔的斗争，取得了伟大的胜利，并在越南民主共和国的社会主义建设事业中取得了辉煌的成就。你对越南人民革命和建设事业，对国际共产主义运动和世界和平的事业，作出了卓越的贡献，受到了中国人民和全世界革命人民的尊敬。

目前，英勇的越南人民正在越南劳动党和你的英明领导下，以决战决胜的英雄气概进行着气壮山河的抗美救国正义斗争。越南人民的这场斗争，不仅是为了捍卫越南自己的独立、主权和民族尊严，而且也支援了亚洲、非洲、拉丁美洲的民族解放斗争，支援了全世界各国人民的革命斗争。中国人民坚决同你们站在这一起，全世界一切革命的人民也都站在你们一边。伟大的越南人民必胜，万恶的美国侵略者必败。

亲爱的主席同志，我们衷心祝你健康、长寿，祝越南人民在保卫北方、解放南方、统一祖国的伟大的抗美救国斗争中，不断取得新的、更加辉煌的胜利。

中国共产党中央委员会主席　　毛泽东

中华人民共和国主席　　刘少奇

中华人民共和国全国人民代表大会常务委员会委员长　　朱　德

中华人民共和国国务院总理　　周恩来

一九六五年五月十八日

　　——原载 1965 年 5 月 19 日《人民日报》。

法国军队不能打仗，在越南他们也打不过胡志明的部队。

　　——摘自毛泽东 1960 年 5 月 27 日同英国陆军元帅蒙哥马利的谈话，《毛泽东外交文选》，中央文献出版社、世界知识出版社 1994 年版，第 433 页。

　　现在缅甸总理邀请我们总理去仰光，首相阁下邀请他去你们的国家。这次周恩来总理先去缅甸，后去印度同印度总理谈判，然后再去你们的国家。他要去的第四个国家是柬埔寨，人家请了几次，我们欠了人家的债。还要去一个国家，就是胡志明的国家，一共五个。这样，去年反对中国的浪潮可以渐渐平息下来。

　　——摘自毛泽东 1960 年 3 月 18 日同尼泊尔王国首相毕·普·柯伊拉腊的谈话，《毛泽东外交文选》，中央文献出版社、世界知识出版社 1994 年版，第 392 页。

　　1966 年，我在杭州同胡志明主席谈话，那时美国对北越已经又打起来了，但还没有恢复轰炸。我说美国大概打到今年就差不多了，因为今年是美国的选举年。不管哪个总统上台都有这个问题：它是继续打下去，还是现在退出？我看打下去它的困难会增多。

　　我赞成你们又打又谈的方针。我们有那么一些同志，就是怕你们上美国人的当。我看不会。这个谈判不是同打仗一样吗？在打仗中间取得经验得出规律嘛！有时是要上些当的，正如你们所说，美国人说话不算数。约翰逊曾公开说，甚至条约有时也不算数。但是事物总是有个规则的。例如你们的谈判，难道要谈一百年吗？我们的总理说尼克松再谈两年不解决问题，他下一届再当总统就困难了。

——摘自毛泽东 1968 年 11 月 17 日同越南民主共和国总理范文同的谈话，《毛泽东外交文选》，中央文献出版社、世界知识出版社 1994 年版，第 581—583 页。

献给杰出的无产阶级革命家、中国人民的亲密战友胡志明同志。

——胡志明逝世时，毛泽东主席所献花圈的白色缎带上的挽词，《毛泽东国际交往录》，中共党史出版社 1995 年版，第 65 页。

【作者述评】

胡志明是越南劳动党（原越南共产党）和越南民主共和国的缔造者，国际共产主义运动的著名活动家。他年轻时就从事革命活动，谋求民族解放，并在早期的革命实践活动中很快由一个爱国主义者转变为共产主义者。他在积极学习苏联、中国革命经验的同时，结合本国实际，创建了越南共产党，以越南共产党为核心把其他越南革命人士组织起来，并对他们进行训练，为夺取全国政权作了充分准备。作为越南民主共和国的创始人，胡志明制定出了一系列正确、可行的革命战略和技术。在他的领导下，越南人民取得了抗法战争的胜利和武装起义的成功，为越南独立建立了不可磨灭的功勋，接着又以决战决胜的英雄气概领导了气壮山河的抗美救国正义斗争，捍卫了越南的独立、主权和民族尊严，在社会主义建设事业中也取得了辉煌的成就。在国际方面，胡志明终生致力于国际共产主义运动，支持世界上被压迫人民和民族的解放斗争，不仅使越南取得和加强了国际联系，而且推动了世界无产阶级的联合，对国际共产主义运动和世界和平的事业，作出了卓越的贡献，不愧为"杰出的无产阶级革命家和国际共产主义运动的著名活动家"。

毛泽东对胡志明评价很高，称他是"杰出的无产阶级革命家，中国人民的亲密战友"，把越南人民的抗法斗争叫作"胡志明的办法"，称越南民主共和国为"胡志明的国家"。

作为中国人民的亲密战友，胡志明一生与中国结下了不解之缘。早在

1922年，胡志明就在巴黎结识了旅法勤工俭学的中国革命青年周恩来、萧三等人。其后，胡志明几次来到中国：1924年至1927年，在广州；1930年至1933年，在香港、上海；1938年至1944年，在延安、华南、西南和中越边境地区。胡志明一面积极参加中国共产党的活动，一面为越南革命做宣传、组织和培养干部工作。越南独立以后，特别是1954年印度支那和平以后，胡志明主席又多次来到中国访问、度假、疗养、治病，广泛接触各阶层群众，给中国人民留下了许多美好的回忆，也与中国领导人毛泽东、周恩来等结下了牢不可破的友谊，正像胡志明主席所说，"越中情义深"，"同志加兄弟"。

1926年1月，中国国民党在广州召开的第二次全国代表大会上，胡志明在会上发表演讲，李富春担任翻译。

1938年底，胡志明从莫斯科经新疆、西安到达延安，住在毛泽东和中共中央领导机关所在地——枣园。不久，中共中央按照胡志明的要求和意图，安排他以中共党员和八路军工作人员的身份，南下衡阳和西南各省实地考察和工作。到达衡阳后，他和叶剑英一起过组织生活，一起开会学习，一起交流抗日战争和开展游击战争的斗争经验。

1942年8月，胡志明准备再到重庆找中共同志，在广西边境被捕入狱。一年后经周恩来委托冯玉祥帮助获释。

1949年10月1日，中华人民共和国成立。12月25日，胡志明代表越南民主共和国政府致电毛泽东主席表示祝贺。翌年1月18日，中越正式建交。胡志明为了同毛泽东交谈抗法斗争形势，请求中国给予经济和军事上的援助，秘密离开越南，徒步走了17天，到中越边境，后在中国有关部门安排下，于1月底到达北京。但当时毛泽东、周恩来已去苏联访问。刘少奇副主席接待了胡志明，并把胡志明主席来京的消息电告毛泽东。2月3日，根据胡志明希望去苏联会见斯大林、毛泽东和周恩来的愿望，经请示毛泽东，刘少奇妥善安排把胡志明送到莫斯科。在莫斯科，胡志明拜会了毛泽东，并同斯大林、毛泽东就越南革命的有关问题进行了认真的会谈。3月4日，又随毛泽东、周恩来一道返回北京。回京后，毛泽东毅然决定对越南承担国际主义义务，从人力、物力和军事上给越南人民以无偿的援助，并派联络代表和军事顾问团赴越，协助组织边界战役和负责处理中国对越军事援助的各项工作。边界战役胜利后，1951年2月，胡志明在越南共产党第二次全国代表大会上作报告时说："由于地理、历史、经济、文化等方面条件的关系，中国革命对越南革命有着巨大的影响。""这是我们越南革命者应该牢记和感谢的。"

日内瓦会议于1954年4月26日开幕，并于5月8日开始讨论印度支那问题。会议开始后，法国政府的代表杜尔在美国的支持下，顽固坚持殖民主义立场。5月10日，越南政府代表团团长范文同提出一个和平解决印度支那问题的八点建议，内容包括法国承认越南、老挝、柬埔寨的独立和主权，从这三国领土上撤退一切外国军队，等等。以周恩来总理为首的中国政府代表团及苏联代表团，坚决支持越南民主共和国的正义立场。6月12日，法国主战派政府在国会的信任投票中被推翻，以孟戴斯·弗朗斯为总理兼外长的新内阁上台。他代替杜尔出席日内瓦会议，并表示，最迟于7月20日达成和平解决印度支那问题的日内瓦协议。

6月间，周恩来总理利用日内瓦会议休会的时间，会晤法国总理孟戴斯，就恢复印度支那和平交换意见。随后，周恩来总理访问印度和缅甸，同两国领导人提出和平共处五项原则。

7月初，应周恩来总理的邀请，胡志明主席来到广西。3日至5日，胡志明主席同周恩来总理在柳州举行会谈。两国领导人就日内瓦会议中涉及的一些重大问题坦率地交换了意见，并取得了一致的看法。胡志明主席向中国同志表示，现在越南是站在十字路口，可能和，也可能战。主导方面是争取和，准备战。我们要帮助孟戴斯，使他的政府不垮台，这对越南是有利的。

柳州会议结束后的第二天，胡志明主席在河内就时事问题答越南通讯社记者问时，高度肯定评价周恩来总理最近同印度、缅甸两国总理在联合声明中提出的和平共处五项原则：互助尊重领土主权、互不侵犯、互不干涉内政、平等互利、和平共处。他认为这些原则适合解决印度支那问题。这就为印度支那问题的解决铺平了道路。

1954年7月21日，关于恢复印度支那和平的日内瓦会议闭幕，会议通过最后宣言，越南、老挝、柬埔寨三国交战双方签订了停止敌对行动的协议，越南人民赢得了胜利。

1955年6月23日清晨，胡志明从边界城市睦南关进入中国。6月25日，胡志明乘飞机抵达北京，受到毛泽东主席等中国党政领导人及上万群众的热烈欢迎。当天中午，毛泽东会见胡志明，热情赞扬越南人民正在进行的反抗法国侵略、建设国家的斗争。胡志明对毛泽东代表中国人民给予帮助表示衷心的感谢。两国领导人亲切交谈，话题涉及两党、两国关系，亚洲和世界局势及其他共同关心的问题。晚上，周恩来总理在北京饭店新楼大厅举行盛大宴会，招待胡志明主席和越南政府代表团全体成员。访华期间，中国政府决定将八亿元人民币无偿赠送给越南人民，用于协助越南修复和新建铁路、码头、公路桥梁和纺织、制革、医疗器械、电器材料、农机具、造纸等方面的建设。另外，还在技术合作及文化交流方面达成了协议。7月8日，胡志明主席离京赴蒙古、苏联访问。21日，胡志明途经中国归国时，毛泽东亲自到机场送行。

1960年8月，胡志明主席再次来到中国，在北戴河会见了毛泽东主席，并下榻在中共中央在这里的别墅中。1959年苏联单方面撕毁合同，撤走专家，逼迫中国偿还债务。1960年6月，苏共在布加勒斯特会议上搞突然袭击，大肆攻击中国共产党，从而使中苏两党、两国关系全面恶化。对此，胡志明非常焦急，他想通过调解，使中、苏两党两国尽快对话，消除隔阂，加强团结。8月10日清晨，毛泽东和胡志明在海滨散步时进行了亲切交谈。胡志明认为："中国同志采取的方法，似乎不太了解西方同志个人的性格，所以效果不怎么好。"毛泽东点了点头，赞成胡志明主席的说法："要用科学的语言，像马克思、恩格斯、列宁那样批评。不粗暴，批评要具有准确性、鲜明性、生动性。""加上同志性！"胡志明补充说。

交谈中，两位领导人还就即将于11月召开的各国共产党、工人党会议；中、苏两党会谈的时间、方法及苏联对"东风压倒西风"的误解等交换了意见。之后，两人又并肩下海游泳。上岸后，毛泽东又提出去"游一下红河"的问题。

8月19日，毛泽东在中南海勤政殿又一次会见了从苏联返回的胡志明主席，听取了胡志明同赫鲁晓夫等苏共领导人会谈情况的介绍。胡志明殷切希望中、苏两党尽快举行会谈，消除隔阂，加强团结，挽救面临危机的国际共产主义运动。毛泽东被胡志明这种精神所感动，紧紧拉着他的手，激动地说："谢谢胡志明同志为团结奔走万里。感谢你！"11月，在莫斯科召开的八十一个共产党和工人党参加的会议上，中国共产党为保持国际共产主义运动的团结，经过激烈的争论，作出必要的妥协，签署了《莫斯科宣言》。然而，苏共仍以"老子党"自居，在苏共二十二大之后，连篇累牍发表决议、声明、文章，攻击中国共产党和其他一些党，使争论愈演愈烈，最终导致了国际共产主义运动史上规模空前的大论战。胡志明的斡旋调解，并未能阻止中、苏两党关系的破裂。这是胡志明临终前仍念念不忘的一件事，他带着这一善良愿望，遗憾地离开了人世。

1954年7月，法国与越南签订关于恢复印度支那和平的《日内瓦协议》后，1964年8月5日，美国借口北部湾事件，轰炸北方。8月10日，美国国会授权约翰逊总统："采取一切必要措施，以击退对美国部队的武装袭击。"第二年3月，美国派出3500名海军陆战队到南越规港空军基地，准备扩大侵略。

面对美国侵略者的猖狂进攻，胡志明向毛泽东发出了援助的请求，并派黎笋来华具体商谈。毛泽东决定"无条件地满足越方的要求"。同时，通过刘少奇与黎笋的会谈，就有关援越事项达成了一致意见。

1965年5月，毛泽东在长沙会见了来华访问的胡志明主席。两位领导人就越南战场形势和具体战略战术等问题进行了交谈。之后，毛泽东忽然提出要秘密去越南看看美国轰炸的问题，胡志明以不安全加以婉拒。

对于中国人民的无私援助，胡志明主席和越南人民表示衷心的感谢。前越南民主共和国驻华大使黄文欢在1979年曾发表文章回顾说："根据胡主席的请求和两国政府的协议，自1965年10月起，中国的防空、工程、铁道、后勤等部队总数达30多万人，来到越南北方工作。中国同志击落了许多敌机，修筑了成千公里支前运输线，并保证道路畅通无阻。成千中国战士牺牲在越南的土地上。1970年7月，在完成任务之后，这些部队已经完全撤回中国。"在物资方面，从中越正式建交后，"中国援越物资的总价超过 200 亿美元，在各国的援助中占第一位，包括足够装备海、陆、空军和民兵游击队 200 多万人的轻重武器、弹药和其他军用品，成百个生产企业和修配厂，3 亿多米布，3 万多辆汽车，等等。""中国帮助越南修建了几百公里铁路，供应了全部铁轨、机车和车厢。""中国援助了越南 500 多万吨粮食。"中国石油刚能自给的时候，"就尽力供应越南近 200 万吨汽油。同时还援助越南 3000 多公里油管，使越南能够铺设输油管道，把中国的汽油送到越南南方。"在战争年代，越南人民的日用品，也有中国援助的。"中国还援助几亿美元现金，供越南机动使用，而当时中国正十分需要外币来建设自己的国家。"

以毛泽东为首的中国领导人，对胡志明非常尊敬。1960 年 5 月，胡志明 70 寿辰时，毛泽东等中国领导人联名致电祝贺，称赞他是"国际共产主义运动杰出的战士，中国人民最亲密的朋友"。同时，毛泽东还派周恩来总理和陈毅外长专程到河内为胡志明祝寿。在宴会上，陈毅同志即席吟诵了他为胡志明主席作的祝寿诗："世纪之初阮爱国，而今建设新越南。红河流水永不绝，祝公再寿七十年。……中越相依如唇齿，后方前线互支援。一柱南天欣老健，英雄肝胆福寿全。"（《胡志明主席七十大寿祝辞》）1965 年 5 月，胡志明主席 75 寿辰，毛泽东等中国领导人再次致电祝贺，称赞胡志明主席"是越南劳动党的创始者和久经考验的领袖，是国际共产主义运动杰出的老战士，中国人民最亲密的朋友"，并预祝越南人民的抗美救国斗争取得更大胜利。

胡志明主席晚年多病，毛泽东、周总理都非常关心，曾多次把他接到中国广东和北京，派最好的医生给他治疗。1969 年初，毛主席、周总理得知胡志明病重时，又立即决定派飞机，送专家、护士赴越南协助治疗。8月 23 日，胡志明病情加重后，中国又派去了第二个专家组，26 日又派了第三个专家组飞赴越南，投入紧张的抢救工作。9 月 1 日，胡志明病情急转直下，中国又派出第四个专家组。9 月 2 日 9 时 47 分，当第四个专家组的专机仍在赴越途中时，胡志明的心脏停止了跳动。

9 月 4 日，周恩来受毛泽东之托，亲率中国共产党代表团赴越南吊唁胡志明主席。周恩来在会见越南领导人时，悲痛地说："我来晚了，我来晚了。我早些来，也许他不会走得那么快……"

9 月 6 日，周总理代表毛主席到越南驻华使馆进行吊唁，对胡志明的不幸逝世表示无比沉痛的哀悼。毛泽东献的花圈的白色缎带上写着："献给杰出的无产阶级革命家，中国人民的亲密战友胡志明同志。"

金日成

【传略】

金日成（1912—1994），朝鲜劳动党总书记、朝鲜民主主义人民共和国首相、主席。

金日成，1912年4月15日出生于平壤市万景台（当时为平安南道大同郡古平面南里）的一个革命家庭。父亲金亨稷、母亲康盘石都是反日同盟的革命战士。1917年，金亨稷因从事反日独立运动而被日本警察逮捕，囚于平壤监狱。同年，金亨稷出狱后携全家移居中国吉林省长白县八道沟，继续从事反日独立运动。

1919年2月，金日成进入长白县立第二国民学校读书，1924年12月毕业。随后，金日成只身回到朝鲜，寄居于外祖母家中，进入彰德学校读书。1925年2月中旬，金日成获知父亲被捕的消息。当金日成返回长白八道沟时，其父金亨稷已出狱，并移居抚松。同年，金日成进入抚松第一小学继续读书。1926年6月到桦甸县进华成义塾学习。这是一所朝鲜爱国者培养朝鲜独立军干部的学校。1926年10月，金日成主持成立打倒帝国主义同盟。

1928年初，金日成进入吉林毓文中学学习。毓文中学是吉林省教育界一些知名人士创办的一所私立中学，中共党员马骏等曾在这里执教，中共党员、著名历史学家尚钺曾任金日成所在班的语文教员，金日成在这所学校开始接触马克思列宁主义。

1928年8月，金日成将打倒帝国主义同盟改组为反帝青年同盟，同时成立朝鲜共产主义青年同盟。1929年10月，金日成因从事革命活动，在吉林被反动警察逮捕，因于吉林监狱，至次年即1930年5月才获释。

1931年春，金日成赴延边地区的安图、汪清一带从事革命活动。1932

年 4 月 25 日，他创建以共产主义者为骨干，包括工人、农民和革命知识分子在内的安图抗日游击队。此后，这支队伍日益壮大，发展为人民革命军。他们与中国抗日部队统一编制，并肩作战，共同打击日本侵略者。这支部队在中国境内作战时，用中国抗日部队的番号；返回朝鲜国内作战时，则用朝鲜人民革命军名义。

1932 年 11 月，金日成率安图抗日游击队赴汪清，与汪清抗日游击队、宁安抗日游击队合并，编为汪清抗日游击队，梁成龙任大队长，金日成任大队政委。

1933 年 9 月，金日成率汪清抗日游击队的一个中队赴东宁，与珲春抗日游击队的一个中队，联合救国军吴义成部共 3000 余人，攻打东宁县城。救国军部队由柴世荣指挥，抗日游击队由金日成指挥。此役虽未能攻破县城，但是给日伪军以沉重打击，鼓舞了中朝人民的抗日斗志。

1934 年 3 月，在中共满洲省委领导下，成立东北人民革命军第二军独立师，朱镇为师长，王德泰为政委，金日成任该师第三团政委。1934 年 6 月，金日成率二军独立师第三团、第四团各一部，联合北满派遣队、救国军史忠恒部，联合攻打汪清大甸子，取得重大胜利。

1935 年 5 月 30 日，东北人民革命军第二军正式成立，王德泰任军长，魏拯民任政委，金日成任该军第三团政委。同年 6 月，东北人民革命军参谋长刘汉兴与金日成所率领的三团以及侯国忠所部四团，由汪清向东宁县老黑山守敌发动进攻，又大获全胜。

1936 年 3 月，东北人民革命军第二军改编为东北抗日联军第二军，辖三个师，兵力 2000 余人，王德泰任军长，魏拯民任政委兼军党委书记，金日成任该军第三师师长。

1936 年 5 月 5 日，金日成创建朝鲜祖国光复会，他本人任会长。这是一个以朝鲜共产主义者为领导核心的抗日民族统一战线组织，发表了《祖国光复会成立宣言》。金日成亲自制定了《十大纲领》。这个纲领提出：推翻日本帝国主义的统治，建立朝鲜人民政府；解除日本宪警的武装，建立朝鲜的革命军队；没收日本帝国主义及其走狗的财产。该纲领还提出了一些有关改革政治、经济、文化等方面的措施。这是朝鲜民族解放运动史上第一个完整的民族民主革命纲领。"祖国光复会"还创办了机关刊物《三·一周刊》，展开了强大的宣传工作。1936 年，"祖国光复会"的组织已遍及朝鲜各地。"祖国光复会"的建立和发展，大大推动了抗日武装斗争的发展，也为建立马克思列宁主义政党准备了条件。

1936 年 7 月，抗日联军第一、第二军合编为东北抗日联军第一路军，杨靖宇任总司令，王德泰为副总司令，魏拯民为政委，下辖两个军，共 6 个师，金日成任第二军第六师师长。1936 年冬至 1937 年 6 月，东北抗日联军的第一路军第二军的第四师和金日成所率的第六师，在长白山附近各县开展机动灵活的游击战争，频繁地打击敌人。1937 年 6 月 4 日，金日成率所部朝鲜人民革命军战士渡过鸭绿江回国作战，取得奇袭普天堡军事要冲的大捷。普天堡位于鸭绿江畔，是日本"国境警备"的主要据点之一。人民革命军战士袭击了警察所、事务所、山林经营所等处，肃清了敌人，控制了市街。宣传员广泛散发了《祖国光复会十大纲领》《告朝鲜人民书》等宣传品。金日成还向前来欢迎的人民群众发表了演说，号召朝鲜人民起来斗争。第二天，人民革命军撤离普天堡，击溃了前来追赶的大批日本军警，带着大批战利品，越过鸭绿江，返回根据地。普天堡战斗是 20 世纪 30 年代朝鲜人民抗日斗争中最突出的一次战役，狠狠地打击了日本帝国主义，大大鼓舞了朝鲜国内人民的斗志，增强了争取民族解放和独立的胜利信心，具有重大的政治意义和军事意义。

1938 年 7 月，东北抗日联军第一路军进行改编，取消军、师的番号，在总司令部领导下，组成一个警卫旅和三个方面军，实行分区作战，金日成任第一路军第二方面军指挥。

1941 年 3 月，东北抗日联军改为支队建制，金日成所率的东北抗日联军第一路军第二方面军改编为抗日联军第一支队，金日成任支队长，继续坚持长期艰苦卓绝的斗争，直至日本战败投降，朝鲜终于从日本帝国主义殖民统治下获得了解放。

1945 年 8 月，日本投降后，金日成回到朝鲜。同年 10 月 10 日，金日成创建朝鲜劳动党。1947 年 2 月，北朝鲜人民委员会成立，金日成任委员长。1948 年 9 月 9 日，朝鲜民主主义人民共和国成立，金日成任内阁首相。

1950 年 6 月，朝鲜战争爆发。从 1950 年 6 月至 1953 年 7 月朝鲜战争期间，金日成任朝鲜劳动党中央委员会委员长、内阁首相、军事委员会委员长、朝鲜人民军最高司令官。他提出"一切为了战争的胜利"的口号，动员全体人民和人民军官兵投入战争。在毛泽东、金日成、彭德怀的指挥下，中国人民志愿军与朝鲜人民军并肩战斗，历经三年，终于取得抗美卫国战争的胜利。1953 年 7 月 27 日，美国谈判代表终于在板门店停战协定上签字，朝鲜战争胜利结束。

战后的朝鲜面临着恢复经济的任务，金日成领导了朝鲜城乡生产关系的社会主义改造。

1957 年至 1970 年，金日成领导朝鲜建设工业化国家，开展千里马劳动竞赛运动，取得了成绩。

1972 年和 1975 年在第五、第六届朝鲜最高人民会议上，金日成当选为朝鲜民主主义人民共和国主席、中央人民委员会委员长、国防委员会委员长。从 1980 年起，金日成当选为朝鲜劳动党中央政治局常务委员、党中央总书记、党中央军事委员会委员长，1986 年 12 月，金日成再次当选为朝鲜民主主义人民共和国主席。晚年致力于南北对话、和平统一，并取得一些进展。

在长期领导朝鲜人民的斗争过程中，金日成提出了朝鲜革命的指导思想——主体社会主义思想。他还被授予"朝鲜民主主义人民共和国元帅"称号。

1994 年 7 月 8 日凌晨 2 时，朝鲜劳动党中央委员会总书记、朝鲜民主主义人民共和国主席金日成因心脏病突发，在平壤逝世，享年 82 岁。朝鲜发表的《告全体党员和人民书》说，金日成主席为人民的自主事业贡献了一生，为祖国的繁荣和人民的幸福、为祖国的统一贡献了毕生精力。

【毛泽东评说】

我中国人民志愿军进入朝鲜境内，必须对朝鲜人民、朝鲜人民军、朝鲜民主政府、朝鲜劳动党（即共产党）、其他民主党派及朝鲜人民的领袖金日成同志表示友爱和尊重，严格地遵守军事纪律和政治纪律，这是保证完成军事任务的一个极重要的政治基础。

——毛泽东：《组成中国人民志愿军的命令》，载《毛泽东外交
文选》，中央文献出版社、世界知识出版社1994年版，第143页。

几十年来，你把自己的全部智慧和精力，献给了朝鲜的独立、统一和社会主义事业，并且取得了辉煌的成就。你把马克思列宁主义的普遍真理，创造性地运用于朝鲜的实际。你领导着英雄的朝鲜人民，屹立在社会主义阵营的东方前哨；高举反对帝国主义的旗帜，坚定地捍卫着远东和世界的和平；遵循无产阶级国际主义原则，为维护和加强社会主义阵营和国际共产主义运动的团结作出了重大的努力。

作为中国人民的真挚朋友和亲密战友，你一贯为加强中、朝两国人民之间的兄弟友谊而不遗余力。在中国人民困难的30年代里，你亲自率领朝鲜人民的优秀儿女，用鲜血支援了中国人民的革命斗争。在朝鲜卫国战争的艰苦岁月中，你以无产阶级国际主义的崇高精神，给予中国人民志愿军以无微不至的关怀。在我们两国人民热情奋发地建设社会主义的时期中，你又不断地为增进中、朝两国的友好团结和互助合作关系作出宝贵的贡献。中、朝两国人民的友谊是用鲜血凝结起来的，中、朝两党两国的团结像钢一样的坚固。中朝友谊与日俱增的发展，同你的巨大努力是分不开的。中国人民以有您这样真诚的朋友而自豪，并且向你表示崇高的敬意。

——摘自《毛泽东等祝贺金日成50寿辰的电报》，《人民日报》
1962年4月15日。

【作者述评】

金日成出生于革命家庭，自幼饱受日本帝国主义的压迫。他创建了朝鲜人民革命军和朝鲜抗日民主统一战线——祖国光复会。作为朝鲜劳动党、朝鲜人民军和朝鲜民主主义人民共和国的缔造者，朝鲜人民的伟大领袖，他领导朝鲜人民进行了长期艰苦卓绝的斗争，赢得了朝鲜的独立和解放。朝鲜解放后，他又领导朝鲜人民继续完成民主革命的任务，进行了社会主义革命和社会主义建设及社会主义改革。在长期领导朝鲜人民革命的斗争过程中，他把马克思主义的普遍真理，创造性地运用于朝鲜的实际，提出了朝鲜革命的指导思想——主体社会主义的思想。他为人民的解放事业贡献了一生，为朝鲜的繁荣和人民的幸福、为朝鲜的统一贡献了毕生的精力。

毛泽东给予金日成很高的评价。他热情赞扬金日成为朝鲜的独立、统一和社会主义事业作出的巨大贡献，特别是他为反对帝国主义、捍卫远东和世界和平以及遵循无产阶级国际主义原则，为维护加强社会主义阵营和国际共产主义运动的团结作出的重大努力。同时，毛泽东对金日成培育中、朝两国人民的友谊所作的努力也给予了极高的赞誉。

金日成是中国人民的老朋友。在抗日战争期间，他就是共产党领导的东北抗日联军的一员。朝鲜光复后，他多次访问中国，与毛泽东、周恩来、彭德怀等中国领导人结下了深厚的友谊。抗美援朝就是这种友谊的最好体现。

朝鲜的抗美卫国战争于 1950 年 6 月 25 日爆发。6 月 27 日，美国总统杜鲁门发表声明，宣布美国海军、空军参与朝鲜战争；与此同时，命令其第七舰队开入台湾海峡，公然干涉中国内政。面对美国的侵略行径，毛泽东于 6 月 28 日发表谈话，周恩来发表署名文章，严厉谴责美国侵略朝鲜和台湾的罪行，表明了中国人民对朝鲜战争的严正立场。同时命令已在东北集结的第十三兵团做好一切准备，以防不测。9 月 15 日，美军在仁川登陆后，疯狂向北进犯，战火很快烧到鸭绿江边。10 月 1 日，毛泽东接到金日成的求援电报："我们不得不请求给予我们特别的援助，及在敌人进攻三八线以北地区的情况下，急盼中国人民解放军直接出动援助我军作战。"10 月 4 日至 7 日，毛泽东召开中共中央政治局扩大会议，讨论是否派兵入朝作战问题。经过会议认真讨论和研究，毛泽东最后决定：以中国人民志愿军名义入朝作战。8 日，毛泽东任命彭德怀为中国人民志愿军司令员兼政治委员，并把自己的长子毛岸英交给彭德怀，作为普通战士，入朝参战。

1950 年 10 月 18 日，彭德怀率领中国人民志愿军，分三路跨过鸭绿江，秘密开赴朝鲜前线。当彭德怀来到大榆洞附近的一个矮小潮湿的矿洞时，金日成出来迎接。"金日成同志，你好！毛主席让我代他向你问好。"彭德怀热情地转达毛泽东的问候。

"你就是彭德怀呀！我可是久仰你的大名了。"金日成充满激情地说，

"感谢中国共产党和中国人民的支援。请转达我对毛泽东主席的问候，感谢他派来你这位大将军来援助我们。"紧接着，金日成与彭德怀开始分析战场形势，认真研究作战方案。在毛泽东、金日成、彭德怀的指挥下，中国人民志愿军与朝鲜人民军协同作战，在一个多月时间内，就夺取了两个战役的胜利。

1950年12月3日，金日成来到北京，毛泽东在中南海丰泽园会见了他，双方领导人研究了中、朝军队统一指挥问题，决定成立中朝联合军政司令部。接着，就下一步作战方针、战略部署、发展前景等进行了认真的切磋。会谈中，金日成赞扬中国人民志愿军战士不怕牺牲、英勇作战的精神，毛泽东则感谢英雄的朝鲜人民对志愿军的关怀、帮助和支持。在这场战争中，中国人民付出了惨重的代价，牺牲了几十万英雄儿女，其中包括毛泽东的长子毛岸英。

1953年，历时三年的朝鲜战争，在中、朝人民的并肩战斗努力下，美国谈判代表被迫于1953年7月27日在板门店停战协定上签字。此后的朝鲜面临着恢复经济的任务，金日成领导了朝鲜的社会主义改造和社会主义建设事业。

11月12日，金日成应中华人民共和国政府和毛泽东主席的邀请，来华进行正式友好访问。金日成首相率领的朝鲜民主主义人民共和国政府代表团于11月11日上午乘专列由中国边境城市安东（今丹东）入境，后经沈阳抵达天津。毛泽东主席、周恩来总理特派外交部办公厅主任王炳南前往迎接，沿途各省市的党政军领导人曾分别率众前往车站迎送。

1953年11月13日，毛泽东依照周总理和外交部商定的礼宾安排，在中南海丰泽园菊香书屋会见了以金日成首相为首的朝鲜政府代表团。两位领导人除谈了中朝友谊外，主要谈了朝鲜战后进行恢复经济建设的问题。

毛泽东和金日成就朝鲜停战后的局势，朝鲜战后的重建和经济恢复工作，两国经济、文化关系的发展等问题进行了友好协商和交谈，这一具有重要意义的谈话，为《中朝谈判公报》和《中朝经济及文化合作协定》的签署奠定了基础。

11月14日至22日，朝鲜内阁首相金日成率领的政府代表团与以周恩来为首的中国政府代表团在相互谅解、诚挚融洽的气氛中进行了为期4天的工作协商，双方就两国政治、经济、文化关系中的有关问题达成了协议。11月23日，发表了《中朝谈判公报》，《中朝经济及文化合作协定》在北京正式签订。谈判公报突出强调加强中朝友谊对于远东和世界和平的伟大意义，体现了以毛泽东为首的中国政府和中国人民对朝鲜战后重建工作给予的支持与关注。中国政府决定将从1950年6月25日美军发动侵略战争开始，到1953年底这一时期内援助朝鲜的一切物资和费用无偿地赠送给朝鲜政府，1954年到1957年，中国政府再拨8万亿元人民币（旧币，折合新人民币8亿元），无偿地赠送给朝鲜，并协助朝鲜修复被战争破坏的铁路交通，为朝鲜培训技术人员。

1958年11月，金日成再次应邀来中国访问，22日抵达北京，受到中国政府的热情款待。为了庆贺《中朝经济及文化合作协定》签订五周年，毛泽东与金日成互相祝贺，北京市民一万人隆重集会，与金日成及朝鲜代表团一道共同庆祝中朝经济文化合作取得的丰硕成果。

1958年11月25日，金日成一行飞抵武汉，受到了20万名武汉市民的热烈欢迎。当天，毛泽东主席就会见了金日成一行。第二天下午，毛泽东第二次会见了金日成。会见中毛泽东向金日成表示，中国对朝鲜有三个尊重："尊重朝鲜民族、尊重朝鲜党、尊重朝鲜领导人。"还说："马克思主义告诉我们，看问题要看本质，看路线，就是在国内是不是搞社会主义，在国际上是不是反对帝国主义，在社会主义阵营中是不是搞国际主义。这三点就构成一条路线。"金日成表示非常赞同毛泽东关于一穷二白两重性的观点，并说："我们也是一穷二白，这是我们革命的动力。"晚上，毛泽东举行盛大宴会招待朝鲜贵宾。12月6日，毛泽东同出访越南归来的金日成进行了第三次会谈。

1961年7月10日，金日成结束对苏联的友好访问，乘专机飞赴中国北京，完成一次在中朝关系史上具有历史意义的使命——签订《中朝友好合作互助条约》。条约的签订对于巩固和发展中、朝两国友好关系，对维护亚洲和世界的和平都具有重要意义。7月13日，毛泽东主席在西子湖畔会见了到杭州访问的金日成首相一行，周恩来总理、陈毅外长等参加了会见。金日成在回国途中特致电毛泽东主席说，他这次访华使"以友好和同盟的坚实的纽带连接起来的朝中友谊是永恒的、牢不可破的"。

1975年4月18日，金日成主席再次应邀来到中国。毛泽东将金日成此次访华当作中、朝两国友好关系史上的一件具有历史意义的大事，再次以极其隆重的方式欢迎金日成，82岁高龄的毛泽东当天便在中南海会见了金日成。

1976年9月9日毛泽东主席逝世后，金日成为失去一位战友而无比悲痛，朝鲜和中国一样，沉浸在巨大的悲痛之中，朝鲜劳动党和朝鲜政府迅速作出了《关于毛主席逝世的联合决定》。金日成在致中共中央的唁电中说："毛泽东同志把我国人民的革命斗争看作是中国人民自己的斗争，越是困难的时候越是诚心诚意地支援我们，同我们同生死共患难，是朝鲜人民最亲密的战友。……毛泽东同志为加强两党、两国人民之间的伟大友谊和战斗团结做出了杰出的贡献，他的不可磨灭的业绩将永远铭刻在朝鲜人民的心里。"

中、朝两国人民用鲜血凝成的战斗友谊是毛泽东和金日成共同培育的，它必将永远鼓舞着两国人民胜利前进。

吴 努

吴努（1907—1995），曾任缅甸总理。

1907 年 5 月 25 日，吴努出生于缅甸南部伊洛瓦底江三角洲渺名县瓦溪码市，父母希望他做个有学问的文雅人，故给他取名"吴努"。"努"，缅文意为"温文尔雅"。父亲吴山吞，母亲杜梭钦，以卖和尚日用品为生。也许是这个缘故，小吴努不知不觉中喜欢上了佛教，并成为一个虔诚的佛教徒。尽管家境不是很富裕，父母还是想法把他送进了瓦溪码市英文中学学习。在校学习期间，吴努立志从事文学写作，毕业后，考入仰光大学文学系。吴努 1929 年毕业，获文学学士学位，年仅 22 岁。后获印度巴耶纳列斯大学名誉文学博士。

走出校门后的前几年，吴努先后在板庭梧镇公立中学和坦宋割中学任校长。1934 年，吴努重返仰光大学攻读法律，他一面刻苦学习，一面积极参加各种社会活动，曾当选为该校学生联合会主席。在学校，吴努结识了比自己高两届、后来成为缅甸民族英雄的昂山，两人一见如故，从此结下了不解之缘。

在昂山的影响下，吴努加入昂山等人在 1935 年建立的德钦党（也叫"我缅人党"）。德钦党是一个以爱国青年知识分子为骨干的革命政党。德钦党号召：全体缅甸人要发扬爱国精神，使用自己本民族的文字，尊重自己的语言，反对英国统治，争取缅甸独立。为了表示自己是缅甸的真正主人，该组织的成员都在本人名字前冠以"德钦"（意为"主人"）二字。从此，吴努也叫"德钦努"。

1936 年 2 月，吴努和昂山领导学生进行反英活动，被学校开除学籍。这件事遭到仰光大学学生的坚决反对。1936 年 2 月 22 日，昂山、吴努等人领导仰光大学学生举行了声势浩大的罢课斗争。罢课斗争前后坚持三个月，最终赢得了胜利。学校当局被迫同意恢复了昂山、吴努的学籍。这是缅甸历史上第一次大学生反对奴化教育的大罢课运动。

俄国十月革命胜利后，马克思列宁主义传入东方各国，并从 20 世纪 30 年代开始在缅甸德钦党人中间广为流传。1937 年，在吴努与德钦丹东等人倡议下，该党在仰光创办红龙书社，组织成员研究马克思列宁主义；翻译出版许多进步书籍，介绍马列主义，宣传苏联社会主义革命和建设的成就。吴努作为书社主要领导人之一，经常为该社出版的《红龙新闻》《新缅甸》等报刊撰写文稿，揭露资本主义和封建主义制度的罪恶，号召缅甸的工人、农民和少数民族奋起反抗。"红龙书社"的建立及其活动，对启迪缅甸人民的反帝思想和社会主义思想起了重要作用。不久，吴努担任了德钦党中央执行委员兼司库。1938 年，在昂山、吴努等德钦党人的领导下，缅甸石油工人举行的规模空前的罢工斗争，得到了全国各阶层人民的支持和响应，迅速发展成全国范围的反英运动。这就是缅甸历史上著名的"一三〇〇运动"（因发生在缅历 1300 年而得名）。在这次运动中，吴努曾一度被捕。

在"一三〇〇运动"中，马克思主义在缅甸得到了进一步传播。1939年 8 月 15 日，缅甸共产党正式成立。昂山参加了建党的筹备工作，并在成立大会上被选为第一任总书记，吴努参加了领导工作。

1939 年 9 月，德国法西斯在欧洲发动侵略战争后，英国面临德国和意大利的威胁，无暇东顾。吴努和昂山等人认为，这正是缅甸争取民族独立的大好时机。同年 10 月，德钦党联合其他党派团体成立了缅甸出路派组织（又称"自由联盟"），由巴莫任主席，昂山任秘书长，吴努等人参加领导工作。出路派组织提出的口号是：英国人困难之时，正是缅甸争取独立之机。为了实现这个口号，吴努和其他领导人一起，一方面分赴各地进行宣传鼓动，号召群众起来进行反英示威斗争，另一方面组织青年进行军事训练，准备通过武装斗争赶走英国殖民统治者。

1939 年 11 月，吴努和昂山筹建武装组织，但缺乏武器弹药。在出路派组织内商讨如何从国外取得武器援助时，发生了意见分歧。以巴莫为首的一些有亲日倾向的人主张向日本谋求援助；而吴努和德钦党其他的领导人则主张从中国或泰国取得援助。最后，吴努和其他德钦党领导人决定到中国。同年12月，吴努参加访华团赴国民政府陪都重庆，对中国印象较好，后撰写《中国》一书。

1940年春，缅甸出路派组织发表宣言，较全面地提出反帝反封建的主张，号召争取缅甸独立，实行无产阶级和农民的民主专政。吴努因主张"如果战后英国不答应缅甸独立，将不协助英国作战"，被英国人以煽动叛乱罪逮捕，直到1942年日本入侵仰光后获释。

吴努以为是日本人帮助缅甸赶走了英国，故对日本侵略者较有好感，1943年至1945年先后出任日本控制下以巴莫为首的傀儡政府的外交部部长、宣传部部长。"缅甸政府"名义上独立，实际上，所谓"独立"只是徒有虚名而已。

日军在占领缅甸期间进行了疯狂掠夺，把缅甸的大批物资和机器设备运回日本，强迫缅甸老百姓服劳役，为其侵略战争服务。日军到处烧杀、抢劫，无恶不作，激起了缅甸人民的反抗。1943年，在缅甸共产党领导下，全国各地的抗日人民武装纷纷建立起抗日游击根据地，打击敌人。吴努和昂山等人终于认清了日本侵略者的本来面目：日本也是缅甸独立的最大敌人，企图依靠日本帝国主义者取得民族独立，只是一种不切实际的幻想。

1944年9月，各派抗日力量领导人以吴努"部长住宅"为掩护，举行会议，成立反法西斯同盟（1945年3月，改称反法西斯人民自由同盟），昂山当选为自由同盟主席，吴努任副主席。会议通过了《驱逐日本法西斯强盗声明》，宣布在驱逐日本侵略者后，建立一个独立的缅甸。

1945年3月27日，吴努和昂山、德钦丹东等领导自由同盟举行全缅抗日武装起义，配合盟军的反攻，歼灭大批日本侵略军。5月2日，起义军收复首都仰光，取得了抗日战争的最后胜利。这时，在战争中逃往印度的以多曼·史密斯为首的英国殖民政府趁机迁回缅甸，成立了以亲英分子波吞为首的行政委员会，把自由同盟排除在外。自由同盟和缅甸共产党领导缅甸全国工人、农民、政府公务员以及警察等举行了要求缅甸完全独立的大规模示威斗争。慑于缅甸人民的强大压力，英国政府撤销了多曼·史密斯的职务，组成了以休斯特·兰斯为主席的行政委员会，任命昂山将军为副主席兼国防、外交部部长。英国政府还被迫同意与自由同盟就缅甸独立问题进行谈判。

1947 年 1 月，昂山率领代表团前往伦敦，同英国首相艾德礼进行会谈。1 月 21 日双方签订了关于缅甸独立问题的《昂山—艾德礼协定》。根据这一协定，缅甸全国在 1947 年 4 月进行了普选，成立了以昂山为首的临时政府，昂山任总理。

在这些斗争中，吴努坚决地站在昂山一边，是领导者之一。1947 年，吴努任缅甸制宪议会（国民议会）议长。同年 7 月 19 日，缅甸临时政府总理昂山和其他六位部长不幸遇刺身亡。吴努领导缅甸人民严惩了受英国指使的杀人主犯吴素等人，并领导人民继续坚持斗争，英国政府被迫作出决定性的让步。

1948 年 1 月 4 日，缅甸宣告独立，组成以吴努为首的自由同盟政府，吴努出任缅甸独立后的第一任总理。吴努为缅甸的独立事业作出了杰出的贡献，成为缅甸著名的政治家。

吴努上任后，确定自己的主要任务是：团结各族人民，安定缅甸，发展经济，彻底改变缅甸落后面貌，建设一个强大的缅甸。1948 年 5 月 25 日，吴努提出了一项称作"左翼团结方案"的施政纲领，包括 15 条，主要内容有：缅甸必须与苏联及东欧新民主主义国家取得政治上和经济上的联系；把一切垄断性的大资本家企业收归国有；拒绝接受任何损害国家政治、经济及军事利益的外国援助；没收大地主的土地，分配给自耕农；制订国家工业化计划；建立国家银行，收回本国货币发行权等。1952 年 9 月，吴努又召开国家繁荣会议，通过"八年经济发展计划"。1953 年 1 月，他又废除《英缅防御协定》，要求英国军事顾问团撤离缅甸。

但以吴努为首的自由同盟政府害怕民族独立运动的继续深入和工人、农民的斗争。1948 年 3 月 28 日，以缅共要进行武装叛乱、危害国家安全为由，吴努宣布它为"非法"组织，下令逮捕德钦丹东等缅共领导人和许多共产党员，对民主组织和争取土地的农民发动了内战。德钦丹东领导广大党员转入地下进行反政府武装斗争，并在缅甸西部、中部和伊洛瓦底江三角洲建立了缅共领导下的游击根据地。1948年底，克伦族的一支反对力量也掀起武装反政府活动，缅甸出现旷日持久的内战局面。

另外，自由同盟执政后，内部派系斗争日益尖锐，出现分裂。以吴努为首的自由同盟中原社会党主要领导成员组成的"廉洁派"，虽然在1951年和1956年举行的两次大选中均获胜，吴努皆出任总理，但他一直无法解决国内反政府武装问题，他允诺的保障人民民主权利和少数民族权利、提高人民生活水平的政策均无法实现。在这种形势下，自由同盟中的"巩固派"就利用人民的不满情绪，煽动工人罢工，学生罢课，迫使吴努让权。国防军总司令吴奈温趁机以"维护国内秩序"为名，发动军事政变，以"看守政府"名义暂时接管缅甸政权，出任看守政府总理。1958年9月26日，吴努向全国发表广播演说，宣布将政权移交给吴奈温为首的军人看守政府。

1960年2月，在看守政府支持下，缅甸举行第三次大选，吴努领导的"廉洁派"再次获胜，"廉洁派"改名为"联邦党"。4月组成新内阁，吴努再度出任总理。吴努重新掌权后，政治上，他强调加强民主制度建设，并增设新的少数民族邦"孟邦"和"若开邦"，以求得少数民族的支持。同时，宣布佛教为缅甸的国教，试图使缅甸各种政治势力在这种意识形态下趋向凝聚和达成统一。经济上，吴努政府对外资企业国有化政策作了明显的修改，先后颁布《投资政策声明》和《1959年联邦投资法案》，明确规定私人企业享有在10—20年内不收归国有等一系列投资优惠政策。

尽管如此，缅甸国内各种矛盾仍然十分尖锐，局势仍然无法稳定。联邦党内为争夺党主席职务再次分裂，内阁工作受到影响，施政纲领无法兑现。掸邦等少数民族又提出要脱离缅甸联邦的要求。1962年3月2日，吴奈温再次发动军事政变，逮捕了吴努，成立缅甸联邦革命委员会，吴奈温出任该委员会和政府主席，兼管国防部、财政和税收部以及司法部。吴努自此永远地告别了总理宝座，结束了政治上的黄金时代。

吴努执政时期，缅甸十分积极地参与了国际事务，他把这一时期缅甸的外交政策称为"积极中立"的外交政策。

吴努是第三世界不结盟运动的创始人之一。吴努曾解释缅甸奉行的和平中立外交政策是"避免成为任何集团的成员而严守中立的政策"。1954年9月，吴努曾明确表示："东南亚条约组织本身就是为了制造战争，因此，缅甸政府表示不欢迎。"

吴努还是亚非会议的积极倡议者之一，也是和平共处五项原则的创始人之一。1954年6月，他同周恩来总理发表了联合公报，倡导举世闻名的和平共处五项原则，即相互尊重领土完整和主权、互不侵犯、互不干涉内政、平等互利、和平共处。声明强调，"如果这些原则能为一切国家所遵守，则社会制度不同的国家的和平共处就有了保证。而侵略和干涉内政的威胁和对侵略和干涉的恐惧，将为安全感和信任感所代替"。1954年12月，吴努总理同印度、印度尼西亚、巴基斯坦和锡兰等国总理在茂物举行会议，就召开亚非会议达成协议。1955年，吴努率缅甸代表团出席了万隆亚非会议，主张以和平共处五项原则和联合国宪章精神处理国与国之间的关系，反对殖民主义，积极支持民族独立运动。

1962年吴努被捕，1966年10月才获释。1969年8月，他在英国成立议会民族党，自任主席，后组织武装力量，在泰缅边境一带与少数民族结盟，进行反对吴奈温政府的武装活动。失败后，他心灰意冷，决心从此退出世俗纷争。1973年，吴努流亡印度，潜心研究佛学。1980年7月，缅甸政府颁布大赦令，吴努返回缅甸，同年9月任佛经翻译出版委员会主席，从事佛经翻译出版工作。1981年1月，他被政府授予一级"国家功臣"荣誉称号。

1988年8月，吴努组建了缅甸独立26年来的第一个反对党——和平民主联盟，任名誉主席，反对军人政权。9月，吴努宣布成立临时政府，自任总理，称"我夺回了奈温将军从我手中抢走的权力"，不料，12月他又被军政府软禁。1991年2月，他组建的和平民主联盟亦遭取缔。1992年4月，他被解除软禁。此后，吴努在仰光家中度过他最后的日子。1995年2月，吴努去世，享年88岁。在从事政治活动之余，吴努喜爱写作和翻译，主要作品有《中国》《缅甸的五年——1941年至1945年》《在日本占领下的缅甸》《人民胜利之声》《初生牛犊》《什么叫马克思主义》等，他曾把马克思的《资本论》翻译成缅文。

【毛泽东评说】

毛泽东主席（以下简称毛）：我们高兴地看到吴努总理、吴努夫人和其他几位朋友。中国人民也很高兴看到你们。因为我们两国是关系密切的邻邦，多年的友好国家。

在历史上，中国同缅甸打过仗吗？恐怕次数很少吧？

吴努总理（以下简称努）：打过两次，一次是在元朝忽必烈汗的时期；另一次是在清朝。但是我们同汉族从来没有打过仗。

毛：这两次战争，都是中国人不对，中国侵略了你们。

在历史上，朝鲜和越南受中国的气最多，缅甸比较少。以后我们两国应该和平共处。

努：中国对缅甸的态度一直是正确的。如果中国政府利用了国民党军队在缅甸这一事实，那可能使缅甸政府遇到很多麻烦。但是中国政府不但不加利用，而且对缅甸政府的困难表示同情。对于中国政府这样一个正确和友好的态度，我代表缅甸政府和人民向主席致谢。

毛：你们的困难，我们是谅解的。我们知道，国民党军队在缅甸继续存在，是因为你们有困难，而不是你们故意允许他们留在缅甸。我们决不借口国民党军队在缅甸，而破坏我们两国间的和平关系。

努：谢谢。

……

毛：在缅甸的国民党军队，人数不多，我们并不怕。他们所能做到的扰乱也有限。

努：他们人数虽少，但是如果中华人民共和国政府采取的不是一个同情我们的态度，那末很可能发展成为第二个朝鲜或印度支那。这是我们过去所担心的。可是中国政府采取的是同情我们的态度，因此毫无纠纷。

毛：我们曾经对边境上的人下过严格的命令，叫他们只采取防御措施，不得越过边境一步。……

毛：我们两国总理发表的联合声明，已经确定了我们相互间关系的五项原则。这五项原则中的一条叫做互不干涉内政，另一条叫做平等互利。什么叫互不干涉内政呢？那就是说，一国的国内纠纷，由这个国家自己管，别国不得过问，也不得利用这种国内纠纷。一个国家只能承认别国的人民自己选择的政府。因此，缅甸承认我们的政府，我们承认吴努总理的政府。一国也只能有一个政府。至于一个国家将来是否会有另外一个政府，那是这个国家的事，我们不管；中国将来是否会有另外一个政府，那是中国的事，别国也不能管。这就是我们的方针。

我们两国的国界很长，有些疆界还没有定。我们两国边境上的少数民族也有许多是相同的。这些人互相往来是非常可能的；不满意政府的人相互跑，也是非常可能的。但是我们决不利用跑来的人去损害缅甸政府的利益。这就是互不干涉内政，同时也是互利，因为互利就不能互相损害。我们既然讲合作，就不能互相损害，否则就合作不好。既然现在有怀疑，那末就要找证明，看看究竟是互利还是互相损害。在我们的合作中可以找到证明。

你们心里想的，我们知道。你们怕我们的云南省对你们不利。

努：是的，怕得很。正因为如此，我曾建议周总理同我一起到云南走一趟。

毛：我们的想法同你们的想法是有些距离的。你们很害怕，因为不了解情况。我们对情况很清楚。我们嘱咐那里的人对缅甸友好，不要闹麻烦。我们已经做了准备，让吴努总理从云南回国。不过不能飞行，要坐汽车，大概要走四天，只是公路差一些。我们已经准备好了，吴努总理可以去看一看。

……

毛：我们经常嘱咐华侨遵守居留国的法律。既然在居留国生活，就要守法，不应该参加居留国国内的非法活动。我们常常做这种教育工作，叫华侨守法，搞好同居留国政府和人民的关系。在华侨多的国家，这一关系更要搞好，因为这些国家的政府怀疑我们要利用华侨捣乱。这也要在长时期中加以证明：到底我们是在教育华侨守法呢，还是暗地里策动他们反对居留国政府？

各国可能有非法政治活动或是革命，但那是本国自己的事，华侨不应该参加。国籍问题也要搞清楚，到底是中国籍还是外国籍，不应该有双重国籍。

努：在周总理访问仰光的时候，我曾经向他提出这个问题。他说这个问题超出他的权限，必须回国后同他的同事们商量。今天听到主席关于双重国籍所说的话，非常高兴。

——摘自毛泽东1954年12月1日同缅甸总理吴努的谈话，《毛泽东外交文选》，中央文献出版社、世界知识出版社1994年版，第177—185页。

毛：我现在说说大国小国的问题。我们认为，国家不应该分大小。我们反对大国有特别的权利，因为这样就把大国和小国放在不平等的地位。大国高一级，小国低一级，这是帝国主义的理论。一个小国不论多么小，即使它的人口只有几十万或者甚至几万，它同另外一个有几万万人口的国家，也应该是完全平等的。

这是一个基本原则，不是空话。既然说平等，大国就不应该损害小国，不应该在经济上剥削小国，在政治上压迫小国，不应该把自己的意志、政策和思想强加在小国身上。……

你们的态度很好，你们有话，有怀疑和不满意的地方，就讲出来。以后我们两国之间还会发生一些问题，互相之间还会有些怀疑和不满意的地方，希望我们互相都讲出来，以便采取措施，解决问题。这样就可以使我们的关系更好，使我们的友好合作更发展。

努：坦率地说，过去我们是不敢有什么话就讲出来的，怕的是我们被误会是英国、美国的走狗，怕的是反对我们的党正是这样向你们报告的。不过现在我们见面以后，互相进行了讨论和有了了解以后，我们就不再怕有话直说了。这是我这次访问所取得的最大成就之一。昨天在周恩来总理家里会谈以后，我已经把这一点告诉了我的朋友周总理。

努：缅甸的情况是很特殊的。最好是中国共产党派一些公正的人士到缅甸研究一下情况，我们不仅会很高兴地接待他们，还会给予他们各种便利。他们可以实地研究一下缅甸政府的立场以及缅甸人民对叛乱分子的感觉。

毛：我们派观察团到缅甸去，是不妥当的，会使外民得到不好的印象。我们的大使和领事可以根据报纸上的材料和公开的文件进行研究。他们不能同反对派直接联系，但是可以通过合法的党派来间接了解反对派。我们的大使馆进行这种研究，正像你们的大使馆在这里进行研究一样。至于你们自己的纠纷，我们是不能介入的。

努：你们是应我们的邀请而来的，不是违背我们的意志而来的，因此不是干涉内政。如果我们请求的话，你们甚至可以派军队来，也不是干涉内政。

毛：不能说凡是政府愿意的，就不是干涉内政。有四种情况：

第一，同盟国家为了反对侵略，和共同的敌人作战时，一个同盟国家的军队可以到另一个同盟国家的土地上去，这不是干涉内政。

第二，一个国家到另外一个国家的土地上去建立军事基地，附带军事和政治条件的援助和贷款，在另外一个国家建立的宗教机构进行间谍活动等，都是干涉内政。

第三，纯粹属于内政范围的事，如民族之间或党派之间的斗争，如果外国介入，就是干涉内政。

第四，请外国的教授和专家，这不是干涉内政，这是互助。

第二、第三种情况是干涉内政，因为侵害了一国的民族利益。

如果我们派观察团到缅甸去观察民族之间和党派之间的纠纷，缅甸政府可以不认为是干涉内政，但是缅甸别的民族、别的党派就会有不同的看法，别的国家也会有不好的观感。

努：我没有预见到这一点，那末就不提我的建议了吧！

毛：我向吴努总理提出建议，不是以政府工作者的身份，而是以党的工作者的身份。我不仅是中华人民共和国主席，还是中国共产党主席。我是以中国共产党主席的身份向缅甸反法西斯人民自由同盟主席吴努提出建议。

刘少奇委员长和我都同吴努总理讲了一些中国经验，这是朋友之间交换意见。至于缅甸政府是否照办，那完全要由缅甸政府根据自己的情况来定。我们同缅甸做生意，决不以缅甸政府对哪一个党关系较好作为条件。

努：我把主席和刘委员长对我提出的建议，看作是大哥哥们对一个小弟弟提出的建议。大哥哥是比小弟弟更有经验的。当我相信对我提建议的人是诚实、真诚而且是为他们的人民献身的，我就像小弟弟对大哥哥一样的谦恭，听取他们的建议。

毛：我们不是大哥哥同小弟弟的关系，我们是同年同月同日同时生的兄弟。况且，缅甸取得独立是在一九四八年，还比我们早一年。

——摘自 1954 年 12 月 11 日毛泽东与缅甸总理吴努的谈话，《毛泽东外交文选》，中央文献出版社、世界知识出版社 1994 年版，第 196 页。

【作者述评】

吴努是缅甸的著名政治家。他年轻时，缅甸还是英帝国主义的殖民地。他 27 岁就开始投身缅甸的民族解放运动，组织革命党团，举行游行示威，几次被捕，毫不动摇。吴努等率领缅甸人民进行了不屈不挠的斗争，终于赢得了胜利，1948 年 1 月 4 日，缅甸宣告独立，吴努出任第一任总理。吴努堪称缅甸民族解放运动的先锋。

缅甸独立后，吴努致力于国家的建设，提出了一系列政治、经济政策。私人企业在 10 年至 20 年内不收归国有、制订国家工业计划、把佛教定为国教等措施和政策，对于稳定缅甸的局势和今后的发展起了一定作用。但由于国内党派矛盾处理失当，民族矛盾得不到解决，军人掌握重权，使他在政治上事事掣肘，几经沉浮，力不从心，没能使缅甸走上一条健康发展的道路。

值得称道的是，吴努在执政期间，缅甸积极参与国际事务，奉行和平中立的外交政策。他不仅是亚非会议的积极倡议者，和平共处五项原则的创始人之一，也是第三世界不结盟运动的创始人之一，对亚非人民反帝反殖的民族解放运动作出了卓越的贡献。

吴努对华友好，早在 1939 年就到过中国。新中国成立后，缅甸是最早承认我国的国家之一，两国在 1950 年 6 月就建立了外交关系。吴努担任总理期间，缅甸政府非常重视同中国的友好关系，一贯坚持一个中国的原则，认为台湾是中国领土不可分割的一部分。在国际上，他始终为恢复中国在联合国的合法席位而努力，并积极为中国出席亚非会议牵线搭桥，这些正义的立场和行动，深受中国政府和人民的欢迎和赞赏。他在位期间，两国关系极好，把互访视为"走亲戚"。

1960 年 9 月 28 日，缅甸总理吴努和参谋长吴奈温将军率领的由 370 余人组成的庞大友好使团访华，10 月 1 日下午，中、缅两国总理顺利地签订了《中华人民共和国和缅甸联邦边界条约》。至此，有关中、缅边界所有未能解决的问题，在条约中都得到了公平合理的解决。周恩来总理称赞"中缅边界条约是中、缅两国友好关系进一步发展的里程碑，是亚洲各国之间解决边界问题和其他争端的榜样"。因此，1960 年成为中缅两国友好年。

吴努还试图充当中、美关系的调解人。1954 年底，吴努访问北京后，于 1955 年夏访问华盛顿，试图促成中、美接触。1957 年 9 月 27 日，吴努在一次讲话中谈到他充当调停人角色之后的想法时说："我在这两个国家之间的调解是最令我振奋的。"

毛泽东非常重视中缅关系问题。1954 年 6 月，毛泽东主席派周恩来总理首次应邀访问缅甸，同缅甸首任总理吴努进行了亲切友好的会谈，发表了联合公报，倡导举世闻名的和平共处五项原则。1954 年 11 月 30 日至 12 月 16 日，应周恩来总理的邀请，吴努总理首次访华。中国政府和人民以隆重、热烈和高规格的礼遇欢迎吴努总理一行。12 月 1 日，吴努总理抵达北京当晚和 11 日晚上，毛泽东主席在中南海勤政殿和颐年堂先后两次亲切会见了吴努总理一行，进行了长达 6 个多小时的谈话。交谈中，毛泽东就中、缅两国关系的历史与现状中存在的一些问题，中国历史上对缅甸的两次侵略、流窜在缅甸的国民党军李弥部的骚扰、在缅华侨的国籍问题、两国边界问题、革命问题、亚非会议问题，特别是强调了和平共处五项原则，大国与小国一律平等问题，毛泽东都进行了入情入理的分析。他那完全平等商讨问题的态度，使吴努总理十分信服和崇敬。吴努总理这次访华取得了成功。他访问了广州、武汉、北京、沈阳、长春、鞍山、大连、南京、上海、杭州等十大城市，参观了工农业、著名大学、佛教寺庙，观赏了中国著名艺术家的精湛表演，游览了包括长城、故宫、中山陵在内的许多名胜古迹，同我国各界人士进行了广泛接触，而且同刘少奇、周恩来、陈云、邓小平、邓子恢等领导人就共同关心和彼此有利的事项交换了意见，发表了中、缅两国总理会谈公报，这充分表现出中、缅两国的友好合作有了新的发展，密切了两国的友好关系。

中国政府根据和平共处五项原则的精神，从珍视中、缅两国人民的传统友谊出发，本着平等互利、互让互谅的原则，同缅甸政府经过反复友好协商，在20世纪50年代和60年代前半期，非常圆满地处理了许多复杂的双边事务，签订了航空运输、公路交通、邮政电讯以及贸易、文化、科技、经援、换货、支付等一系列协定和协议，顺利地解决了互设总领馆的问题。两国的文化、青年、工会、妇女等民间团体的友好交流更加频繁，尤其是两国领导人的高层互访不断，其范围之广，次数之多，居当时中国与其他国家交往之首。据不完全统计，吴努以政府总理、执政党主席的名义，前后6次来中国访问，每次都受到毛泽东的亲切接见；吴奈温将军以国家总统、总理、执政党主席、总参谋长等身份，先后11次访华；其他领导人如吴巴瑞、吴觉迎副总理、苏瑞泰议长等也相继到中国访问过。中国领导人也多次访问缅甸：国家主席刘少奇曾两次出访缅甸，周恩来总理9次访缅，邓小平、李先念、陈毅、贺龙、邓颖超、罗瑞卿等领导人也先后访问过缅甸。两国领导人之间的互访以及两国各界人士的广泛接触，增进了两国的相互了解，加强了彼此友谊，密切了两国关系。

1960年9月28日至10月4日，缅甸总理吴努和参谋长吴奈温将军率代表团访华。10月1日，吴努总理和吴奈温将军同毛泽东主席等中国领导人一起登上天安门城楼，同中国人民共庆新中国成立12周年。当日下午，中、缅两国总理签订了《中华人民共和国和缅甸联邦边界条约》。在这次访问期间，毛泽东主席又会见了吴努。毛泽东说："现在要签订中缅边界条约了，只要双方友好，边界问题就好解决。"

吴努回答："中缅边界条约能很快地完成，这完全是由于两国的友好，不然是完不成的。这种友好不是一般的友好，只是一般的随随便便的友好就不能保持长久，只有在五项原则基础上的友好，才能永久存在。"

毛泽东又说："你讲得很对。互不损害，我不损害你，你不损害我，这是消极的一面；还有积极的一面，是互相有利。过去有一个时期，中缅边界搞得相当紧张。后来我们派了个将军去边界看了看，发现没有必要那么紧张，以后情况就好多了。双方军队都驻在边界上，不如后退一些好，何必那样紧张呢?"两人还谈到两国政府给两国边民互赠大米、盐和花布、瓷盘的事，彼此都十分愉快。自此，中缅关系十分友好。陈毅元帅用情真意切的诗句，描绘了当时中、缅两国友好的情景:"彼此为近邻，友谊长积累。不老如青山，不断似流水。"(《赠缅甸友人》)

1960 年至 1962 年，吴努曾被捕入狱。1969 年吴努创立议会民族党，武装反对吴奈温军政府。失败后，他心灰意冷。1973 年流亡印度，潜心研究佛学。直至 1980 年大赦后回国。1988 年，吴努组织反对党——和平民主联盟，反对军人政府，又被军政府软禁。1992 年 4 月，吴努被解除软禁，在仰光家中度过他最后的日子，直至 1995 年 2 月辞世。

西哈努克

【传略】

诺罗敦·西哈努克（1922—2012），曾任柬埔寨王国政府首相、国家元首、柬埔寨民族统一阵线主席、王国民族团结政府国家元首。

1922 年 10 月 31 日，西哈努克出生在金边的王族家庭。当时的柬埔寨是法国的殖民地，其父诺罗敦·苏拉马里特是柬埔寨的亲王，其母亲沙曼是国王最疼爱的公主。其祖父仿照印度佛教传奇或王子的名字，给他取名"西哈"，即"狮子"的意思，期望他成为当代柬埔寨的"狮心王"理查一世。其外祖父莫尼旺国王则预言说："西哈努克终有一天会占据柬埔寨的最高职位。他的一生将是非凡的，而且具有足以对付一切要毁灭他的敌人的意志。"

由于一位星占家的预言，西哈努克必须在王宫以外生活才能获得健康和幸福，于是笃信佛教的母亲便把他送到了乡间他母亲的外祖父那里，然后寄养在一个普通的农民家里。就是在这个普通的农民家里，西哈努克度过了他无忧无虑的童年时光。

这种平民的生活对西哈努克的一生产生了重大影响，使他后来成为柬埔寨国家历史上最平民化的国王。他的外曾祖母巴特夫人是一位虔诚的佛教徒，她总是热情平等地对待普通的农民来访者，并用佛教的五条戒律不杀生、不说谎、不偷盗、不邪淫、不饮酒来训导西哈努克，对他产生了较大的影响。

外曾祖母去世以后，西哈努克回到父母身边，在弗朗索瓦·博杜安一所平民小学就读。在这所学校里，他和普通人家的孩子们一起读书、劳动、玩耍，结下了深厚的友谊。

1936 年，西哈努克 14 岁，他的父亲决定把他送往越南西贡的一所法国人办的沙士鲁·罗巴法文中学学习。西哈努克刻苦学习拉丁语、希腊语、英语、法语。同时他对文学产生了浓厚的兴趣。毕业后，又到法国索姆尔地方的骑兵和装甲兵学校学习军事。

这时候爆发了一场严重危及柬埔寨国家安全和领土完整的战争。在日本支持下的泰国悍然入侵柬埔寨。尽管法—印（支）军队经过艰苦斗争取得了战争的胜利，但由于日本的突然干预，法国殖民当局同泰国代表签署了不平等条约，相当于把柬埔寨王国三分之一的领土割让给泰国。西哈努克的外祖父莫尼旺国王发表声明，拒绝承认法国人代表柬埔寨签订的丧权辱国条约。由于过于愤怒，急火攻心，年迈的莫尼旺国王不久含恨去世了。西哈努克被推举为王位继承人，他不得不中止学业回到金边。法国殖民当局为使这位年轻的国王安分守己，绝对服从他们，派了三个法国人到他的身边工作，对他实行人身和政治事务的监视。

随着日、法争夺殖民地斗争中的日方的节节胜利，在日军的授意下，1945 年 3 月 13 日，西哈努克宣布柬埔寨独立，同时废除 1863 年法国强加的保护条约和 1884 年的不平等协议。但日本更加紧了对柬埔寨的控制。日军在面临盟军的反攻时，扶植山玉成的势力发动政变，强迫西哈努克把权力移交给首相山玉成，从而建立了彻头彻尾的亲日政权，使西哈努克成为名义上的国王。

第二次世界大战后，西哈努克继续领导人民进行争取独立的斗争。法国军队逮捕了亲日的山玉成，仍由西哈努克任国王。尽管以西哈努克为首的柬埔寨王国政府提出了独立的要求，却并未得到法国人的理会。1946年，法国迫使柬埔寨签订了《法柬临时协定》，法国继续控制柬埔寨的国防、外交和财政。法国重新确立了对柬埔寨的统治。

1948 年，西哈努克就独立问题写信给法国专员，要求法国承认柬埔寨独立，他非常诚恳地指出："我最关心的不是我的王冠，而是柬埔寨的主权。"西哈努克的请求没有得到法国有关方面的应允。

1949 年末，西哈努克同首相严森波及议长游格前往巴黎，进行有关柬埔寨独立问题的谈判。双方签署了新的法柬协定。根据新协定，柬埔寨政府享有了部分外交权力，但财政、国防、税收等大权仍控制在法国人手里，柬埔寨仍几乎没有自治权力，这就是西哈努克所宣称的"百分之五十的独立"。

尽管新协定并不成功，且招致了国内革命力量的反对，但西哈努克毕竟在走向独立的道路上迈出了一大步。此后，他又努力争取各国对柬埔寨的承认。到1953年，先后有美国、英国等35个国家承认了柬埔寨王国。

在柬埔寨国内，以民主党为首的主张抗法的势力越来越强大，直接威胁到西哈努克的统治。西哈努克与法国人联手夺取了民主党的权力，不久又解散了议会，从而收回了全部权力，实现了他分阶段向民主党夺权的计划。他要以独特的方式争取柬埔寨的独立。他庄严地向臣民保证，他将在三年内实现国家的独立。

1953年初，西哈努克决定以休假的名义前往法国商讨有关独立的问题，但仍受到法国总统的拒绝。他决定游说西方各国寻求国际支持，第一次让西方感受到了柬埔寨人民强烈的独立要求。

回国之后，他改变了自己的独立计划，他在军事自治区暹粒的吴哥窟附近建立总部，号召一切反法力量团结在他周围，他决定进行军事动员以给法国施加压力。

由于胡志明领导的越南人民抗法斗争不断取得胜利，法国殖民当局深深感到他们在印度支那的统治摇摇欲坠了，法国政府遂决定同西哈努克政府谈判，承认柬埔寨独立。

从1953年8月起，法国陆续将军事、司法权交还给西哈努克政府。1953年11月8日，柬埔寨宣告独立，西哈努克受到了人民的欢迎，并被称为"民族英雄"。

然而独立之后的道路是漫长的，法国仍控制着柬埔寨的经济。

1954年4月26日，日内瓦会议正式召开，分别讨论和平解决朝鲜问题和印度支那问题。在到底谁是真正的柬埔寨伊沙拉抵抗力量的问题上，各方发生分歧。在西哈努克代表的力争下，签订了柬埔寨和平问题的协议。

该协议确认柬埔寨为中立国，撤出柬埔寨的一切外国军队。

1953年11月，法国正式将行政、司法、治安等权力移交给西哈努克；1954年，柬埔寨退出法郎区，发行了自己独立的货币——瑞尔。这标志着西哈努克向人民的许诺实现了。他决定在国内掀起新一轮的政治改革运动。

1955年3月，为了直接从政，西哈努克宣布退位，王位让给其父苏拉玛里特，他自己直接以亲王头衔的平民身份投身到政治角逐中去。4月，他组织了自己的政党——人民社会同盟，并宣称党的目标是"建立一个真正民主的、平等的、社会主义的柬埔寨，恢复祖国过去的伟绩"。

在1955年的全国大选中，西哈努克的人民社会同盟以绝对优势取得了胜利。9月，西哈努克出任柬埔寨内阁首相兼外交大臣，柬埔寨的政治制度进入了一个新时期。

西哈努克决定把柬埔寨建成亚洲的瑞士。1955年，在印度尼西亚万隆召开的亚非会议上，西哈努克发表了《关于柬埔寨奉行中立政策的声明》，表示柬埔寨始终中立，决不被用作别国的军事基地。西哈努克的主张得到了包括中国在内的诸多亚非国家的赞同。后来，在对南斯拉夫的访问过程中，他与不结盟运动的创始人之一——铁托交换了意见，并共同签署了一项声明，指出柬埔寨早在宣布它的中立政策时，就已经走进了不结盟俱乐部的大门。西哈努克也由此成为不结盟运动的先驱者之一。1958年8月，西哈努克访问北京，双方发表联合声明，正式建立了外交关系。

1960年4月，苏拉玛里特国王逝世后，宣布取消王位继承制度。6月，西哈努克当选为国家元首。

西哈努克接下来面临的最重大问题是处理美国对柬埔寨的渗透。美国竭力反对西哈努克的"中立"政策，妄图把柬埔寨变成它的军事基地，美国多次支持柬埔寨国内的反抗力量，并通过援助的方式对柬埔寨的中高层政府人员进行拉拢腐蚀。西哈努克批评美国的经济援助政策时说："它不愿意引导高棉成为一个真正的经济独立国家。"他决定放弃美援而寻求新的援助途径。

1965年5月3日，西哈努克正式宣布断绝与美国的外交关系。他坚定地公开支持以胡志明为首的越南人民的抗美斗争。

1970年3月18日，柬埔寨首相朗诺和副首相施里玛达趁西哈努克外出访问之机，发动政变，宣布废黜西哈努克，建立了亲美的政权。西哈努克被迫流亡北京。

顽强的西哈努克并没有被失败所击倒，到达北京的第四天，西哈努克即向全世界发布《告高棉同胞书》，庄严宣布解散朗诺政权。不久，在西哈努克的极力倡议下，组成柬埔寨民族统一战线和王国民族团结政府，西哈努克出任统一阵线主席，宾努亲王任政府首相，正式拉开了柬埔寨民族解放战争的序幕。

在西哈努克的倡议下，1970年4月在老挝、越南和中国边境某地召开了有柬埔寨、老挝、越南南北两方领导人参加的三国四方会议，会后发表联合声明，号召印度支那三国人民加强团结，英勇战斗，把反对共同敌人美帝国主义及其走狗的斗争进行到底，直到取得完全胜利。

1970年到1975年，西哈努克为柬埔寨的解放和自由在国际舞台上奔走呼号。他频频到各国访问，在一切国际场合争取世界各国的同情与理解，寻求各方面的援助和支持。

经过一系列艰苦卓绝的斗争，1975年4月17日，柬埔寨人民取得了反对亲美的朗诺政权的胜利。9月，西哈努克在红色高棉领导人的力邀下欣然回国，担任民主柬埔寨国家元首，但不久被红色高棉强令辞职。

1978年12月25日，越军大举进攻柬埔寨。西哈努克率领民主柬埔寨高级代表团出席联合国大会，控诉越南侵略。

1979年10月，在朝鲜组成高棉民族团结联盟，西哈努克任主席。1981年3月，在平壤成立争取柬埔寨独立、中立、和平与合作民族团结阵线，他任主席。

1982年6月12日，西哈努克、乔森潘和宋双为领袖的爱国力量三方领导人在吉隆坡签署《民主柬埔寨联合政府成立宣言》，宣告柬埔寨三方合作抗越，柬埔寨的抗越斗争又进入了一个新阶段。

1991年6月，西哈努克主持柬埔寨全国最高会议，任主席，并在会上宣布柬埔寨内战各方从此无限期停火，不再接受外国军队的援助。

西哈努克四处奔走，1991年10月23日，终于促成柬埔寨巴黎国际会议正式召开。会上各方签署了关于在柬埔寨实现和平的协议。西哈努克在所有会议和磋商中，都发挥了独特的作用。

1991年11月14日，西哈努克偕夫人从北京返回金边，结束了长达20

年的流亡生活，担任国家元首。2012 年 10 月 15 日在北京去世。

【毛泽东评说】

目前你们处在困难中，要慢慢来，必须按照实际情况去做。必要时对美国说几句好话，对我们说几句坏话，我们是谅解的。各国都必须发展自己的经济和文化。你们的国家和别的国家有了独立自主，发展了经济和文化，对中国是有好处的。巴基斯坦、柬埔寨和锡兰的总理最近都要到中国来，其实巴基斯坦的前总理阿里先生在万隆会议上曾经骂过中国，同周恩来总理吵过架，西哈努克亲王也曾经同周总理吵过架。

——毛泽东：《我们的愿望是使中泰两国友好》，载《毛泽东外交文选》，中央文献出版社、世界知识出版社 1994 年版，第 230—231 页。

一九五七年，我还去过一次莫斯科。那时，苏联还不是公开反对我们。现在不去了，因为它撕毁了大批合同，不讲信用，公开反对我们，同美国配合起来搞。这很好，我很赞同。美国、苏联这些大国来反对我们，总有个什么道理，我们也一定有一点东西值得它们反对。现在，西哈努克不吃美国这一套了。柬埔寨这个国家只有五百万人，但敢于跟美国斗争。

——毛泽东：《中法之间有共同点》，载《毛泽东外交文选》，中央文献出版社、世界知识出版社 1994 年版，第 521 页。

"西哈努克亲王——我喜欢同你谈话。你讲话很坦率，而且敢于把你的想法说出来。你不怕把你所想的都讲出来。"

——阿古拉泰：《一百个名人眼里的毛泽东》，青岛出版社 1993 年版，第 555 页。

美国侵略者在越南、老挝打不赢，阴谋策动朗诺－施里玛达集团的反动政变，悍然出兵柬埔寨，恢复轰炸越南北方，激起了印度支那三国人民的愤怒反抗。我们热烈支持柬埔寨国家元首诺罗敦·西哈努克亲王反对美帝及其走狗的斗争精神，热烈支持印度支那人民最高级会议的联合声明，热烈支持柬埔寨民族统一阵线领导下的王国民族团结政府的成立。印度支那三国人民加强团结，互相支援，坚持持久的人民战争，一定能够排除万难，取得彻底胜利。

美帝国主义看起来是个庞然大物，其实是纸老虎，正在垂死挣扎。现在世界上究竟谁怕谁？不是越南人民、老挝人民、柬埔寨人民、巴勒斯坦人民、阿拉伯人民和世界各国人民怕美帝国主义，而是美帝国主义怕世界各国人民，一有风吹草动，它就惊慌失措。无数事实证明，得道多助，失道寡助。弱国能够打败强国，小国能够打败大国。小国人民只要敢于起来斗争，敢于拿起武器，掌握自己国家的命运，就一定能够战胜大国的侵略。这是一条历史的规律。

———毛泽东:《全世界人民团结起来，打败美国侵略者及其一切走狗》，《人民日报》1970 年 5 月 21 日。

【作者述评】

西哈努克是柬埔寨国家元首，也是世界上一位著名政治家。他几十年来不屈不挠地斗争，为柬埔寨人民立下了不朽功勋。

首先，领导柬埔寨人民赢得了民族独立。

西哈努克青年时期，柬埔寨处于法国殖民主义者的统治之下，第二次世界大战中又被日本帝国主义占领，二战后法国又卷土重来。不管情况多么复杂，斗争多么艰苦，他从不放弃斗争。经过长期斗争，1953 年 11 月 8 日，终于使柬埔寨由"半独立"到完全独立，赢得了民族解放，西哈努克也赢得了柬埔寨人民的爱戴，并被称为"民族英雄"。

其次，独立后，致力于国家和平发展。

柬埔寨取得独立后，西哈努克致力于建立一个真正民主的、平等的、社会主义的柬埔寨，"恢复祖国过去的伟绩"。他对外奉行和平中立的外交政策，支持越南人民的抗美斗争，因而 1970 年 3 月 18 日被朗诺-施里玛达集团推翻。西哈努克为柬埔寨的解放和自由在国际上奔走呼号，寻求各方面的支持和帮助，1975 年 4 月 17 日，柬埔寨人民取得了反对亲美的朗诺政权的胜利。西哈努克在红色高棉领导人的力邀下回国担任国家元首，但不久又被红色高棉强令辞职。西哈努克又开始了他的流亡生活。1978 年

12月25日，越南大举出兵柬埔寨，西哈努克率领民主柬埔寨高级代表团出席联合国大会，控诉越南侵略。接着又和乔森潘、宋双三方组成联合政府，合力抗越，1991年10月23日，在西哈努克的努力下，柬埔寨巴黎国际会议召开，各方签署协议，柬埔寨又实现了和平。1991年11月14日，西哈努克偕夫人从北京返回金边，结束了他将近20年的流亡生活。之后，柬埔寨国内几派斗争激烈，在西哈努克协调下，国内局势又逐渐稳定下来。西哈努克对国内的和平安定作出了卓越的贡献。

最后，柬埔寨奉行和平中立的外交政策。

西哈努克执政后，想把柬埔寨建成亚洲的瑞士。1955年，他在著名的万隆会议上，以第三世界小国首倡和平中立的外交政策闻名于世，后来又与铁托等五位领导人一起作为不结盟运动的发起人，当时的柬埔寨被誉为东南亚"和平的绿洲"。

总之，西哈努克伟大的爱国热情，不屈不挠的斗争精神，高超的外交能力，令人佩服。

西哈努克亲王是中国人民的老朋友。1954年，在印尼万隆召开的亚非会议上，他与周恩来总理初次相识，并进行很好的合作。1956年2月，西哈努克首次访华，受到了毛泽东的亲切接见。1958年8月，西哈努克再次访华，中国和柬埔寨两国发表联合声明，正式建立外交关系。毛泽东主席亲切地接见了他。1970年3月，西哈努克访问苏联时，国内朗诺—施理玛达发动政变，西哈努克在莫斯科受到冷落。到北京后，仍然受到热烈欢迎。在热烈地拥抱之后，周恩来总理说："您仍然是国家元首。您是唯一的国家元首，我们决不承认别人。"在机场到市内的路上，周恩来对西哈努克说："昨天我和毛主席讨论了局势。我只有一个问题：您准备进行战斗吗？"西哈努克回答说："我准备进行战斗，而且战斗到底。"周恩来坚定地说："那么我们就全力支持您。"

在中国和其他友好国家支持下，西哈努克积极稳步地进行抗美民族解放斗争。3月23日，西哈努克在北京发表了庄严声明，宣布建立柬埔寨民族统一阵线，并担任主席。在西哈努克的倡议下，4月，在老挝、越南和中国边境某地召开了有柬埔寨、老挝、越南南北方领导人参加的三国四方会议，会后发表联合声明，号召印度支那三国人民加强团结，英勇战斗，把反对共同敌人美帝国主义及其走狗的斗争进行到底，直到取得完全胜利。会议结束后，周恩来总理专程前往会议地点，举行盛大宴会，招待出席会议的三国四方领导人，表示热烈的祝贺。

4月30日，美国总统尼克松悍然宣布派遣美国军队和南越伪军入侵柬埔寨领土。5月1日是国际劳动节，晚上，毛泽东邀请西哈努克亲王到天安门城楼共度佳节。毛泽东谴责了朗诺的背叛行为，并进一步向西哈努克询问有关柬埔寨的情况，表示坚决支持柬埔寨人民的抗美救国斗争。中国对柬埔寨的援助是无条件的。中国把宽敞漂亮的前法国大使馆移交给西哈努克作为国家元首的官邸。中国在政治、外交、经济、军事等方面都给柬埔寨人民以慷慨无私的援助。而当西哈努克提到偿还的问题时，毛泽东总是回答："我们不是军火商。"西哈努克怀着感激而又不安的心情说："主席先生，中国自己负担很重，她给了第三世界许多帮助，而我连同我的随行人员、朋友和工作人员现在又成了额外的负担。"毛泽东回答说："我请求你让我们多负担一点。相信你的人愈多，我就愈高兴，到你身边来的人愈多，我就越喜欢。没有什么了不起嘛！让尽可能多的人来支持你。如果他们不能到战场上打仗，让他们来这里。六百，一千，两千或者更多，中国随时都准备支持他们，给他们提供一切便利。"

5月5日，柬埔寨王国民族团结政府在北京宣告成立，西哈努克亲王任国家元首。

5月20日，毛泽东发表《全世界人民团结起来，打败美国侵略者及其一切走狗》的声明。5月21日，北京数十万群众在天安门广场举行集会，支援印度支那三国人民和其他各国人民反对美帝国主义的斗争，会上宣读了毛泽东的"五二〇声明"，西哈努克亲王在会上发表了重要讲话。

从1970年开始，西哈努克长期住在北京，直到1975年4月19日取得全国胜利后返回金边。在华期间，他与毛泽东多次会晤、会谈。后来被红色高棉解职后，他又重回北京居住，领导国内斗争，1978年12月25日，越南大举进攻柬埔寨以后，西哈努克在朝鲜组成高棉民族团结联盟，自任主席。1982年6月12日，他又与乔森潘、宋双领导的爱国力量合作抗越，终于在 1991 年 10 月 23 日促成柬埔寨巴黎国际会议召开，签署了柬埔寨国内和平协议。1991 年 11 月 14 日，西哈努克从北京返回金边，担任国家元首至今。其间他又解决了洪森与那拉烈派的矛盾，使国内局势稳定下来，走上和平发展的道路。毛泽东逝世之后，中国领导人邓小平、江泽民等一如既往地支持西哈努克亲王的斗争。

西哈努克亲王对中国人民给予柬埔寨人民抗美救国斗争的宝贵支持十分感激，因而他和毛泽东也结下了深厚的友谊。他在回忆录中是这样描述他同毛泽东的交往的：

"当我 1956 年第一次访华时，我就同毛主席会见了好几次，而从那以后的每次访问都是如此。他总有时间接见我，而且我们每次的谈话从来未少过一个小时。初次印象就使我觉得：在面前的是人类中的一个伟人……

"毛主席在第一次会见我时就阐述了中国政策的概貌，重点讲了真正独立的国家可不要让别的国家所控制的问题。他说，中国赞成国家不分大小一律平等的原则。很小的柬埔寨完全可以同很大的中国在平等的基础上做朋友，并且在互利的关系上发展关系嘛。毛同意柬埔寨采取中立乃是最好的方针，中国会一如既往支持这种方针。

"1958 年 8 月，毛主席在我到达后不久就在主席官邸接见了我。那时北京天气很热，我们第二天就在游泳池旁边搭的一个帐篷下继续我们的谈话。后来，又到海滨避暑胜地继续我们的会谈。

西哈努克还在另一处描述了他同毛泽东诚挚幽默的对话：

"毛主席同我谈论柬埔寨时似乎是不知疲倦的。有一次，他曾说：'西哈努克亲王，我喜欢同你谈话。你讲话很坦率，而且敢于把你的想法说出来。你不怕把你所想的都讲出来。'在我们友谊的很早阶段，我就清清楚楚地认识到，他喜欢同反对他的某些想法的人谈话。在一次闲谈之后，他曾经说：'你有资格当共产党。'我回答说：'主席先生，说真的，我不行啊。'

"他大笑说：'你很聪明。'他又说，'你又很用功。你可以开始学习嘛！'

"我说：'我懒得去啃马克思、恩格斯、列宁和其他人的一些著作。'

"他接着说，'我们现在有这些著作的简写本，有选集。为了掌握他们的思想实质，你完全用不着把马克思和列宁的著作都读完嘛。'

"我回答说,'主席先生,我宁愿读毛泽东的著作'。的确,对我来说,这些著作要比马克思或列宁的著作容易懂一些。也许因为我是亚洲人,我觉得毛写的东西总是会站得住的。他把马克思理论中最合乎逻辑的部分同亚洲文明与传统中最精华的部分联系在一起。他关于人性方面的思想的哲学味道比政治味道更浓,同佛教理论的最精华部分没有什么矛盾。我觉得他的思想在日后好几代人里还会是适用的。

　　"我还发现毛的军事思想非常有意思。就像希诺芬和其他希腊经典战略家所写的东西至今还站得住一样,我相信毛的著作也同样会站得住,因为他的著作反映了经典的普遍真理。他能够把明确性、逻辑性和普通常识结合在一起。"(《西哈努克回忆录——我同中央情报局的斗争》)

纳赛尔

【传略】

加麦尔·阿卜杜勒·纳赛尔（1918—1970），曾任埃及共和国总统、革命委员会主席。

纳赛尔1918年1月15日出生于埃及第二大城市亚历山大，原籍上埃及阿西乌特省贝尼莫村。祖辈在当地务农。父亲是邮局办事员，母亲是亚历山大城一位商人的女儿。纳赛尔9岁时母亲就去世了。

纳赛尔上小学时，常在假期里随家人去埃及祖父家。他的外祖父是一位富有正义感的爱国人士。他经常听老人讲述埃及的光辉历史，每当听到英国军人怎样侵略、压迫他的祖国时，总是愤愤不平。纳赛尔在开罗上中学时，特别重视历史课，尤其是阿拉伯国家兴替的历史，以及世界近现代史上重要的政治家、思想家，如伏尔泰、卢梭、拿破仑、俾斯麦、凯末尔等人的传记，从中吸取教益。

纳赛尔很早就参加当地群众的反英斗争。1933年，他参加亚历山大市的群众示威游行，同前来镇压的军警勇敢地搏斗，曾经负伤。纳赛尔积极参加和领导学生运动，要求恢复1923年宪法[①]，要求英国承认埃及独立。由于他的政治热情和过人的组织才能，故被推选为开罗学生联合会主席。由于纳赛尔强烈的反英倾向，他的名字被列入殖民当局的黑名单中。

1938年8月25日英国迫使埃及签订英埃同盟条约[②]，条约规定英国在

[①] 1922年2月英国被迫承认埃及独立，1923年4月公布宪法，规定埃及为君主立宪国，国王有很大权力，并建立议会。1930年英国迫使埃及国王废除这部宪法。

[②] 该条约为期20年。它使英国在苏伊士运河区取得驻军权，在开罗和亚历山大建立军事基地。

苏伊士运河地区享有驻军权，并可在开罗和亚历山大港建立军事基地。这一丧权辱国的条约，使纳赛尔认识到，只有军队才是拯救埃及的唯一依靠力量。他中学毕业后，决意报考军事学院。1937 年初，纳赛尔得到开罗军事学院招生委员会主任海里少将的帮助，成为该校的学生。

1938 年 7 月 1 日，纳赛尔从军事学院毕业，获少尉军衔，被派到家乡任驻军排长。1941 年，纳赛尔随军去苏丹执行任务。1942 年，纳赛尔升为上尉，从苏丹调回埃及，不久被任命为军事学院教官。同年，纳赛尔被捕入狱。四年里，他先后驻守在上埃及和苏丹。这里远离首都，免受军警的监视。纳赛尔开始从下级军官中严格审查和挑选最可靠的人，其中包括后来的革命战友安瓦尔·萨达特、扎卡里亚·毛希丁等，建立秘密革命团体。他支持萨达特出面组织秘密团体"自由军官组织"，反抗英国对埃及的统治。纳赛尔很快便成为"自由军官组织"的主要领导人。他通过讲课和在陆军内部的联系，积极扩大组织，被认为是这个组织的"建筑师和战略家"。

1945 年至 1947 年，纳赛尔在开罗军事参谋学院进修。

1948 年 5 月 14 日，在美国支持下，以色列国宣告建立。5 月 15 日，以埃及为首的阿拉伯国家向以色列宣战（史称巴勒斯坦战争或第一次中东战争）。纳赛尔率部参战，任营参谋长。1948 年 10 月，在法卢贾战役中，他肩膀负伤仍英勇奋战，获得"法卢贾之虎"称号，两次受奖，被提升为少校。

埃以战争的失败，纳赛尔和他的战友们进一步认清了埃及封建王朝的反动无能，决心用武力推翻它，摆脱英国的统治。1949 年下半年，自由军官组织成立以纳赛尔为主席的"创建委员会"，具体部署及领导起义。

1952 年 7 月 22 日深夜 11 时，革命爆发。23 日凌晨两点，起义部队占领了各兵种的重要据点、广播电台、电话局、电报局、飞机场、火车站等。

拂晓，控制了首都。7 月 26 日，国王法鲁克被迫宣布退位，逃往欧洲，埃及君主政体被推翻。纳赛尔说："七二三革命实现了埃及人民自从新时代开始就企求自己管理自己国家，掌握自己命运的愿望。"7 月 27 日，在纳赛尔主持的会议上，将"创建委员会"改为"革命指导委员会"，作为过渡性的政府，由当时在国内外知名的穆罕默德·纳吉布少将任主席，纳赛尔任委员及武装部队行政秘书。

　　"七二三"革命后，纳赛尔主张把革命推向前进，实行土地改革，驱逐英军，放弃对苏丹的管理权，承认其独立主权。1952 年 12 月 10 日，"革命指导委员会"宣布废除 1923 年宪法。1953 年 1 月，解散所有政党。2 月 12 日，英国被迫签订协定，同意苏丹在 1956 年初独立。6 月 18 日，埃及共和国正式成立，纳吉布任总统兼总理，纳赛尔任副总理兼内务部长。1954 年 10 月 19 日，埃及同英国签订《关于苏伊士运河区军事基地的协定》，废除即将到期的英埃同盟条约，英国同意撤军，并将其在埃及的一切军事设施移交给埃及政府，从而结束了英军占领埃及 74 年的历史。

　　由于纳吉布过分保守和个人专权，纳赛尔同他发生激烈冲突。1954 年 10 月 26 日，纳赛尔在亚历山大群众集会上发表演说时，右派组织"穆斯林兄弟会"极端分子向他打了几枪[1]。纳赛尔怒斥反动派的卑鄙阴谋，号召人民保持安定。他说："即使我死了，你们每一个人都是加麦尔·阿卜杜勒·纳赛尔。革命的旗帜是不会倒下的。"1954 年 11 月 18 日，纳吉布被解除一切职务，纳赛尔就任共和国总统、革命指导委员会主席。

　　1955 年纳赛尔发表《革命哲学》一书，总结埃及 1952 年革命的深刻根源，阐述埃及发展的方向。他说："世界上每个民族都经历两种革命。"一是"政治革命"，就是从暴君统治下或从外国蹂躏下解放出来；二是"社会革命"，即各阶级之间的斗争，使"正义"占"优势"。埃及选择的道路是"政治的自由和经济的自由"。在谈到埃及与各国的关系时，他明确指出，埃及要置身于"阿拉伯的圈子""非洲的圈子""伊斯兰教的圈子"里，而且要成为它们的中心。

　　1955 年 4 月 18 日至 24 日，纳赛尔参加在印度尼西亚万隆举行的第一届亚非会议（万隆会议）。他在演说中指出，"殖民主义一向是世界不稳定的根源，……必须予以铲除"；"各国都有权利自由选择它的政治制

---

　　① 穆斯林兄弟会成立于 1928 年 3 月，系伊斯兰原教旨主义者的秘密政治组织。创始人哈桑·班纳（1906—1949）。它坚持伊斯兰教义，反对民族民主思想。纳赛尔曾利用它去反对法鲁克王朝和英帝国主义。1952 年革命后，纳赛尔因该组织进行反对共和国的密谋活动而在 1954 年 1 月予以解散。萨达特上台后，允许它半公开活动。

度和经济制度"。

1955年11月，在美国的策划和支持下，在中东地区建立了一个军事集团——巴格达条约组织。纳赛尔拒绝加入这个组织。同年12月，南斯拉夫铁托总统访问埃及，两位领导人同意实行"不结盟"政策。纳赛尔认为，只有"不结盟"，才能使埃及保持独立的地位。1956年7月，纳赛尔同铁托总统、印度尼赫鲁总理在南斯拉夫的布里俄尼岛举行有历史意义的会晤，奠定了"不结盟"的运动基础。

1956年，纳赛尔主持颁布新宪法。6月23日，埃及举行全民投票，纳赛尔正式当选埃及共和国总统，兼任总理，从而确立了在埃及的统治地位。在此后的十几年里，他一直是埃及的国家元首。

纳赛尔十分重视发展民族经济，认为"没有经济上的独立，政治独立是没有价值的"。他把建设尼罗河的阿斯旺水坝看成自己事业的象征。水坝建成后可灌溉土地200万英亩，并为工业化提供充足的动力资源。1956年7月19日，美国以埃及"不愿合作"为借口，宣布停止资助埃及修建水坝的5500万美元的"赠款"。纳赛尔转而接受苏联的援助。7月26日，纳赛尔在亚历山大港群众庆祝法鲁克王朝垮台四周年的集会上，宣布将国际苏伊士运河公司收归国有，用运河的税收建设阿斯旺水坝。美、英对这一决定十分恼火，10月29日至31日，英、法和以色列对埃及悍然发动武装侵略。第二次中东战争（又称苏伊士运河战争）爆发。纳赛尔向全世界发表声明："埃及人民将为保卫埃及的每一寸土地战斗到底！"他下令全国总动员。由于埃及军民的英勇斗争和全世界人民的大力声援，英、法、以色列被迫于1956年12月和1957年1月撤出埃及。

苏伊士战争的胜利，纳赛尔成了埃及和阿拉伯世界传奇式的英雄，被誉为"当今的萨拉丁"，也受到世界各国人民的尊敬。

1958年2月1日，纳赛尔同叙利亚总统库阿特利在开罗签署两国合并宣言。2月21日，经两国公民投票，阿拉伯联合共和国（以下简称阿联）宣告成立，纳赛尔任总统。埃及、叙利亚合并后，纳赛尔在叙利亚强制推行埃及实施的政策，解散了叙利亚的复兴社会党，引起叙利亚政界和人民的不满。1961年9月28日，叙利亚陆军政变后，叙利亚宣布独立。纳赛尔生平第一次受到严重打击。他沉痛地说：我们"把叙利亚人当作埃及人同样对待，这是犯了致命的错误"。阿拉伯联合共和国分裂后，纳赛尔任埃及总统，并兼总统委员会主席、国防委员会主席。1962年10月，兼武装部队最高统帅，改建民族联盟为阿拉伯社会主义联盟，任最高执行委员会主席。

埃、叙分裂后，纳赛尔致力于国内的政治、经济建设。1962年5月21日，他在全国人民力量代表大会第一次会议上提出"全国行动宪章"，明确指出在埃及建立"阿拉伯社会主义"的政治主张。他说，"阿拉伯社会主义"主张信仰宗教、实行全民民主、在合作范围内实行土地私人所有制、反对暴力、通过和平方式解决冲突和矛盾。纳赛尔是"阿拉伯社会主义"思潮的主要代表，他的思想在阿拉伯世界有不容忽视的影响。

1962年11月6日，纳赛尔宣布成立由他兼任主席的"阿拉怕社会主义联盟"（以下简称社盟），作为埃及唯一的执政党，以贯彻他的政治主张。1964年3月23日，纳赛尔颁布新临时宪法，规定埃及的目标是"建设社会主义"，要"消灭任何剥削形式"，以伊斯兰教为国教。

埃及奉行积极中立与不结盟的对外政策，反对帝国主义和殖民主义，支持各国人民争取独立的斗争。纳赛尔在总统任内，1960年派遣志愿军去刚果（扎伊尔），援助卢蒙巴领导下的刚果人民反对新老殖民主义的斗争；1961年1月出席在摩洛哥卡萨布兰卡（今达尔贝达）举行的非洲国家首脑会议，6月主持在开罗召开的由南斯拉夫及阿联等五国发起的不结盟国家会议筹备会，9月1日出席在南斯拉夫首都贝尔格莱德举行的第一届不结盟国家会议；参加1963年5月在埃塞俄比亚首都亚的斯亚贝巴开幕的非洲国家首脑会议，为促成"非洲统一组织"的建立做出了贡献；坚决支持巴勒斯坦人民反抗以色列侵略者、恢复民族权利的正义斗争。

1965年纳赛尔再次当选总统后，采取措施同叙利亚关系正常化。1966年10月两国互派大使，11月4日签订共同防御协定。1967年5月22日，纳赛尔宣布封锁亚喀巴湾，5月30日，同约旦签订军事同盟条约。以色列扩张主义者扬言要用武力打开亚喀巴湾。美国支持以色列。

1967年6月5日，以色列对埃及、叙利亚和约旦三国发动突然袭击，战争只进行了六天（史称第三次中东战争或六天战争）。埃及损失惨重：空军全部被摧毁，官兵伤亡达两万人，西奈半岛被占领，苏伊士运河被迫封闭。埃及蒙受奇耻大辱，纳赛尔遭到生平中最严重的一次打击，抑郁成疾，健康状况开始恶化。

为了承担战争失败的责任，纳赛尔向全国宣布辞去总统职务，准备听候人民的审判。由于埃及人民的强烈要求，他又恢复了总统职务。

纳赛尔生命的最后三年步履艰难。在国内，为了紧缩财政开支对军政机构的改组，引起高级军政官员的不满。他的亲密同事阿密尔元帅发动政变（未遂），阴谋取而代之。他在革命委员会中的同事，除了萨达特和侯赛因·沙菲二人，一个个同他分手。开罗等城市群众示威，要求更大的政治和出版自由。在国际上，同美、英、联邦德国等国关系紧张，埃、美两国断绝了外交关系。纳赛尔领导的埃及处于内外交困之中。

为了加强埃及的防务，纳赛尔于1968年7月至1970年7月三次去苏联访问，要求给予军事援助，但均告失败。后转而改善同西方国家的关系。他甚至表示接受美国国务卿罗杰斯在1970年6月提出的"政治解决"中东问题的计划（即"罗杰斯计划"），该计划主张通过谈判，埃、以两国彼此承认对方的独立和主权。

1970年9月，约旦王国军队同巴勒斯坦游击队之间爆发战争。纳赛尔十分忧虑，立即出面召开阿拉伯国家首脑紧急会议，进行调解工作。经过连续11天紧张的工作，9月27日，冲突双方签署停火协议。紧张而繁重的工作使纳赛尔的身心受到极大的损害。9月28日，他送走科威特首脑而离开机场时，心脏病猝然发作，于当天下午6时去世，时年52岁。

纳赛尔逝世的噩耗广播后，埃及举国沉痛哀悼，人民潮水般涌向首都。10月1日，开罗500万名群众参加了纳赛尔的葬礼。

纳赛尔著有《革命哲学》《埃及的解放》等著作。

【毛泽东评说】

收回苏伊士运河是一个很好的开始。纳赛尔总统最近最好不要到没有警戒的地方去，因为帝国主义的计划失败后，他们会采取各种手段，像暗杀等。西方国家骂纳赛尔总统是个野心家，是个希特勒，说他想统治阿拉伯世界。但是我们认为，纳赛尔总统是亚非地区的民族英雄，因此帝国主义才不喜欢他。纳赛尔总统的做法很聪明，他有时硬，有时软，有时用一种很和平的办法。这次和五国委员会的会谈 ①，他就用很和平的声调把他们送回去了。

> ——毛泽东：《中国人民支持埃及收回苏伊士运河》，载《毛泽东外交文选》，中央文献出版社、世界知识出版社 1994 年版，第 248—249 页。

在中东，出了一个苏伊士运河事件。一个人，叫纳赛尔，把运河收归国有了；另外一个人，叫艾登，出一支兵去打；接着，第三个人，叫艾森豪威尔，要赶走英国人，把这个地方霸起来。英国资产阶级历来老奸巨猾，是最善于在适当的时候作出妥协的一个阶级。现在它把中东搞到美国人手里去了。这个错误可大啦！……

从这个事件可以看出当前世界斗争的重点。当然，帝国主义国家跟社会主义国家的矛盾是很厉害的矛盾，但是，他们现在是假借反共产主义之名来争地盘。争什么地盘呢？争亚洲非洲十亿人口的地盘。目前他们的争夺集中在中东这个具有重大战略意义的地区，特别是埃及苏伊士运河地区。

> ——毛泽东：《在省市自治区党委书记会议上的讲话》，载《毛泽东文集》第七卷，人民出版社 1999 年版，第 187—188 页。

我高兴地看到贵我两国之间为了和平目的而日益发展和巩固的崇高友谊。我衷心地祝愿阁下所领导的伟大事业得到更大的成功，祝愿阁下健康和愉快。

我的心向着阁下和贵国人民，向着整个阿拉伯民族的全体人民。

中国人民的事业现在有较大的发展。大约再有若干年我国的情况可能更好些。这些，穆罕默德中将会告诉你的 ②。不管帝国主义者怎样敌视

---

① 指 1956 年 8 月在英、美、法三国策划下，由澳大利亚、埃塞俄比亚、美国、瑞典、伊朗组成的"五国苏伊士运河委员会"。

② 穆罕默德·易卜拉欣，当时任阿拉伯联合共和国陆军总参谋长、阿拉伯联合共和国军事友好访华代表团团长。

我国，他们决不能阻止我国前进。正如同不管帝国主义者怎样敌视贵国和整个阿拉伯人民，他们也决不能阻止贵国和整个阿拉伯人民的前进是一样的。

——毛泽东：《给纳赛尔的信》（1958 年 5 月 4 日），载《建国以来毛泽东文稿》第七册，中央文献出版社 1992 年版，第 191 页。

美帝国主义它们结成军事团体，什么北大西洋，巴格达，马尼拉，这些团体的性质究竟怎么样？我们讲它们是侵略的。它们是侵略的，那是千真万确的。但是它们现在的锋芒向哪一边呢？是向社会主义进攻，还是向民族主义进攻？我看现在是向民族主义进攻，就是向埃及、黎巴嫩和中东那些弱的国家进攻。……现在我们不倒，我们巩固，我们这个骨头啃不动，它们就啃那些比较可啃的地方，搞印尼、印度、缅甸、锡兰，想搞垮纳赛尔，想搞垮伊拉克，想征服阿尔及利亚等等。

——毛泽东：《在第十五次最高国务会议上谈国际形势》，载《毛泽东外交文选》，中央文献出版社、世界知识出版社 1994 年版，第 343 页。

我们要支持各国人民反对帝国主义的战争。我们如果不支持，就会犯错误，就不是共产党员。你们知道，阿联总统纳赛尔不是共产党员，但他支持过阿尔及利亚革命。他不是共产党员能支持阿尔及利亚，难道我们是共产党员就不能支持阿尔及利亚吗？

——毛泽东：《支持被压迫人民反对帝国主义的战争》，载《毛泽东外交文选》，中央文献出版社、世界知识出版社 1994 年版，第 531 页。

【作者述评】

纳赛尔是一位埃及和阿拉伯民族的著名政治家，阿拉伯埃及共和国总统，又是"不结盟"运动的创始人之一，也是一位在国际上广有影响的国务活动家。他的一生主要做了两件大事：

一、发动七月革命，推翻封建王朝，建立埃及共和国纳赛尔从年轻时就致力于民族革命，进行反帝、反封建的斗争。1952年7月23日，以纳赛尔为首的"自由军官组织"发动武装起义，推翻了以法鲁克为首的封建王朝，"自由军官组织"掌握了国家政权，并得到了埃及人民的广泛支持。纳赛尔在庆祝七月革命十三周年纪念会上的讲话中指出：7月23日发生的是一场革命，而不是政变。"因为政变是夺取政权后就停滞不前的冒险行动。夺取政权本身就是政变的目的"。而对于革命者来说，"夺取政权，只是为了广泛地改变非革命不可的社会现实，以期达到所寻求的未来"，"革命用有目的行动和实践来表达大多数人的意志，并最终依靠大多数人来实现自己的目标"。

历史证明，纳赛尔掌握政权后，迅速地把埃及的反帝反封建的革命引向了深入。他提出了一整套"阿拉伯社会主义理论"，而且身体力行，付诸实践。埃及革命后，他在农村共进行了三次土地改革运动，企图解决农民土地问题。经济上实行"埃及化"，大批外国资本收归国有，后来又对民族资产阶级实行大规模国有化（又称阿拉伯化）运动，政府完全控制了整个国家的经济。通过土改、国有化，限制或消灭大封建主和大资产阶级，以实现他的"阿拉伯社会主义"。纳赛尔还为实现埃及工业现代化进行了大胆的尝试。

二、收回苏伊士运河的主权

纳赛尔在采取一系列的反封建措施之后，从1953年4月起，就英军撤离苏伊士运河区开始同英国进行谈判，到1954年10月15日达成协议。协议的主要内容是：1.英国自协定签订之日起，20个月内完全撤离埃及领土；2.废止1936年《英埃同盟条约》以及由此而派生的其他协定；3.缔约双方表示：决心尊重1938年10月26日在君士坦丁堡签订的旨在保证运河通航自由的协定。1956年6月13日，英国最后一批占领军撤离埃及。6月18日，纳赛尔在赛得港前英国海军俱乐部升起了埃及国旗，英国对埃及长达74年的占领宣告结束。这是埃及民族解放斗争的重大胜利。

1956年7月26日，埃及总统纳赛尔庄严宣布将苏伊士运河收归国有。这是埃及政府维护民族独立和国家主权的重大措施。埃及人民争取民族独立和维护国家主权的这个伟大行动，却遭到英国、法国和以色列的蛮横干涉。1956年10月31日，三国开始对埃及进行大规模武装入侵。11月1日，纳赛尔总统向埃及人民发出庄严的号召："埃及为了保卫它的自由和独立，将对英国、法国和以色列三国联盟进行总体战。"埃及人民以"不自由，毋宁死"的大无畏精神英勇抗击侵略者。在国际上，也得到世界人民的广泛同情和支持。英、法、以三国在11月6日被迫停火，并于12月22日将侵略军全部撤出埃及。埃及收回苏伊士运河主权和反击英国、法国、以色列侵略的斗争取得了完全的胜利。如果说，1952年的七月革命，推翻了埃及的封建王朝，那么1956年反殖民主义战争的胜利，则基本上扫除了帝国主义在埃及的势力。这一点不仅对埃及，而且对整个阿拉伯世界都有重要意义。一时之间，纳赛尔成了阿拉伯民族的英雄，也成了世界上的风云人物。

在1955年4月18日至24日举行的"万隆会议"上，纳赛尔同周恩来总理举行了友好的会晤，奠定了埃中友好的基础。1956年5月30日，纳赛尔宣布埃及同我国建交，成为非洲大陆上第一个同我国建立外交关系的独立国家。

在苏伊士运河事件伊始，即1956年9月17日，毛泽东同埃及驻华大使哈桑·加拉卜进行谈话时，表示"中国人民支持埃及收回苏伊士运河"，"愿意尽力帮助埃及"，并且"我们的帮助没有任何条件"。他还对纳赛尔的人身安全表示关心。

1957年1月，毛泽东在《在省市自治区党委书记会议上的讲话》中讲到国际关系时说："在中东，出了一个苏伊士运河事件。一个人，叫纳赛尔，把运河收归国有了。"话语之间流露出对纳赛尔的赞扬。

1958年9月5日，毛泽东在《在第十五次最高国务会议上的第一次讲话》中讲到美帝国主义结成军事集团，目的就是侵略，并分析说，当时它们的锋芒所向是"向民族主义进攻"。因为社会主义国家坚强，帝国主义啃不动，于是"它们就啃那些比较可啃的地方，搞什么印尼、印度、缅甸、锡兰，想搞垮纳赛尔，想搞垮伊拉克，想搞垮阿尔及利亚等等"，再次揭露了美帝国主义搞军事集团的反动实质，高度评价纳赛尔捍卫民族独立的正义行动。

　　1958 年 5 月 4 日，毛泽东、朱德共同会见以易卜拉欣中将为首的阿拉伯联合共和国军事友好访华代表团，进行了一个多小时的谈话。毛泽东对贵宾们说：中国人民得到了阿拉伯联合共和国的友谊，感到非常高兴。全世界人民都支持你们，支持阿拉伯各国人民。我们是站在反殖民主义斗争的一条战线上，相互支持，相互关心。当天，毛泽东写信给纳赛尔总统，祝愿他"所领导的伟大事业得到更大的成功"，坚信"不管帝国主义者怎样敌视贵国和整个阿拉伯人民，他们也决不能阻止贵国和整个阿拉伯人民的前进"。

　　1964 年 6 月 23 日，毛泽东在同智利新闻工作者代表团谈话时表示"支持被压迫人民反对帝国主义的战争"，其中充分肯定了纳赛尔对其他亚非国家民族独立斗争的援助。毛泽东说："你们知道，阿联总统纳赛尔不是共产党员，但是他支持过阿尔及利亚革命。他不是共产党员能支持阿尔及利亚，难道我们是共产党员就不能支持阿尔及利亚吗？"

　　总之，毛泽东对纳赛尔评价很高，称他是"亚非地区的民族英雄"。纳赛尔不畏强权，坚定不移的反帝反殖民主义的斗争精神，无愧于这一光荣称号。

塞拉西一世

海尔·塞拉西一世（1892—1975），前埃塞俄比亚帝国皇帝。

海尔·塞拉西原名塔法里·马康南，1892年7月23日出生在埃塞俄比亚哈拉尔省哈拉尔市郊一个贵族世家，属阿姆哈拉人。其父马康南公爵是绍阿地区的大豪绅，曾任哈拉尔省总督，在第一次抗意战争中立有战功，深得孟尼利克皇帝的器重。

1903年，塔法里被父亲带到首都亚的斯亚贝巴，与王子埃雅苏一起，开始在封建宫廷这所严峻的"学校"里学习。1906年，马康南公爵病逝。孟尼利克皇帝根据他生前的愿望，授予塔法里侯爵称号，并批准其为萨拉尔地区挂名的分督（地区的统治者）。1907年，塔法里被送到孟尼利克二世学校就读，同年被授予巴阿索分督的职位。1909年，塔法里离开学校，成为锡达莫省总督。两年后，他被调回哈拉尔省任总督。同年7月与孟伦结婚。

20世纪初叶，英、法、意等国又将殖民主义的魔爪伸进埃塞俄比亚。当时，这个古老王国面临着瓦解的危险。国库空虚，为了供养大批官僚和军队，便借助国家权力实行土地兼并。地方割据，诸侯林立，农民受到重重盘剥，处境异常悲惨。在内忧外患和新的生产方式初露端倪的情况下，变法改革成了挽救封建制度的最后出路。

塔法里返回哈拉尔继承父业后，实施重新登记土地，在行政机构中实行薪金制。这些微小的改革给死气沉沉的埃塞俄比亚统治阶层带来一线生机。哈拉尔省被誉为"模范省"。

1916年9月27日，孟尼利克二世的女儿佐迪图在一场政变中继承王位，皇族会议推举塔法里为摄政王，并授予公爵称号，掌管和处理国家日常事务。

1930年3月底，佐迪图的前夫、冈达尔和贝格姆迪尔的总督古格萨·沃利公爵在北方起兵叛乱，得到提格雷、戈贾姆两省封建主的支持。塔法里派军用飞机轰炸，叛军全线溃败，古格萨被炸死。佐迪图听到这个消息，惊恐交加，几天后忧郁而死。4月3日，塔法里向人民发表公告，宣布女皇去世，"我将按照我的父辈传给我的法律和敕令统治你们"。11月2日，塔法里正式加冕，称海尔·塞拉西一世（阿姆哈拉语中"圣父、圣子、圣灵三位一体的权力"之意）。

海尔·塞拉西登基后，立即进行酝酿多年的改革。他仿效日本"明治宪法"，颁布1931年宪法，建立参众两院，皇帝握有最高权力。宪法还规定皇帝兼柯普林特基督教首领。但这部宪法是根据国家统一原则制定的，它力求建立统一的行政制度，消除各种封建分裂的倾向，所以它是一部具有进步意义的宪法。

塞拉西在经济上对农民实行让步政策，1932年和1935年下令取消不得人心的"德戈"制和"盖巴尔"制①。还颁布法令，豁免农民一切欠税，减低农业税，放债利息不得超过9%（原来普遍为20%—30%）。在财政上，塞拉西用赎买办法把英国人1905年开设的阿比西尼亚银行改为国家银行，发行本国货币。

在法治方面，塞拉西主持制定了《惩治犯罪条例》，结束了按习惯法定罪的传统，对犯罪分子实行法治。

在教育方面，打破了教会垄断教育的局面。到1935年，国家开办10所新式小学，创办女子学校，规定学校除用本国语教学外，也可教授英语和法语。1936年，埃塞俄比亚派出200名留学生。他还建立了印刷厂，出版了第一份阿姆哈拉文报纸。

在军队建设方面，聘请以弗京将军为首的比利时军事使团指导军队改组，训练皇家警卫部队。1934年，他在格内特建立一所军事学校，由教官

---

① "德戈"制和"盖巴尔"制都是农民对封建国家的封建义务。前者规定农民必须无偿地给过路的贵族、官员、军队和总督指名的旅客提供食宿。后者规定由农民供养当地的行政官员和驻军。

授课和训练。他培训了第一批埃塞俄比亚飞行员，修建了一个飞机场，购买几架军用飞机加强空军。到1935年，军队人数超过20万，其中有7000人左右受过现代军事训练。

塞拉西的改革还未及收到显著成果，即因意大利发动的侵略战争而中断了。

1935年10月3日，意大利军队对阿比西尼亚（埃塞俄比亚）进行大规模入侵。海尔·塞拉西立即发布动员令，宣布"现在是严峻的时刻"，命令"士兵们集结到你们的首领周围，一心一意服从他们的命令，打退侵略者"。他领导埃塞俄比亚人民进行抗意战争。

首都亚的斯亚贝巴陷落后，埃塞俄比亚的抗意战争进入了游击战争阶段。

塞拉西一世定居在英国的巴斯。他在英国和瑞士，或撰文，或演讲，仍为抗战复国操劳奔走；他通过自己的代表同国内的抗意游击队取得联系。

1940年，塞拉西一世搭乘水上飞机秘密离开英国，取道马耳他、埃及，来到驻有英国军队的苏丹首都喀土穆。他向埃塞俄比亚人民发表广播讲话，告诉他们援兵即将到来，要求他们坚持斗争。他在同苏丹—埃塞俄比亚边界地区的埃塞俄比亚游击队和流亡者取得联系后，组织了一支正规军。1941年1月20日，塞拉西与长子沃森等人率领一支2000人的军队离开苏丹，进入埃塞俄比亚境内，开始光复祖国的战斗。1941年4月6日，英军占领亚的斯亚贝巴。5月5日，塞拉西进入首都，受到15000名游击队员的热烈欢迎。他在欢迎仪式上讲话，宣布"埃塞俄比亚历史上一个新纪元的开始"，表示要在全国实行符合基督教精神的政体，建立自由和民主的社会。

从祖国光复至战后初期，塞拉西采取了一些社会措施，恢复国内正常的政治、经济生活。这些措施中，有的是承袭了抗意战争前某些社会改革的精神，有的只是为了恢复他个人在国内的声誉。1942年，塞拉西颁布解放奴隶和禁止奴隶制度的新法令，使奴隶制度终于在20世纪50年代得以废除。1942年和1944年，他颁布法令，规定政府官吏和军队官兵一律实行固定的薪金制，此项开支由国库拨出。1949年，塞拉西政府改革税制，对已耕地和荒地征收现金税。在他倡导下，教育事业也有一定发展，除新建一批普通中学和军事学校外，首次开办了大专院校。塞拉西的这些国内政策，对资本主义生产方式的发展起了一定作用。然而，这些措施已远远不能适应战后变化了的国内外形势。

第二次世界大战后，英、美取代意大利，在埃塞俄比亚的政治经济生活中占据了举足轻重的地位。地方势力对中央政权的离心倾向大大增强。为了维护其统治，塞拉西十分需要英、美势力的支持。1942年1月31日，埃、英签订军事协定，由英国帮助重建埃塞俄比亚军队。1953年，埃、美签订共同防御条约和军事协定。从1953年起10年中，美国对埃塞俄比亚的"军援"达到1.59亿美元，占其对非洲军援的一半。

从20世纪50年代起，在非洲日益兴起的民主潮流的冲击下，塞拉西抛弃了30年代那种锐意进取的改革精神，采取了种种反动措施，维护其专制统治，使他的封建王朝走上了穷途末路。

他依靠外国垄断资本，打击本国的民族工商业。1950年，塞拉西发布"鼓励外国资本在埃塞俄比亚投资的政策声明"，规定不对外国进口机械征收关税；外国企业可以不吸收埃塞俄比亚资本独立经营；外国投资中所得的分红和利息可以无条件汇至国外。

1955年，塞拉西以1931年宪法为蓝本颁布第二部宪法，将众议员由皇帝任命改为选举产生，参议员不再限于贵族，但仍由皇帝任命，并规定了皇帝及摄政王的世袭制度。皇帝本人仍保留着对国家政治、经济、军事等方面的绝对权力。为了扩大皇族财富，塞拉西下令全国最大的阿多拉金矿为他的私人财产，同时规定了皇室开支在国家年度预算开支中的比例。据统计，1958—1959年度，仅这笔开支就达390万美元。而同一年的农业开支仅为90万美元。

塞拉西安抚地方势力，放弃了统一土地制度的原则，重新将土地实行分封。据不完全统计，用于这方面的土地达397万公顷。

封建专制统治使人民生活贫困不堪。1950年，埃塞俄比亚人均年收入为54美元，1957年降到20美元，成为非洲和世界上最贫穷的国家之一。

1960年12月13日，皇家卫队司令门吉斯图·纽威准将及哈拉尔省季加分督格马梅·纽威兄弟，趁皇帝出访非洲和巴西之机，发动了带民主色彩的军事政变，要求改变国家贫穷落后的局面。塞拉西被迫中断在巴西的访问，于12月17日飞回亚的斯亚贝巴，并在忠于他的军队及美国的支持下，迅速平息了政变。政变领导人和参加者，或被绞死，或被判长期徒刑。塞拉西下令对全国新闻、报刊以及大中学校实行严格的"舆论控制"。1961年、1963年和1967年，他又分别动用军队镇压农民起义、工人罢工和学生罢课。1969年，塞拉西指派军警秘密谋杀了亚的斯亚贝巴大学学生会主席。

海尔·塞拉西在第二次世界大战后，曾奉行过追随西方帝国主义的对外政策。1950年，他派兵参加联合国军侵略朝鲜。1960年派出1800名皇家警卫队员参加联合国军镇压卢蒙巴领导的刚果独立运动。20世纪50年代末以后，在民族解放运动的推动下，也由于要转移国内民主势力的视线，他开始奉行积极的中立政策，参加非洲和第三世界的活动，支持非洲各国人民争取民族独立的斗争。它的代表团多次参加亚非人民团结大会和全非人民大会。埃塞俄比亚是1961年成立的不结盟国家会议的成员国之一。1963年5月，非洲国家首脑会议在亚的斯亚贝巴举行，成立非洲统一组织，并在这里设立总部。塞拉西还曾以调解人的姿态，对一些非洲独立国家内部的冲突进行斡旋，对促进非洲国家的团结起过积极作用。

1973年，埃塞俄比亚发生大旱灾，有20万农民死亡。饥荒波及全国，400万城市居民的口粮受到影响。塞拉西向联合国封锁受灾情况。

1974年2月，知识分子和工人首先走上街头。2月18日，全国实行总罢课，首都汽车公司工人上街游行，抗议石油加价。不久，内格利镇的军人和陆军第二师哗变，要求增加军饷，拘押了高级军官。接着，第三、第四师和空军、海军、皇家卫队纷纷响应。但是，塞拉西并不准备对人民群众做出根本性的让步。他甚至说："只有君主了解人民，而人民却不了解自己的利益所在。"他下令出动大批军警，大肆逮捕学生和教师。

3月7日至10日，在全国工人联合会的号召下，10万工人总罢工。农民也揭竿而起，夺地分粮，杀死地主和地方贪官。4月10日，10万穆斯林教徒上街游行，要求宗教平等。6月28日，一批中下级军官组成了"埃

塞俄比亚武装部队、警察、地方军协调委员会"，占领电台，逮捕了 200
名皇族成员、部长和高级将领，迫使首相恩达卡秋辞职。"协调委员会"
以人民的名义，揭露了 1973 年旱灾的真实情况。当电视荧屏出现皇帝用
银盘盛着肉喂狗的镜头时，首都街头到处响起"皇帝是贼！吊死皇帝！"
的呐喊声。1974 年 9 月 12 日，在"协调委员会"的基础上组成临时军政
府，发表第一号文告，宣布永远废黜皇帝。

海尔·塞拉西从 1974 年 9 月起，一直被软禁在皇宫里。1975 年 8 月
27 日病逝。

【毛泽东评说】

关于丧失土地的问题，常有这样的情形，就是只有丧失才能不丧失，
这是"将欲取之必先与之"的原则。如果我们丧失的是土地，而取得的是
战胜敌人，加恢复土地，再加扩大土地，这是赚钱生意。……不愿意丧失
一部分土地，结果丧失了全部土地。阿比西尼亚[①]的打硬仗，也得到丧失
全国的结果，虽然阿国失败的原因不仅仅这一点。

——毛泽东：《中国革命战争的战略问题》，《毛泽东选集》
第一卷，人民出版社 1991 年版，第 211—212 页。

阿比西尼亚为什么灭亡了呢？第一，它不但是弱国，而且是小国。第
二，它不如中国进步，它是一个古老的奴隶制到农奴制的国家，没有资本
主义，没有资产阶级政党，更没有共产党，没有中国这样的军队，更没有
如同八路军这样的军队。第三，它不能等候国际的援助，它的战争是孤立
的。第四，这是主要的，抗意战争领导方面有错误。阿比西尼亚因此灭亡
了。然而阿比西尼亚还有相当广大的游击战争存在，如能坚持下去，是可
以在未来的世界变动中据以恢复其祖国的。

——毛泽东：《论持久战》，载《毛泽东选集》第二卷，人民
出版社 1991 年版，第 453 页。

---

① 阿比西尼亚今名埃塞俄比亚。

民力和军力相结合，将给日本帝国主义以致命的打击。民族战争而不依靠人民大众，毫无疑义将不能取得胜利。阿比西尼亚的覆辙，前车可鉴。

——毛泽东：《反对日本进攻的方针、办法和前途》，载《毛泽东选集》第二卷，人民出版社1991年版，第347页。

为了挽救祖国的危亡，抵御强寇的进攻，保卫华北和沿海，收复平津和东北，全国人民和国民党当局必须深切地认识东北平津丧失的教训，认识阿比西尼亚亡国的覆辙，认识苏联过去战胜外敌的历史，认识西班牙现在胜利地保卫马德里的经验，坚固地团结起来，为保卫祖国而战斗到底。

——毛泽东：《为动员一切力量争取抗战胜利而斗争》，载《毛泽东选集》第二卷，人民出版社1991年版，第353页。

近年来，世界反动资产阶级首先是英法的反动资产阶级，对于德意日法西斯的侵略，一贯地执行了一种反动的政策，即所谓"不干涉"政策。这个政策的目的，在于纵容侵略战争，自己从中取利。……在执行这个反动政策的过程中，曾经牺牲了半个中国给日本，牺牲了整个阿比西尼亚、整个西班牙、整个奥国、整个捷克给德意。这一次又想牺牲苏联。这种阴谋，在这次英法苏三国的谈判中已经明显地暴露出来了。

——毛泽东：《关于国际形势对新华日报记者的谈话》，载《毛泽东选集》第二卷，人民出版社1991年版，第580—581页。

中国抗日战争的持久性同争取中国和世界的永久和平，是不能分离的。没有任何一个历史时期像今天一样，战争是接近于永久和平的。……目前世界上已有三分之一的人口进入了战争，你们看，一个意大利，又一个日本，一个阿比西尼亚，又一个西班牙，再一个中国。参加战争的这些国家共有差不多六万万人口，几乎占了全世界总人口的三分之一。目前的战争的特点是无间断和接近永久和平的性质。为什么无间断？意大利同阿比西尼亚打了之后，接着意大利同西班牙打，德国也搭了股份，接着日本又同中国打。还要接着谁呢？无疑地要接着希特勒同各大国打。"法西斯主义就是战争"，一点也不错。目前的战争发展到世界大战之间，是不会间断的，人类的战争灾难不可避免。为什么又说这次战争接近于永久和平？

这次战争是在第一次世界大战已开始的世界资本主义总危机发展的基础上发生的，由于这种危机，逼使各资本主义国家走入新的战争，首先逼使各法西斯国家从事于新战争的冒险。我们可以预见这次战争的结果，将不是资本主义的获救，而是它的走向崩溃。这次战争，将比二十年前的战争更大，更残酷，一切民族将无可避免地卷入进去，战争时间将拖得很长，人类将遭受很大的痛苦。但是由于苏联的存在和世界人民觉悟的提高，这次战争中无疑将出现伟大的革命战争，用以反对一切反革命战争，而使这次战争带着为永久和平而战的性质。即使尔后尚有一个战争时期，但是已离世界的永久和平不远了。

  ——毛泽东：《论持久战》，载《毛泽东选集》第二卷，人民出版社1991年版，第474—475页。

【作者述评】

海尔·塞拉西一世，这位前埃塞俄比亚皇帝，从1930年11月2日加冕称帝，到1974年9月12日被废黜皇帝称号，共执政44年之久，是埃塞俄比亚现代史上最著名的人物。他之所以著名是因为他有三件事情值得称道：

首先，领导1935—1941年埃塞俄比亚抗意民族解放战争，并获得了胜利。

1935年10月3日，意大利法西斯重兵入侵埃塞俄比亚（时称阿比西尼亚——笔者注），塞拉西皇帝领导全国人民奋起抵抗，以简陋的装备、弱小的武装，屡败装备精良的强大敌军，粉碎了意大利的闪击战计划。由于双方力量对比悬殊，抗意战争领导方面的错误，意大利于1936年5月5日攻占埃塞俄比亚首都亚的斯亚贝巴。5月9日墨索里尼正式宣布吞并埃塞俄比亚。海尔·塞拉西流亡英国后，通过他的代表继续领导埃塞俄比亚人民进行抗意游击战争，并不断发展壮大。1941年1月，海尔·塞拉西一世率军从苏丹进入埃塞俄比亚境内，配合盟军展开反攻。4月9日首都光复。5月6日海尔·塞拉西一世皇帝复位。年底意大利侵略军全部被赶出国境，海尔·塞拉西一世领导人民赢得了抗意民族战争的彻底胜利。

其次，进行一系列改革。

海尔·塞拉西年轻时是封建贵族改革派的领袖，被称为"青年埃塞俄比亚派"。称帝以后，又进行了一系列改革。在政治上，他在1931年颁布宪法，力求建立统一的行政制度，摒除各种封建分裂倾向。同年，他还颁布诏书，解放奴隶，规定父母为奴隶者，其子女即解放；主人死后，奴隶即可自由。并对拒不执行此法律者判处徒刑或处以罚款。1932年、1935年他还分别颁布命令取消"德戈制"和"盖巴尔"制，减轻农民负担。

在经济上，他开设国家银行，改革币制，整顿税制，勘探地质，建设公路等。

在军事上，他聘请外国军事顾问训练军队，并购买飞机，建机场，建立空军，力求建设一支现代化军队。

在文化教育方面，他开办新式小学、女子学校，并出版本国的报纸等。

这些改革措施，为商业资本的发展扫清了道路，鼓励了资本主义企业。这些改革顺应历史发展潮流，在一定程度上反映了人民中广大阶层图强求存的愿望，因而获得了工人、农民、商人、知识分子和开明分子的支持。

最后，在外交上，奉行积极的中立政策。

海尔·塞拉西在第二次大战后，曾奉行过追随西方帝国主义的对外政策。20世纪50年代末以后，在民族解放运动的推动下，也为了转移国内民主势力的视线，他开始奉行积极的中立政策，积极参加非洲和第三世界的活动，支持非洲各国人民争取独立的斗争。它的代表团多次参加亚非人民团结大会和全非人民大会。埃塞俄比亚是不结盟会议成员国之一，非洲统一组织的总部就设在埃塞俄比亚首都。塞拉西有时还以调解人的身份，对一些非洲独立国家的内部冲突进行斡旋，促进了非洲人民的团结。

但是，从20世纪50年代起，在非洲日益兴起的民主潮流冲击下，塞拉西抛弃了30年代那种锐意进取的改革精神，采取了种种反动措施，维护其专制统治，致使他的封建王朝终于被推翻，他也在被废黜后不久，在软禁之中去世。

第二次世界大战前夕，1935年10月到1936年5月，意大利侵略者灭亡阿比西尼亚的战争，是意大利法西斯头子墨索里尼侵略扩张的罪行之一，在当时国际上产生了极坏的影响。中国抗日战争爆发后，一些亡国论者便据以为口实，主张向日本侵略者妥协投降。毛泽东为了教育全党和全国人民，廓清谬论，以正视听，在《中国革命战争的战略问题》《论持久战》和《反对日本进攻的方针、办法和前途》等文章中多次论及这次战争。在《论持久战》"驳亡国论"一节中，为了批驳"如果抗战，必会作阿比西尼亚"等亡国论调，具体指出了阿比西尼亚灭亡的原因，深刻地分析了阿比西尼亚灭亡的时代特点和社会条件，教导人们对战争要作具体的研究和分析，否则，就看不清问题的实质，就会得出完全错误的结论。在"为永久和平而战"一节中，毛泽东从当时意大利先打阿比西尼亚，接着去侵略西班牙，以及日本侵略中国的现实，预见到"无疑地要接着希特勒同各大国打"，第二次世界大战是不可避免的，"目前战争的特点是无间断和接近永久和平的性质"。这些论断都在历史的发展中得到了证明。

在《中国革命战争的战略问题》一文中，为了批判王明等人反对诱敌深入，主张"御敌于国门之外"的错误方针，毛泽东深刻地阐明了"诱敌深入""后发制人"的战略战术，以及丧失土地与战胜敌人的关系，指出："如果我们丧失的是土地，而取得的是战胜敌人，加恢复土地，再加扩大土地，还是赚钱生意。"毛泽东严厉地批判了在第五次"围剿"时期不愿意丧失一部分土地，结果却丧失了全部中央根据地的愚蠢行径，并且指出："阿比西尼亚（今埃塞俄比亚）的打硬仗，也得到了丧失全国的结果，虽然阿国失败的原因不仅仅这一点。"

一切反侵略的战争都是正义的，正义的事业，终归是要胜利的。1938年5月，在阿比西尼亚亡国两年之际，毛泽东在《论持久战》中就预言："阿比西尼亚还有相当广大的游击战争存在，如果坚持下去，是可以在未来的世界变动中据以恢复其祖国的。"后来的情况正是这样，坚强不屈的阿比西尼亚人民在塞拉西皇帝的领导下，在世界反法西斯力量的支持下，经过五年多的艰苦奋战，终于赶走了意大利侵略者，光复了祖国。

毛泽东在《反对日本进攻的方针、办法和前途》一文中，讲到抗日战争的"两条办法"，即"全国军队的总动员"和"全国人民的总动员"。他指出，民力和军力相结合，将产生无穷威力，给日本帝国主义者以致命的打击。"民族战争而不依靠人民大众，将会重蹈阿比西尼亚亡国的覆辙"，揭示了战争的真正伟力在于人民，体现了毛泽东"兵民是胜利之本"的思想，也揭示出阿比西尼亚亡国的根本所在。

从上述这些论述，我们可以看出毛泽东对阿比西尼亚亡国的密切关注，以及他对海尔·塞拉西皇帝的功过的看法。

20世纪50年代以后，海尔·塞拉西奉行和平中立的对外政策，支持亚非人民的民族解放斗争，这和毛泽东积极支持亚非拉人民的斗争是一致的，因而和中国的关系也比较好。1971年10月初，海尔·塞拉西一世曾应邀来我国访问。8日，毛泽东亲切地会见了他。访问期间，两国签订了经济技术合作协定和贸易协定，进一步发展两国的友好关系。1973年1月13日，毛泽东在和来访的刚果（利）总统蒙博托谈话中谈到刚果民族英雄"卢蒙巴"时，说："我们是支持他的。我们还支持几个。"海尔·塞拉西也应是"几个"中一个。

恩克鲁玛

克瓦米·恩克鲁玛（1909—1972），加纳共和国首任总统。

恩克鲁玛全名弗朗西斯·恩威亚·科菲伊·恩克鲁玛，1909年9月21日出身于加纳西南部恩济马恩克罗伏耳村一个特威族人家庭，家境贫寒，父亲是个金匠。恩克鲁玛少年时就读于天主教教会学校。1927年去阿克拉人公立师范学院学习。同年，该院并入阿契莫塔学院。阿契莫塔学院的阿格雷博士反对任何形式的种族隔离的思想给恩克鲁玛以深刻印象。他曾说过："我的民族主义最初是由他激发出来的。"1930年恩克鲁玛获得教师证书，然后到艾耳明纳天主教初级学校当小学教师，次年升任阿克西姆天主教初级学校首席教师。在任教的两年中，他初次结识了"英属西非国民大会"的秘书伍德。在与伍德的多次交谈中，恩克鲁玛对殖民地的政治问题产生了兴趣。在恩克鲁玛的政治启蒙时期，著名的尼日利亚民族主义者阿齐克韦正在加纳主办《非洲晨报》，恩克鲁玛成了它的忠诚读者。两年后，恩克鲁玛又转到阿米诺天主教神学院教书。

在早期民族主义者的影响下，恩克鲁玛决心到国外去寻求非洲解放的道路。1935年，他到美国，先后在林肯大学、宾夕法尼亚大学和林肯神学院学习经济学、社会学、哲学和神学，获得学士、硕士和名誉博士学位。恩克鲁玛在美国当过小贩、餐馆招待、工人和客轮侍者。他利用一切机会积极从事政治活动，时常参加各种黑人传教会和复兴派的集会。他组织了"美国和加拿大非洲学生协会"，当选为主席，出版了协会的机关刊物《非洲讲解员》，宣传民族主义和非洲统一思想。在美国期间，恩克鲁玛阅读了马克思、恩格斯、列宁、马志尼和马库斯·加尔维等人的著作。在这些人物的思想影响下，恩克鲁玛写了一本后来题为《争取殖民地自由的道路》的小册子。他在书中写道："在帝国主义统治下，殖民地人民的处境就是遭受经济剥削和政治压迫。"非洲各殖民地民族解放运动的"目标是争取自由和独立"。这本小册子标志着恩克鲁玛的反殖民主义思想已经趋于成熟。

1945年5月，恩克鲁玛离开纽约前往英国伦敦攻读博士学位。恩克鲁玛一到伦敦，就加入了总部设在那里的"西非学生联合会"，后被推选为该组织的副主席。在英国，他认识了著名的泛非主义者杜波依斯、帕德莫尔和一些非洲民族主义运动领导人如肯雅塔等。他和帕德莫尔一道，筹备第五届泛非大会，担任组织委员会秘书，负责起草《告全世界殖民地人民书》，主张殖民地人民必须摆脱帝国主义的控制，有权选举自己的政府。同年10月，泛非大会在英国曼彻斯特举行。会后设立了泛非大会工作委员会，杜波依斯任主席，恩克鲁玛任秘书长。不久，他又担任西非国民大会秘书处的秘书长，主持出版《新非洲人》月刊，其口号是"争取统一和完全独立"。为了加强法属西非和英属西非殖民地各派政治力量的联系，他曾两次到法国巴黎，并在伦敦召开了两次西非会议。

恩克鲁玛对印度民族解放运动非常关切，受甘地主义的影响很大。恩克鲁玛曾经说过："最初……我认为，解决殖民地问题的办法是武装反抗。……在研究了甘地的政策并以几个月的时间观察它的效果以后，我开始看到，当这个政策得到一个强大的政治组织的支持的时候，它就可能成为解决殖民问题的办法。"按照这种思想，恩克鲁玛有计划地筹建了一个秘密的政治组织"圈子"。其章程规定了这个组织的斗争目标、手段和组织机构，要求所有成员都要成为争取西非团结和独立的"革命先锋"，"不在万不得已的情况，决不使用强力手段"，以及必须忠诚地服从于恩克鲁玛的领导。

在第二次世界大战中，加纳有近7万人被编入英国军队，赴埃塞俄比亚和缅甸作战。全体加纳人民在这场战争中承担了100万英镑以上的公债，为反对和战胜法西斯作出了贡献。为此，英国曾许诺一旦战争结束，就制定民主宪法，使行政机构非洲化。但二战结束后，却拒绝加以实行，玩弄起"宪法改革"的把戏。1946年英国政府颁布了以当时黄金海岸总督

恩克鲁玛

姓氏命名的"伯恩斯宪法",以取代1925年的旧宪法。"伯恩斯宪法"表面上增加了立法议会中由选举产生的非官方代表名额①,但选举方式极其复杂和不民主,同时政治权力仍由总督掌握,因此这一宪法遭到了黄金海岸人民的反对。

1947年12月,以老一代民族主义者丹凯为首的黄金海岸统一大会党成立,这是一个民族资产阶级和知识分子组成的政治组织。它号召人们反对伯恩斯宪法,要求英国"在最短时间内给予黄金海岸以独立"。恩克鲁玛应丹凯之请,回国参加黄金海岸统一大会党的组织领导工作。次年1月,正式就任党的总书记,制定了红、白、金三色党旗,提出了争取自治的行动纲领,开始领导争取民族独立的斗争。1947年4月到1948年3月举行了37次罢工。1948年2月28日,一批退伍军人为就业和物价上涨举行游行,遭到军警开枪镇压,死亡29人,打伤200多人,引发了阿克拉和其他城市的反英暴动。恩克鲁玛立即致电英国殖民大臣,要求召开制宪大会,把行政权移交由酋长和人民组成的临时政府。英国殖民政府以"维护公共秩序"为名,逮捕了丹凯、恩克鲁玛等"六巨头",恩克鲁玛被囚禁在劳拉。1948年4月,"六巨头"受到前来调查阿克拉暴动原因的"华森委员会"的传讯,后被释放。

英国政府作出让步,成立了以英国人库西法官为首的宪法委员会制定新宪法,并让统一大会党的领导人参加。在英帝国主义的拉拢下,统一大会党的领导人开始向右转。该党副主席丹凯出版了一本《友谊与帝国》,断言英国已改变了对殖民地的态度,所以大会党的"在最短时间内独立"的口号应束之高阁。在宪法制定过程中,丹凯还坚持统治阶级的利益,反对人民的利益。恩克鲁玛对这种意见表示坚决反对。获释后,党正式分裂为"保守派"和以恩克鲁玛为首的"激进派"。1948年9月3日,恩克鲁玛创办《阿克拉晚报》,宣传自己的主张。由于日益加深的政治分歧,统

---

① 1925年宪法规定,立法议会有29名成员,其中有9名非洲人,但无一人由选举产生。伯恩斯宪法规定,立法议会有30名成员,其中18名非洲人,13人是地方首长,其中5名由选举产生。

一大会党决定解除他的总书记职务。恩克鲁玛随即成立了"青年组织委员会",提出"立即实行自治"的口号,用以对抗黄金海岸统一大会党的"在尽可能短的时间内实现自治"的口号。

1949年6月12日,在"青年组织委员会"的基础上,恩克鲁玛领导成立了"人民大会党",并当选为主席。这个党拟定了"立即实现完全自治""建立一个民主的政府""为全国工会运动谋利益",使人民"享有生活与管理自己的权利""保持完全的统一""促使一个统一和自治的西非的实现"等六点纲领。在成立大会上,恩克鲁玛提出用"积极行动"来实现自治。根据他的解释,积极行动就是"采取我们能够用来打击在我国的帝国主义力量的一切合乎法律和宪法的手段",用"非暴力的积极行动",为立即实行完全的自治而斗争。

1950年1月8日,恩克鲁玛宣告"积极行动"开始,除医院职工、警察外,一律举行罢工。殖民政府宣布紧急状态,禁止公众集会,实行镇压。恩克鲁玛被捕,判处三年徒刑。在狱中,他与伯德马等人民大会党领导人保持通信联系,指导党继续为争取自治而斗争。当殖民政府决定在1951年2月举行大选时,他要求人民大会党尽力竞争每一个席位。选举结果,恩克鲁玛获得22780票,当选为阿克拉中央区议员;人民大会党获得38个选举议席中的34个席位。1951年2月12日,他被提前释放,次日受命组织政府,担任黄金海岸政府事务领导人,成立责任政府,实行内部自治,次年改称总理。

参政后,恩克鲁玛认为应采取"宪法斗争"的策略,来达到民族独立的目标。为此,1953年7月10日,他提出"独立提案",要求英国宣布黄金海岸是英联邦内一个独立自主的国家,并修改宪法。1954年4月28日颁布新修订的宪法,规定建立一个全部非洲人的内阁和一个直接选举的议会。在6月1日的选举中,人民大会党获得72席,恩克鲁玛再度组阁,任总理,但国防、外交等这些最重要的权力仍由英国总督直接掌握。1956年6月5日,议会通过恩克鲁玛代表政府提出的议案,建议黄金海岸作为英联邦成员国而独立,改名为加纳。7月举行大选,人民大会党获得71席,恩克鲁玛第三次组阁,要求英国政府确定加纳独立的具体日期。1957年3

恩克鲁玛

月 6 日，黄金海岸正式宣布独立，并改国名为加纳。

恩克鲁玛和他所领导的人民大会党政府，从 1951 年执政时起，除了努力争取政治独立外，还致力于"非洲化"政策，起用非洲人逐步代替在政府机构中工作的外国文官。1959 年"非洲化"政策取得进展：加纳武装部队退出了英国西非部队，军官逐步改由非洲人担任；持有英国证书的法官和律师，均须得到加纳法律学校的认可；停止英国货币的流通，成立加纳银行，发行本国货币；撤销英国可可销售公司，设立可可销售局来收购；由国家接管钻石贸易，将五家英国金矿公司收归国有；设立国营海运公司和国营航空公司。在国内经济中，实行五种经济（国营经济、国营和外资合营经济、外国资本经营的经济、合作制经济、私人经济）并存的政策。

恩克鲁玛政府制订了两个五年发展计划（1951—1956 年和 1959—1964年）和一个两年巩固计划（1957—1959 年），修建了特马新港，扩建了塔科腊迪港，建设了一批新工厂和铁路线。在文化教育方面，实行免费义务教育，创办了库马西工艺学院和海岸角大学，大、中、小学的在校学生人数成倍增长。1958 年成立了国家科学研究委员会（1963 年改组为科学院）。

恩克鲁玛奉行和平中立和不结盟的对外政策，反帝反殖，支持非洲人民的民族独立运动。1958 年 4 月，他主持召开了第一届非洲独立国家会议。同年 11 月，加纳与几内亚共和国结盟，他认为这是走向非洲政治统一的第一步。1960 年 12 月，加纳同几内亚、马里结成非洲国家联盟（1961年 4 月正式定名）。他把这个联盟视作非洲共和国的萌芽。1958 年 12 月，恩克鲁玛在阿克拉主持召开了有 62 个民族主义组织参加的全非人民大会，讨论非洲人民反帝反殖、争取民族独立的问题。1960 年他与卢蒙巴签署联合声明，坚决支持刚果（今扎伊尔）人民反对新老殖民主义的斗争。

1960 年 7 月 1 日，加纳宣布成立共和国，废除英国女王作为加纳国家元首的地位，由恩克鲁玛担任总统。

20 世纪 60 年代以后，恩克鲁玛开始了"非洲的社会主义"试验。加纳政府 1962 年在他主持下制订了第一个七年计划。这项计划明确指出："加纳不允许公共利益与个人致富同时存在"，私人经济今后"不得继续扩大其设备和经营范围"。恩克鲁玛认为，"私人的小面积土地占有和耕种是传播社会主义思想的障碍"。在这种思想指导下，他在全国大力推行合作农场和国营农场，主张进行大规模的重工业基本建设，大力建设了成批的钢铁厂、冶金厂、纺织厂和发电站。这种做法给加纳的国民经济造成沉重负担，加上世界市场可可价格的下跌，以及西方国家对"经援"的蓄意拖欠，加纳经济逐渐恶化。

在政治方面，加纳人民大会党执政以后，没有彻底改革殖民地时期的官僚机构，内部的腐败现象依旧存在。一批官员侵吞公款，开办私人企业、商店，甚至向农民放高利贷。这些情况引起人民群众的不满。1961年发生了城市工人总罢工，国内局势开始动荡。1964年，发生刺杀恩克鲁玛事件。恩克鲁玛建立了一支人数很大的国家保安部队和私人卫队。1964年，他宣布自己为终身总统，取缔一切反对党。1966年，在美、英等国势力策划下，加纳军警乘恩克鲁玛访问中国之机，于2月24日发动政变，推翻了他的政府，并取消人民大会党。此后恩克鲁玛寄居几内亚。几内亚总统塞古·杜尔曾授予他几内亚共和国两总统之一的头衔。在这段国外流亡期间，他把主要精力用于理论研究和写作上。1972年4月27日，恩克鲁玛病逝于罗马尼亚首都布加勒斯特。7月，遗体归葬加纳。

【毛泽东评说】

给恩克鲁玛总统的慰问信

（一九六四年一月九日）

阿克拉加纳共和国总统、人民大会党主席兼总书记

克瓦米·恩克鲁玛阁下：

首先，我对于加纳人民的敌人又一次用卑鄙无耻的手段来暗害阁下的罪恶行为表示极大的愤慨，同时对您平安脱险感到无限的高兴。请您接受我个人和中国人民的最亲切的慰问。

帝国主义和反动派对非洲各国的人民领袖和著名政治家，一次又一次地进行暗害阴谋活动表明：他们是不甘心于自己在非洲的失败

的，是决不会自动退出历史舞台的。无论过去、现在和将来，帝国主义和反动派总是要千方百计地阻挠和破坏非洲各国人民的独立和进步的事业。事实已经证明，而且还将继续证明：帝国主义和反动派的疯狂挣扎只会使非洲各国人民更加提高警惕，更加坚定地为反对帝国主义和新老殖民主义、为维护民族独立和争取自己国家的繁荣进步而奋斗。

中国人民将永远支持加纳人民和非洲各国人民的正义斗争。祝加纳共和国在阁下的领导下，在各方面取得新的成就。祝非洲各国人民在反对帝国主义和新老殖民主义的基础上，加强团结，胜利前进。

再一次向您表示最良好的祝愿！

毛泽东

一九六四年一月九日

——毛泽东：《给恩克鲁玛总统的慰问信》，《人民日报》1964年1月13日。

【作者述评】

黄金海岸（后改称加纳）在英属西非各领地中最早开展反帝斗争。第二次世界大战后，这一斗争更加高涨，发展成为民族独立运动。恩克鲁玛便是在这一运动中涌现出来的著名领袖人物。他从个人斗争到组织统一大会党，后来又改组为人民大会党。他依靠这个资产阶级政党，团结全国人民，通过"非暴力的积极行动"，"以一切合乎宪法的手法"为"立即实行完全的自治"而斗争，迫使英帝国主义修改宪法，扩大非洲人民的权利，逐渐赢得议会的多数席位，恩克鲁玛负责组织政府，使黄金海岸由英联邦内的自治，到脱离英联邦，成为一个完全独立的国家，将国名改为加纳。恩克鲁玛在加纳民族独立运动中建立了卓越的功勋。加纳是非洲撒哈拉以南地区最早独立的国家，它的独立和独立以后对该地区其他国家民族独立运动的支持，是这一地区民族独立运动迅速发展的主要原因之一。

加纳独立后，恩克鲁玛实行两个五年计划和进行"非洲的社会主义试验"，进行经济改革和国家建设，效果不太理想，加上西方国家对"经援"的蓄意拖欠，加纳经济逐渐恶化，再加上政府官员的腐败，国内矛盾激化。1961年发生了城市工人总罢工，国内局势开始动荡。1961年8月16日，毛泽东在杭州会见加纳总统兼政府首脑恩克鲁玛，两国签订友好互助条约、经济技术合作协定、贸易协定和支付协定、文化合作协定，刘少奇主席和恩克鲁玛总统发表联合公报。1964年1月2日下午恩克鲁玛离开总统办公室时，有人企图进行暗害，幸而平安脱险。当时周恩来正在非洲访问，毛泽东便写了一封《给恩克鲁玛总统的慰问信》，1月11日周恩来访问加纳拜会恩克鲁玛总统时便转交给他。在信中，毛泽东对加纳人民的敌人暗害恩克鲁玛的罪行表示极大的愤慨，并对他的"平安脱险感到无限的高兴"，致以"最亲切的慰问"，表示永远支持加纳人民和非洲各国人民的斗争。毛泽东着重阐明了这样一个真理：帝国主义和反动派是"不甘心于自己在非洲的失败的，是决不会自动退出历史舞台的。无论过去、现在和将来，帝国主义和反动派总是要千方百计地阻挠和破坏非洲各国人民的独立和进步的事业"。他希望恩克鲁玛"更加提高警惕"。毛泽东的忠告，既是经验之谈，又是历史规律。但以议会斗争起家的恩克鲁玛并未引起足够的重视，他除了加强国家保安部队和私人卫队之外，又宣布自己为终身总统，取缔一切反对党，并未采取积极措施缓和国内矛盾，稳定国内局势。1966年，加纳军警乘恩克鲁玛访问中国之机，于2月22日发动军事政变，推翻了他的政府，人民大会党被取缔。1972年4月27日，恩克鲁玛病逝于罗马尼亚首都布加勒斯特，7月，遗体归葬加纳。

恩克鲁玛不仅是非洲著名的领袖人物和政治家，也是一位有影响的思想家。他著有《走向殖民地的自由》《恩克鲁玛自传》《非洲必须联合》《非洲的阶级斗争》《革命的道路》等书。这些著作反映了他的民族主义、泛非主义和非洲社会主义的观点。他宣扬的用和平的方式（即议会斗争的方式）争取国家独立的道路，深受印度圣雄甘地的影响。

卢蒙巴

【传略】

卢蒙巴·帕特里斯·埃墨齐（1925—1961），刚果共和国首任总理。

1925年7月2日，卢蒙巴出生于扎伊尔开赛省（今东开赛区）东北部卡塔科孔贝镇附近的奥那努瓦村一个农民家庭，属巴特特拉部族。父亲是虔诚的天主教徒。卢蒙巴少年时，仅在教会学校读过六年书，因家境贫寒被迫辍学。之后，转入一所职业护士学校。这时，他大量阅读卢梭、伏尔泰、雨果的著作，深受欧洲资产阶级民主思想的影响。

1943年，经亲戚介绍，卢蒙巴来到金杜一家矿业公司当了文书。在金杜时，他开始寻求达到民族解放的道路，有意识地结交一批黑人雇员，组织他们阅读报刊，议论时事。1945年，卢蒙巴来到斯坦利维尔（今基桑加尼）邮局任职，开始为报刊撰稿，抨击比利时的殖民统治，宣传民族独立思想。

第二次世界大战后，比利时政府制定了"比属刚果经济发展10年（1950—1959）计划"，对刚果丰富的自然资源进行更加残酷的殖民掠夺。由于向外国财团贷款，美国垄断组织也乘虚而入。曾经被视为"平静的帝国"的刚果，发生了大规模的群众斗争。卢蒙巴所在的斯坦利维尔是当时全国群众斗争的中心之一。1955年，他在斯坦利维尔组织邮政工会，并当选为非洲雇员工会东方省（今上扎伊尔区）分会主席。

1956年，比利时政府放宽了禁止刚果人前往欧洲的禁令，卢蒙巴成为首批访问比利时的刚果人士之一。欧洲之行使他看到欧洲人民为争取民主自由权利和改善生活条件进行的斗争，深受启发和鼓舞。然而，卢蒙巴刚返回刚果就遭到当局拘捕，关了一年多。在监狱中，他仍然密切注视着外面的斗争情况。当他听说阿巴科党的领导人卡萨武布①，于1956年8月23日提出了"立即给刚果独立""我们已经忍无可忍了"的口号时，表示衷心赞同。

1957年卢蒙巴出狱后，从东方省来到首都利奥波德维尔（今金沙萨），在一家啤酒厂当经销主任，同时参加各种政治集会，开始与非洲著名的民族解放运动领袖、加纳的恩克鲁玛建立通信联系。

1958年8月24日，法国总统戴高乐访问非洲时，在布拉柴维尔发表要为非洲国家的独立打开大门的演讲。卢蒙巴受到鼓舞。26日，他同其他几位刚果独立运动领导人，联名给比属刚果及卢旺达—布隆迪大臣佩蒂荣上书，表示希望"不要无限期地把目前处于社会与经济进步前列的刚果，限制在违背时代精神的政治体制之下"。

1958年10月，由于国内已经成立的一些政党含有浓厚的部族色彩，难以统一领导全国的民族解放运动，卢蒙巴创建了刚果民族运动党，并任主席——这个超越部族的资产阶级民族主义政党的主席。

1958年12月8日，第一届全非人民大会在加纳首都阿克拉举行。卢蒙巴同刚果民族运动党的其他两位领导人出席了大会，会见恩克鲁玛和几内亚的塞古·杜尔。他被会议选举为大会常设委员会委员，并在会上发表演说，强烈谴责殖民主义，要求非洲完全解放。他说："这一次使我们非洲所有国家的政治家聚集在一起的历史性大会说明，尽管国境和民族不同，但我们有着同一的意志，有着共同的愿望，那就是要使我们的大陆成为一片乐土，不必再担心害怕殖民统治。"他向与会的非洲代表们庄严声明："我们运动的主要目的是使刚果人民摆脱殖民制度和取得独立。"他最后振臂高呼："打倒殖民主义和帝国主义！打倒种族主义和部落主义！刚果

---

① "刚果人协会"（Association des Ba Kongo），一般按其缩写，简称阿巴科（ABAKO），成立于1950年，主席是恩泽扎-郎杜，起初是刚果人的文化团体。1954年3月21日卡萨武布被推选为主席后，他从20世纪50年代中期积极参加政治活动，要求立即实现政治独立，后发展成为政党。政治目标是：反对殖民主义，要求民主、自由、平等，主张立即通过谈判获得国家独立，反对部族主义，呼吁各族人民和睦相处，主张建立统一的民主国家。

民族万岁！独立的非洲万岁！"卢蒙巴热情洋溢的演说受到与会者的热烈欢迎。

回国后，12月28日，卢蒙巴在利奥波德维尔加拉木区广场的7000人欢迎大会上，报告了阿克拉大会的盛况。

1959年1月4日，由于殖民当局禁止阿巴科党集会庆祝全非人民大会取得的胜利，利奥波德维尔爆发了反对殖民统治的大规模群众斗争。示威群众高呼："比利时人滚回欧洲去！""刚果独立万岁！"在这场斗争中，几万刚果人与军警发生流血冲突，数百人被杀，伤无数，阿巴科党被解散。比利时政府在血腥镇压的同时，急忙于1月13日由国王博杜安抛出一个"要引导刚果各族居民走向繁荣与和平的独立，既不一味拖延，也不仓促行事"的"分阶段独立计划"，企图在刚果各政党间制造分裂。

面对比利时政府的阴谋，卢蒙巴坚定地表示："我们在80年殖民统治后，要同旧制度决裂。"1959年4月7日至12日，组织八个政党的代表，在卢卢阿堡（今卡南加）举行会议，讨论独立进程，并向比利时政府递交关于走向独立的备忘。会议的决议要求在1961年1月成立一个政府来确定刚果独立的日期。

由于殖民当局在卢蒙巴的党内挑拨离间、制造分裂，1959年7月，刚果民族运动党发生分裂：以阿尔贝·卡隆吉为首的部分人，认为卢蒙巴的政策过于激进，他们组成以卡隆吉为主席的新的党派，即刚果民族运动党（卡隆吉派）。10月23日至29日，卢蒙巴派在斯坦利维尔举行代表大会，提出了"立即独立"的口号。卢蒙巴主持会议闭幕式时，发生了骚乱，26人死亡，100人受伤。殖民当局以"唆使骚乱罪"为名，在11月1日逮捕了卢蒙巴。

1959年10月16日，比利时政府提出所谓分阶段独立的具体计划：在刚果先进行"地方选举"，成立"省议会"，然后成立"参议院"和"众议院"。按照这个计划，刚果要1964年才能取得名义上的独立。卢蒙巴坚持反对这个计划。同年12月，在各政党联席会议上，通过要求立即独立的决议，号召人民抵制殖民当局的"地方选举"。

1960年1月8日，比利时政府决定于1月20日在布鲁塞尔举行有刚果各政党领导人参加的圆桌会议，讨论刚果的独立问题。卢蒙巴因在狱中，未能赴会。1月21日，卢蒙巴在斯坦利维尔被判处六个月徒刑。他的党拒绝在卢蒙巴缺席的情况下参加会议。所有出席会议的刚果代表及比利时社会党都要求释放卢蒙巴。

1月26日，卢蒙巴获释，飞抵布鲁塞尔，受到热烈欢迎。会议一直开到2月20日。卢蒙巴领导刚果代表团挫败了比利时政府以最小的政治让步，保持尽可能多的政治和经济控制的企图，拒绝比利时国王兼任刚果国家元首、保留对刚果外交和国防及财政控制权的主张。会议通过了16项议案，尤为重要的是，做出1960年6月30日实现独立的决议。在国家体制问题上，以卡萨武布为首的阿巴科等政党主张在六省"自治"基础上建立"联邦"；冲伯①集团则鼓吹在比利时—刚果共同体内实现独立；卢蒙巴及其支持者坚决反对上述主张。最后，会议达成了既建立统一中央政府，又保持各省广泛自治的妥协方案。

1960年4月20日，卢蒙巴访问加纳。在同恩克鲁玛举行的会谈中，他谈到了行将独立的刚果国家的内外政策：刚果独立后，将实行民主制；在国际关系中将执行积极的中立政策；欢迎外资和外国技术人员帮助重建国家。他表示赞同恩克鲁玛的"非洲合众国"设想，认为这是一个独立和主权国家的联合组织。

1960年5月，刚果民族运动党在全国议会选举中获得多数选票，成为议会中的第一大党。6月2日，卢蒙巴在利奥波德维尔举行记者招待会，阐述他的党在刚果独立之后采取的政策：比利时军队立即撤走；比利时"驻节公使"立即离开刚果；国家领导人应直接选出；同其他进步党派建立联盟；保护欧洲人的生命和财产。6月23日，卢蒙巴被议会遴选为总理，组成首届政府，并兼任国防部部长。卡萨武布当选为总统。6月27日，卢蒙巴在政府会议上宣布，刚果独立后将命名为刚果共和国。他在施政纲领中

---

① 冲伯（1919—1969），生于加丹加省（现沙巴区），出身于富商家庭。1959年7月在比利时、英国支持下，组织科纳卡特党，进行破坏刚果独立和统一的分裂活动，是加丹加省分裂集团的头子。

强调要建立一个"民主的而不是集权主义的"国家，建立新的国家机关和军队；对外奉行积极中立政策，团结非洲人民，同一切国家友好共处；对内限制外国资本的剥削，动员一切力量开发自然资源，改善人民生活。

1960年6月30日，刚果宣布独立。比利时博杜安国王应邀参加独立庆典，并讲了话。他把刚果的独立说成是殖民当局恩赐的，并教训说："在你们还没有把握做得更好的时候，不要更换比利时留下的各种机构。"卡萨武布总统对此竟不表示异议。卢蒙巴当场驳斥道："刚果的独立充满了泪与火的斗争"，"我们决不会忘记80年来在殖民统治下遭受的苦难"。他的话博得了全场的热烈掌声和欢呼。

7月4日至8日，刚果士兵哗变，要求撤走白人军官。8日比利时政府以此为借口，派海军陆战队在马塔迪登陆。11日，冲伯在帝国主义怂恿和支持下，率先宣布加丹加"独立"。卡萨武布妄图独揽大权，处处与卢蒙巴作对。在极端困难的条件下，卢蒙巴政府准备进行民主改革，努力促使国家的政治和经济生活走向正常化。他派遣军队讨伐加丹加省的分裂势力。

卢蒙巴政府执政之初，无力应付老牌殖民主义势力及国内分裂势力的联合挑战。7月12日和13日，卡萨武布总统和卢蒙巴总理呼吁联合国援助。14日，美国在苏联的支持下，操纵联合国安理会，通过向刚果共和国派遣联合国军的决议。美国控制的联合国军不尊重刚果主权，拒绝与卢蒙巴政府合作以驱逐外来侵略者。卢蒙巴不得不与联合国军侵犯国家主权的行为进行斗争。8月8日，卡隆吉在盛产钻石的开赛省宣布"独立"。9日，卢蒙巴在记者招待会上声明："刚果永远不做联合国的殖民地，永远不接受联合国的托管。"26日，他再次表示，"绝不容许联合国代替比利时占领刚果"，要求"立即撤走联合国军队中所有的白人军队"。

联合国军队的干涉激化了卡萨武布和卢蒙巴之间早已存在的矛盾。9月5日，卡萨武布宣布解除卢蒙巴的总理职务。卢蒙巴斥责卡萨武布违反宪法，宣布废黜他的总统职位。13日，议会特别会议拒绝双方互相解职的声明，授权卢蒙巴政府全权解决危机。14日，卡萨武布强令议会休会一个月。同日，刚果陆军参谋长蒙博托上校发动军事政变，接管卢蒙巴政府。

10 月 10 日，联合国军以"保护"为名把卢蒙巴软禁在官邸。11 月 27 日深夜，卢蒙巴潜离利奥波德维尔，前往东方省，想同政变后迁往斯坦利维尔的以副总理基赞加为首的合法政府会合。29 日，他在开赛省洛狄、沙库地方渡河时被追兵截获。12 月 3 日，被关押在太斯维尔（今恩班扎—恩昆古）的哈迪兵营。

1961 年 1 月 17 日，卢蒙巴被押解到离伊丽莎白维尔（今卢本巴希）不远的一座别墅里。他到达那里不久，即被冲伯的加丹加宪兵和比利时顾问秘密杀害。卢蒙巴遇害前夕，在给妻子保琳的遗书中愤怒写道："我宁愿昂着头，怀着不可动摇的信念，抱着对祖国前途深刻的信心而死，也决不在屈从之下背弃神圣的原则而生"，"我一刻也不怀疑，我的同伴们和我始终为之奉献我们生命的事业终将获得胜利"。遗书最后写道："我相信，我的多灾多难的祖国，一定能保卫住自己的独立和自由。"

卢蒙巴的遇难，激起了非洲以及全世界主持正义的人们的愤慨。1961 年 3 月，第三届全非人民大会宣布卢蒙巴为"非洲英雄"。1966 年，扎伊尔政府追评卢蒙巴为"民族英雄"。

【毛泽东评说】

我们赞成你们要求公民投票和要求法国撤兵的作法，但是对联合国出兵的问题则需要慎重。刚果的经验很值得研究。看来，要联合国代替比利时，还不如比利时在那里好些。因为比利时是一个国家，它的名声已经坏透了，将来容易对付；而联合国则有许多国家，主要是美国，把它请来了，它就不走了。解放一个民族并不那么容易，不是走了一个比利时，就算解放了。美国利用联合国侵略刚果也教育了刚果人民，刚果人民最终还是要取得胜利的。

——毛泽东：《同阿尔及利亚临时政府总理阿巴斯的谈话要点》，载《建国以来毛泽东文稿》第九册，中央文献出版社 1996 年版，第 297 页。

美帝国主义迫不及待地进攻古巴，再一次在全世界面前揭露了它的真面目，说明了肯尼迪政府只能比艾森豪威尔政府更坏些，而不是更好些。

美帝国主义利用联合国作为工具侵略刚果和杀害卢蒙巴的罪行，将非洲人民对美帝国主义的认识进一步提高了。

> ——毛泽东：《同亚非外宾的谈话》（1961 年 4 月 27 日），《人民日报》1961 年 4 月 29 日。

美帝国主义武装侵略刚果（利奥波德维尔）①，是一件非常严重的事情。

美国一直企图控制刚果。它利用联合国军在刚果做尽了坏事。它谋杀了刚果的民族英雄卢蒙巴，颠覆了刚果的合法政府。它把傀儡冲伯强加在刚果人民头上，并且派遣雇佣军镇压刚果民族解放运动。现在，它又同比利时、英国结成一伙，对刚果进行直接的武装干涉。美帝国主义这样做的目的，不仅在于控制刚果，而是要把整个非洲，特别是新独立的非洲国家，重新投入美国新殖民主义的罗网。美国的侵略，遭到了刚果人民的英勇抵抗，激起了非洲人民和全世界人民的义愤。

刚果人民的正义斗争不是孤立的。全国人民支持你们。全世界一切反对帝国主义的人民支持你们。美帝国主义和各国反动派都是纸老虎。中国人民的斗争证明了这一点。越南人民的斗争正在证明这一点。刚果人民的斗争也必将证明这一点。加强民族团结，坚持长期斗争，刚果人民必胜，美帝国主义必败。

> ——毛泽东：《关于支持刚果（利）人民反对美国侵略的声明》（1964 年 11 月 28 日），《人民日报》1964 年 11 月 29 日。

【作者述评】

卢蒙巴是扎伊尔杰出的民族独立运动领袖，著名的非洲民族英雄。他为刚果（利）的独立和解放进行了不屈不挠的斗争，直至献出自己年轻的生命。

1958 年 9 月，卢蒙巴创建刚果民族运动党，宣布"党的最终目的是解放在殖民主义制度统治下的刚果人民，建立一个独立民主的国家"。

---

① 刚果（利奥波多维尔），即今扎伊尔。

1958 年 12 月 8 日，卢蒙巴赴加纳首都阿克拉参加第一届全非人民大会，回国后向刚果人民报告大会情况时说："独立不是比利时恩赐的礼物，而是刚果人民的基本权利。"

1959 年 1 月 4 日，利奥波德维尔人民集会庆祝第一届全非人民大会的成就，卢蒙巴在会上又提出要求独立的口号。比利时军警的野蛮镇压，引起流血冲突，斗争迅速发展到全国，形成全国民族独立运动高涨的局面。

1959 年 4 月和 6 月，刚果各政党先后两次举行联合会议，提出实现民族独立、迅速成立独立政府的斗争纲领，将全国的民族独立斗争推向新的高潮。12 月，刚果各政党再次举行会议，通过了要求刚果立即独立的决议，比利时殖民主义者的"分阶段独立"计划破产。

1960 年 1 月至 2 月，在布鲁塞尔举行的比利时——刚果圆桌会议，经过激烈斗争，会议终于决定以 1960 年 6 月 30 日为刚果宣布独立的日子。4 月比利时殖民者又策划了一个经济圆桌会议，企图把奴役性条款强加给独立后的刚果，并策划让比利时国王继续当独立后的刚果国家元首，都遭到卢蒙巴的坚决反对。

1960 年 5 月，刚果全国举行普选。6 月 24 日，经参、众两院投票，阿巴科党的卡萨武布被选为国家元首，卢蒙巴任政府总理。6 月 30 日，刚果宣告独立，定名为刚果共和国。

7 月上旬，比利时当局派兵武装入侵刚果，并策划其代理人冲伯宣布加丹加省（今沙巴省）"独立"，组织分裂主义政府。卢蒙巴向联合国请求紧急军事援助。美国打着联合国的旗号，操纵联合国军进入刚果，并和比利时政府及冲伯集团勾结在一起，解除卢蒙巴领导的国民军的武装。10 月，卢蒙巴被联合国军以"保护"为名软禁，后被冲伯集团劫持到加丹加省，1961 年 1 月被秘密杀害，年仅 36 岁。

卢蒙巴为民族解放而英勇献身的壮举，赢得了非洲以及全世界主持正义的人们一致赞扬。1961 年 3 月，第三届全非人民大会宣布卢蒙巴为"非洲英雄"。1966 年，扎伊尔政府追认卢蒙巴为"民族英雄"。

毛泽东在 20 世纪 60 年代非常关心亚非拉的民族解放斗争。他对卢蒙巴的英勇斗争十分关注，大力支持。1960 年 7 月，卢蒙巴鉴于新成立的政府应付不了比利时政府及刚果右派军人的联合进攻，便请求联合国紧急军援，结果，美国军队打着联合国的旗号，堂而皇之地开进了刚果。他们勾结比利时当局和冲伯集团，解除了刚果国民军的武装，使卢蒙巴处于束手就擒的尴尬地步。9月30日，毛泽东在接见阿尔及利亚临时政府总理阿巴斯时就明确指出："对联合国出兵的问题则需要慎重。"这是他研究刚果局势的发展得出的结论："看来，要联合国代替比利时，远不如比利时在那里好些。"原因是："比利时是一个国家，它的名声已经坏透了，将来容易对付；而联合国军则有许多国家，主要是美国，把它请来了，它就不走了。"因为当时刚独立的阿尔及利亚面临着如同刚果独立时同样的问题，毛泽东提醒阿巴斯引以为鉴。

1961年4月27日，毛泽东在同亚非外宾谈话时又指出："美帝国主义利用联合国作为工具侵略刚果和杀害卢蒙巴的罪行，将非洲人民对美帝国主义的认识进一步提高了。"再次指出卢蒙巴请求联合国军进入刚果的教训及对人民的教育意义。

1964年11月，当美帝国主义再次武装侵略刚果（利）时，毛泽东于28日发表了《关于支持刚果（利）人民反对美国侵略的声明》。在声明中，毛泽东指出："美国一直企图控制刚果。它利用联合国军在刚果做尽了坏事。它谋杀了刚果的民族英雄卢蒙巴，颠覆了刚果的合法政府。"毛泽东称卢蒙巴是"刚果的民族英雄"，评价很高。第二天，在北京天安门广场举行声援刚果人民、反对美帝侵略的群众大会，参加的有首都各界群众70多万人，毛泽东等党和国家领导人出席了大会。

1973年1月13日，毛泽东接见了当年发动推翻卢蒙巴合法政府的右派军人蒙博托总统。当二人谈到卢蒙巴时，毛泽东毫不含糊地说："卢蒙巴他没有来过。""对，他没有来得及。""我们是支持他的。我们还支持几个"，"就是不支持你。"当蒙博托表示，"过去使我们分裂的事情一笔勾销"时，毛泽东仍坚持说："历史还是历史。"表明了对卢蒙巴与蒙博托那段历史功过是非的严肃态度。但接着毛泽东话头一转，说："现在两国合作了，你讲和平共处，我也没法子反对了。"说明由于蒙博托对外政策的转变，两国关系得到调整，是合情合理的。（《毛泽东国际交往录》，中

国党史出版社 1995 年版，第 162 页）

　　总之，毛泽东对卢蒙巴这位刚果（利）的民族英雄是很敬佩的，评价是很高的。因为在毛泽东看来，民族斗争说到底是一个阶级斗争问题。卢蒙巴领导的刚果（利）的民族解放斗争，是世界反帝统一战线的一个组成部分，因此值得赞扬。

卡翁达

【传略】

卡翁达（1924—2021），全名肯尼思·戴维·卡翁达，赞比亚首任总统、联合民族独立党主席。

卡翁达生于北方省钦萨里县卢勃瓦，奔巴族人。基督教徒。他的父亲是钦萨里区传教士，母亲是第一批非洲女教师中的一员，卡翁达是他们的第 18 个孩子。卡翁达在卢萨卡中学毕业之后，父亲将他送到 I.K. 马修斯博士那里继续学习。8 岁时父亲去世，他也失去了到马修斯博士那里听课的特权，也要靠放学后给学校挖水沟或干其他零活来挣学费。1943 年至 1944 年，他在卢勃瓦师范学校当教师，1944 年至 1947 年，任该校校长。1949 年，卡翁达任钦萨里县农业协会秘书。1948 年，他任钦果拉恩昌加统一铜矿公司负责福利的官员。1948 年至 1949 年，他又任穆富利拉高级中学膳宿主任。1949 年，受当时社会风气的影响，卡翁达加入非洲人国民大会。下半年回到家乡，同小时好友西蒙·卡普韦普韦、约翰·索科尼一起经营农场，创建钦萨里青年农民协会，实际上这是北罗得西亚（即赞比亚）非洲人国民大会钦萨里支部，卡翁达担任书记。1952 年，卡翁达担任国民大会的省组织书记。1953 年至 1958 年，卡翁达升任总书记，地位仅次于恩坎布拉。至此，卡翁达彻底完成了从教师到政治家的转变。

1958 年，英国殖民政府颁布宪法，规定 7 万欧洲人选出 14 名代表，而 300 万非洲人只能选 8 名代表，选出议会组成中非联邦，而以恩坎布拉为首的非洲人国民大会竟然接受了这部宪法。卡翁达坚决反对，并另外组建赞比亚非洲人国民大会，与恩坎布拉分道扬镳。不久，卡翁达的新党遭到殖民当局禁止，1959 年卡翁达和卡普韦普韦都被拘留 9 个月。1960 年 1

月，卡翁达加入了由迈因扎·乔纳组建的非洲联合民族独立党，并担任主席。他加紧反对中非［包括尼亚萨兰（马拉维）、北罗得西亚（赞比亚）和自治殖民地南罗得西亚］联邦并得到了广泛的支持。1962年10月，卡翁达当选为北罗得西亚立法议会议员。同年12月，他任北罗得西亚联合政府地方政府社会福利部部长。1963年，英国殖民当局不得不同意中非几国独立，中非联邦解体。

1964年1月，北罗得西亚实行自治，由联合民族独立党组成内部自治政府，卡翁达出任政府总理。10月24日，即联合国成立纪念日，北罗得西亚宣告独立，改名为赞比亚共和国，卡翁达任总统和武装部队总司令。

独立后的赞比亚面临很多问题，卡翁达急需解决同"拉姆巴"教派的矛盾。独立前该教派曾拒绝全民选举执政党及总统，独立后，卡翁达不得不使用暴力手段，迫使其教派领导人投降，造成几百人死亡，使卡翁达的形象受到损害。他谨慎处理巴罗兹兰族的拒绝合并问题，终于使巴罗兹兰顺利地成为赞比亚的一部分。

在经济上，卡翁达建立了社会主义的经济结构，颁布了一系列国有化法令。广泛的国有化，使赞比亚经济出现持续增长的势头。同时他使更多的本地人参与经济活动，增加他们从事熟练工作的机会，努力提高人民的生活水平。他还十分重视教育，加大教育投资，培养人才，创办赞比亚大学，1966年兼任赞比亚大学校长。

在外交上，卡翁达奉行的是不结盟政策，支持南部非洲民族解放斗争，反对南非种族隔离制度。1962年，卡翁达当选为中、东、南部非洲泛非自由运动主席。1965年罗得西亚独立后，他领导了对罗得西亚的制裁和约束，反对罗得西亚和南非的恐怖活动。1970年至1973年，卡翁达任不结盟运动主席，还曾任非洲统一组织主席。1973年，罗得西亚领导人伊恩·史密斯关闭罗得西亚边界，以此威胁赞比亚这个内陆国家，因为它的贸易运输物资需经过罗得西亚、南非到达海洋。卡翁达毅然决定改从安哥拉的洛比托出口铜，以后又得到经过葡萄牙殖民地的出海口，扎伊尔、肯尼亚、马拉维、坦桑尼亚等国都为赞比亚出口铜提供便利。还在中国援助下和坦桑尼亚一起共同修建了坦赞铁路，非洲人借此机会显示了在反对罗得西亚时的团结一致的精神，卡翁达的国际声誉大大提高。1974 年，卡翁达以东道主的身份主持了莫桑比克解放阵线同葡萄牙殖民当局的谈判，他积极支持莫桑比克解放阵线的独立要求。

1988 年，卡翁达再次当选为联合民族独立党主席，并连续当选为共和国总统。此后的一系列和平行动表明，卡翁达领导赞比亚人民走上了一条和平发展的道路。1970 年 9 月—1971 年 6 月和 1987 年 7 月—1988 年 5 月两度任非洲统一组织主席。1970 年 9 月—1973 年 9 月任不结盟运动主席。1985 年 11 月—1991 年 11 月任非洲前线国家首脑会议主席。1991 年 11 月，卡翁达在总统选举中失利，失去总统职位。2000 年 4 月，卡翁达正式宣布退出政坛。

卡翁达著有《黑人政府》（1958 年）、《非洲人道主义者》（1966 年）和《不结盟》（1966）等著作。

【毛泽东评说】

毛泽东主席（以下简称毛）：希望第三世界团结起来。第三世界人口多啊！

卡翁达总统（以下简称卡）：对。

毛：谁是第一世界？

卡：我想应该是那些剥削者和帝国主义者的世界。

毛：第二世界呢？

卡：是那些已经变为修正主义分子的人。

毛：我看美国、苏联是第一世界。中间派，日本、欧洲、澳大利亚、加拿大，是第二世界。咱们是第三世界。

卡：我同意主席先生的分析。

毛：美国、苏联原子弹多，也比较富。第二世界，欧洲、日本、澳大利亚、加拿大，原子弹没有那么多，也没有那么富；但是比第三世界要富。你看这个解释好不好？

卡：主席先生，你的分析很确切，十分准确。

毛：研究一下吧。

卡：我想不用研究，我们的意见就可以取得一致，因为在我看来，这个分析已经很确切了。

毛：第三世界人口很多。

卡：确实如此。

毛：亚洲除了日本，都是第三世界。整个非洲都是第三世界，拉丁美洲也是第三世界。

——毛泽东：《关于三个世界划分问题》，载《毛泽东外交文选》，中央文献出版社、世界知识出版社 1994 年版，第 600—601 页。

【作者述评】

卡翁达是赞比亚民族独立党主席、杰出的非洲民族主义政治家。他长期领导赞比亚人民与英国殖民主义者进行顽强斗争，主张"积极的非暴力行动"，通过宪法谈判，使赞比亚实现独立，当选为首任总统。独立后，他化解原有的民族矛盾，奉行维护民族独立和国家主权的政策，注意发展民族经济，实现经济"多样化"。对外奉行不结盟政策，曾担任非洲统一组织主席、不结盟运动主席，支持南部非洲民族解放斗争，反对南非种族隔离制度，和亚非国家进行友好往来，对赞比亚乃至整个非洲的民族独立解放事业作出了卓越的贡献。

对这个发展中的非洲国家的领袖来说，因为国情复杂，很多措施未必尽当，例如，他对"拉姆巴"教派的武装镇压和取消反对党、实行一党制的举措等，但这些措施往往是迫不得已的，我们不能对他的所作所为求全责备。卡翁达对非洲人民的贡献是巨大的，他的不结盟和非暴力主张在非洲和世界民族解放运动史上留下了光辉的一页。

赞比亚与中国建立了良好的外交关系，卡翁达曾于 1967 年、1974 年、1980 年和 1988 年多次率团访问中国。毛泽东于 1974 年 2 月 22 日会见他时，提出了著名的三个世界的理论。毛泽东说："我看美国、苏联是第一世界。中间派，日本、欧洲、澳大利亚、加拿大，是第二世界。咱们是第三世界。"毛泽东又说："美国、苏联原子弹多，也比较富。第二世界，日本、欧洲、澳大利亚、加拿大，原子弹没有那么多，也没有那么富；但是比第三世界要富。""第三世界人口很多。""亚洲除了日本，都是第三世界。整个非洲都是第三世界，拉丁美洲也是第三世界。"毛泽东的这几段话，不是一时的即兴之谈，而是经过长期的观察和思考提出的一个精辟的新论断。

1974年2月23日，周恩来总理向卡翁达总统解释毛泽东划分三个世界的观点时说：到了20世纪40年代后期和50年代初期，美国的国务卿杜勒斯提出了所谓遏制政策，划一条线把社会主义国家"箍起来"，其他列入他们的势力范围。后来西方世界发生了很复杂的变化，西欧、日本、大洋洲国家逐渐恢复起来了。这时候，苏联也发生了变化，赫鲁晓夫上了台，苏联的政策（对外政策）发生了质的变化，苏联也向外扩张，和美国进行争夺，成为争霸的一方。在这种情况下，变化了的西方世界从那个"辽阔的中间地带"中分出了一个"第二中间地带"。"第二中间地带"就是除美国以外的西欧、日本、加拿大、澳洲。事态的发展正如毛泽东主席所估计的，美、苏这两个核武器发达国家，两个实行霸权主义政策的超级大国都在争夺这两个中间地带；它们的激烈争夺从60年代初一直发展到现在。战后国际局势一步一步地发展，而且发生了几方面的重大的变化，毛泽东的观察分析也随之一步一步地深化，最后科学地加以归纳和概括，提出了划分三个世界的战略思想。

1974年4月10日，邓小平副总理在纽约举行的联合国大会第六届特别会议上，第一次正式向全世界阐述了毛泽东的这一新的战略观点。其中指出，目前世界上各种政治力量经过长期的较量和斗争，发生了急剧的变化和改组。邓小平指出："从国际关系的变化看，现在的世界实际上存在着互相联系又互相矛盾着的三个方面、三个世界。美国、苏联是第一世界。亚非拉发展中国家和其他地区发展中国家是第三世界。处于这两者之间的发达国家是第二世界。"他还讲到，原料和发展问题的实质，就是发展中国家维护国家主权，发展民族经济，反对帝国主义，特别是超级大国的掠夺和控制的问题。这是当前第三世界国家和人民反殖、反帝、反霸斗争的一个极其重要的方面。第三世界要发展自己的经济，首要的前提是维护政治独立，没有政治独立，就不可能获得经济独立；而没有经济独立，一个国家的独立就是不完全、不巩固的。第三世界国家强烈要求改变目前极不平等的国际关系，而且提出了许多合理的改革建议，中国政府和人民热烈赞同并坚决支持他们提出的一切正义主张。邓小平还阐明了包括国家之间的政治和经济关系应当建立在和平共处五项原则基础上在内的中国政府的六项主张。其中宣布：中国是一个社会主义国家，也是一个发展中的国家，中国属于第三世界。中国政府和人民，坚决支持一切被压迫人民和被压迫民族的正义斗争，这是我们应尽的国际主义义务。中国现在不是，将来也不做超级大国。5月12日，中共中央发出通知，指出邓小平的发言"是根据毛泽东的历次指示写的，经过中央政治局讨论通过，并报请毛主席审阅"。毛泽东4月4日在送审的发言稿（第六稿）上批示："好，赞同。"所以，邓小平的这个发言可以说准确地反映了毛泽东的观点，它标志着毛泽东对世界战略格局的认识发展到了一个新的阶段。邓小平的这个著名的发言使毛泽东划分三个世界的战略思想开始闻名世界。

毛泽东提出三个世界划分的理论的最主要的动因，是要在急剧变动的世界格局中，为中国找到一个与国家利益相符合的战略地位，即中国属于第三世界。在这方面，中国的确获得了最大的战略利益。最直接的收获，就是中美关系的正常化，中日关系的正常化，中国国际战略地位不断提高，以及中国外交新格局的出现。

卡翁达长期致力于民族独立解放运动和不结盟运动，支持非洲民族独立和亚非人民争取和平的斗争，与毛泽东的三个世界划分的理论正相契合，因而他对毛泽东关于三个世界划分的理论十分赞同，表现出一个卓越政治家的聪明睿智。

卡斯特罗

【传略】

菲尔德·卡斯特罗（1926—2016），古巴共产党中央委员会第一书记、国务委员会主席、部长会议主席。1926年8月13日出生于古巴奥特连省马亚里市郊的比兰村一个甘蔗种植园家庭。父亲安赫尔·卡斯特罗在美西战争期间随同西班牙军队来到西班牙北部的加利尼西亚参战。母亲是利纳·鲁斯·冈萨雷斯，是一个来自烟草之乡的国内移民，笃信天主教。卡斯特罗幼年时被送到圣地亚哥市一个女教师家中接受启蒙教育，两年半后进入拉萨尔兄弟教会小学读书。到三年级时，他因成绩优异跳到五年级。

卡斯特罗10岁那年假期，家乡正在搞选举，父亲用钱资助百万富翁菲德尔·皮诺·桑托斯竞选，控制了大多数选票，一些政府官员也在竞选中营私舞弊弄虚作假，选举成了少数人控制的一场骗局。这件事使卡斯特罗在少年时代就看清了资产阶级政治的虚伪。

11岁时，卡斯特罗与老师发生冲突，反抗老师的体罚，一气之下决心不再回校，于是转入一所私立学校——圣地亚哥的多洛雷斯小学读书，最后以优异成绩毕业升入中学。

到中学阶段，卡斯特罗酷爱体育，埋头学习。他在体育和功课上双双获得优异的成绩，成为贝伦中学的佼佼者。他曾于1943年和1945年以古巴最优秀的全能运动员而获奖。

1945年10月，卡斯特罗考入哈瓦那大学，攻读法律系。在大学里，他仍然活跃在体育场上，曾经击败过古巴乒乓球全国冠军。他阅读世界名人传记和他们的著作，并以超强的记忆力来背诵一些篇章。大学第二年开学不久，古巴正义党议员鲁文·莱昂来哈瓦那大学参加一个露天集会，卡斯特罗去听了他的演讲。这次集会，是卡斯特罗第一次参加政治活动。此后他便积极参与一些政治活动，以他的口才和论敌们辩论，向公众发表演讲，很快便成为大学生领袖，曾任大学生联合会主席。由于他的言论猛烈抨击总统和政府当局，因而受到古巴秘密警察局的注视，警察对卡斯特罗进行威胁说："要么放弃政治上的反对立场，要么乖乖地离开大学。"卡斯特罗不为所动，坚持自己的立场。1946 年 9 月，他作为法律系的一个代表，支持古巴人民党领袖奇瓦斯。1947 年 1 月，他严厉抨击格劳的改造主张，并于 1947 年 5 月参加了"古巴人民党"的成立大会。这是卡斯特罗在革命胜利前参加过的唯一政党。

卡斯特罗因公开抨击政府要员而被列入政府暗杀名单。于是 1947 年夏天，他加入了在古巴避难的多米尼加人之中。这些人是革命社会主义运动和另一些组织的成员，他们正打算与古巴人组成远征队打回多米尼加，推翻独裁政府。不料事情被发觉，古巴海军前往这些人集结的小岛抓人，卡斯特罗在夜间趁混乱逃离小岛。这件事使他深深认识到，推翻政权的唯一手段是革命。后来，他又插手著名的波哥大事件。在这一事件中，古巴和阿根廷的学生联手组成大军，反对在哥伦比亚首都召开的一次泛美会议。

在大学的最后几年里，卡斯特罗同一些进步组织有许多接触，渐渐接受了马克思主义的观点，认识到历史有其发展规律，阶级斗争是阶级社会发展的重要因素，社会主义必然代替资本主义。他后来承认，《共产党宣言》影响了他整个思想。在大学里，卡斯特罗用很多时间组织政治活动，反对总统格劳，组织集会游行，进行演讲、示威，带领大学生和政府警察对抗，学潮搞得声势浩大，有的系的学生已经武装起来，准备应付警察武装进入校园。当局将卡斯特罗逮捕，后在舆论压力下释放了他。1947 年 3 月卡斯特罗离开了古巴，流亡国外。不久又回到哈瓦那大学，认真研究马克思主义。他在大学毕业时，不仅广泛地积累了政治经验，而且接受了马克思主义政治教育，然而还未成为一个马克思主义者。1949 年他获得法学博士学位，完成了大学的学业，正式走向社会。在大学期间，卡斯特罗与米尔塔结婚。

毕业后，卡斯特罗当了一名律师，但更多的是参加社会活动和党的会议。他成了党内激进派的代表。从 1952 年开始，他为《警觉报》撰写文章，攻击大庄园主，为工人和农民谋求公平待遇。1952 年 3 月 10 日，古巴发生军事政变，巴蒂斯塔夺取政权后，以残暴手段镇压反对派，死难者达两万多人，激起全国人民的反抗怒火。卡斯特罗发表声明对巴蒂斯塔进行了揭露，指出他的篡权是非法的，使用暴力和枪炮不得人心。一些群众聚集起来前往兵营示威，迫使新统治者下台，但遭到拦截，许多人被捕。卡斯特罗开始认识到必须组织一支军队去攻打敌人，但应先从小到大，于是他策划了一次攻打蒙卡达兵营和反对巴蒂斯塔政权的武装起义——"七二六运动"。卡斯特罗和 200 多人组成一个名叫"运动"的组织，通过合法手段搞来一批枪支，经过战斗训练，挑选了 143 人准备攻打全国第二大军事基地——圣地亚哥的蒙卡达兵营，并事先拟好广播用的革命纲领，到时向全国发表《蒙卡达宣言》。经过周密策划和侦察，攻击行动于 7 月 26 日凌晨 5 时 15 分分两地同时开始。由于敌众我寡，兵器不足，以及指挥联络不力，攻打兵营两个半小时后就失败了。事后，大批战斗者被枪杀或被虐待致死，成千上万的人被拘留。卡斯特罗带上很少的几个人上山打游击，但不久精疲力竭，被警察抓住了。卡斯特罗被秘密审讯，判处 15 年徒刑。在法庭上，他发表了具有伟大历史意义和现实意义的长篇自我辩护词《历史将宣判我无罪》。10 月中旬，他被押往古巴西南部的松树岛监狱，被关押在单人牢房，与外界整整隔离了一年半。卡斯特罗的起义虽未成功，却因被关进监狱而成了英雄，其事迹被人们到处传颂着。

1955 年 2 月，巴蒂斯塔在无人竞选的情况下又一次当选为总统。他就职后为讨好公众舆论，改变自己的独裁形象，发布了大赦令。5 月 8 日，卡斯特罗及其战友们获释出狱。出狱后，卡斯特罗利用广播、电视、报刊进行革命宣传，号召工人罢工、学生罢课。7 月 7 日，他决定暂时离开古巴去墨西哥逃避政府当局的迫害。

在墨西哥，卡斯特罗积极活动，加强古巴的地下组织，在美国建立根据地和多个古巴移民点，训练了一支远征部队，试图推翻巴蒂斯塔政权。在这期间，他的妻子受了他那个亲政府派的哥哥的影响，与卡斯特罗离婚了。1955 年底，卡斯特罗宣布与他所在的人民党领导正式断绝关系，指出"七二六运动"与人民党不同，前者是反政府的战斗先锋队。他号召一切革命者参加"七二六运动",团结在他的周围。后来哈瓦那紧急法庭下令逮捕卡斯特罗。墨西哥将卡斯特罗强行驱逐出境。1956年12月2日,卡斯特罗带领82名革命者从墨西哥乘前总统普里奥赞助的"格拉玛号"快艇驶向古巴,准备在奥特连省秘密登陆,开展独立战争。这支远征队司令官是卡斯特罗,自己授予的军衔是少校。由于海上气候变化,他们的快艇延误了登陆时间,与圣地亚哥的起义部队未能配合好,导致起义和登陆全面失败。卡斯特罗的队伍最后只剩12个人,在躲过敌人的追杀后,上马埃斯特腊山上打游击战。这时,卡斯特罗开始阅读《孙子兵法》,借鉴中国游击战争的成功经验。不久一些人员来到他的身边,当地农民也大力支持他。从此,卡斯特罗在马埃斯特腊山创建了古巴起义军,与政府军开始了长期的武装斗争。两年以后,起义军发展到200多人。

1958年4月,卡斯特罗率领起义军对巴蒂斯塔政权发动猛攻,没有成功。后来,他倡导古巴工人举行大罢工,也遭失败。1958年8月底,在卡斯特罗的统一指挥下,起义军从山中出来挥师西进,开始向巴蒂斯塔政府军大反攻。政府军节节败退,城市连连失守,总统巴蒂斯塔带着亲随乘飞机逃往多米尼加,起义军顺利占领了圣地亚哥。卡斯特罗于1959年的新年第一天来到这里,并在群众中演说,极大地鼓舞了人民群众。1月8日,卡斯特罗到了首都哈瓦那,成千上万的人像欢迎英雄般地欢迎他。

新生的政权选举了乌鲁蒂亚法官为临时总统。卡斯特罗仍是"七二六运动"的领导人,他经常出现在电视屏幕上,他的名字在古巴、在拉丁美洲以及欧洲无人不晓。2月16日,他出任古巴总理,实际上主宰了内阁大权,总统只是名义上的职位。1959年4月15日,卡斯特罗首次访美,给美国人民留下了深刻印象。尼克松副总统会见了他,卡斯特罗说自己不是共产党,古巴政府中如果有共产党的势力也构不成威胁。这一点使美国颇感兴趣,而使国内舆论感到不满。5月7日,卡斯特罗在顺道访问加拿大和南美几个国家后回到古巴,并重申他的访美观点:古巴革命与共产主义没有任何关系,它既不是资本主义,也不是共产主义,而是橄榄绿色的人道主义。

1959年5月,卡斯特罗开始在国内进行农业改革,他与古巴共产党产生分歧,也导致党内的分歧和社会的争论,最后改革遭到反对。总统与卡

卡斯特罗

斯特罗发生冲突，美国对卡斯特罗施加压力并进行威胁，于是，他在 7 月 17 日宣布辞职，并在电视台发表讲话，指责总统搞乱了政府，欲与美国人一起统治古巴。乌鲁蒂亚总统也提出辞职。一时国家没有了总统和总理，内阁一片混乱。

在这种情况下，卡斯特罗很快选出一个新总统——法律修订部前部长多尔蒂斯科，使政权保持了稳定。不久卡斯特罗重新出任总理，开始实行他的政策，并在政府内消除自由主义分子。

1961 年 4 月古巴与美国关系恶化后，卡斯特罗公开承认古巴革命是社会主义革命，并与共产党合作。他取得苏联的支持，发展了国内经济，苏联还为古巴提供了 500 万美元的武器。中国与其他社会主义国家向古巴派出了大使，使古巴成为国际共产主义大家庭的一员。卡斯特罗在古巴推行社会主义，但其操之过急的政策使个人积极性得不到充分发挥，生产力发展缓慢，一些形式主义的政治措施造成了个人崇拜。但古巴是世界上社会主义国家中起步最晚的一个小国，20 世纪 60 年代，在卡斯特罗的领导下，古巴能在美国的眼皮底下推行社会主义，并获得成功，不能不说是国际共产主义运动史上的一个奇迹。

古、美关系继续恶化，美国对古巴实行经济封锁，并企图颠覆古巴新政权。1961 年 4 月 17 日，美国组织雇佣军入侵古巴，当天就被古巴军队击溃。这一事件使卡斯特罗迅速作出反应，逮捕了近 10 万人，枪毙了一批被监禁的反革命头目，破获了敌人的间谍组织。苏联则向美国照会，谴责这次入侵事件，并发誓要给古巴一切必要的援助。1962 年春，苏联向古巴开始了秘密运送地对地导弹的行动，卡斯特罗高兴异常。美国立刻紧张起来，派 U-2 高空侦察机在古巴上空拍照，发现了苏在古巴的军事设施——萨姆地对空导弹发射场，认为古巴拥有的导弹可以摧毁美国从东海岸到西海岸的所有城市。为此，美国总统肯尼迪决定对古巴实行"海上隔离"，意即封锁古巴的海上运输，禁止载有任何进攻性武器的船只进入古巴。1962 年 10 月 24 日上午 10 时起，美军开始进行"海上隔离"。美、苏围绕古巴导弹危机问题最后达成协议，苏联从古巴撤走导弹和轰炸机，美国保证不入侵古巴。一场围绕古巴导弹的美苏危机总算平安过去了，但从此引起卡斯特罗对苏联的反感，苏联、古巴关系开始恶化。

卡斯特罗在古巴的权力越来越大，被称为最高领袖和武装部队总司令。一些老共产党员渐渐消逝了，"七二六运动"代替了古巴共产党。卡斯特罗对一切作出决定，导致一些高层人物对他有所不满，为此也造成一些人的解职、判刑和辞职。但古巴人民拥戴卡斯特罗，他勤奋地工作和英勇不屈地斗争，带领人民粉碎了帝国主义的经济封锁，使古巴逐渐繁荣富强起来了。在共产主义运动处于低潮时期，他仍然坚持走社会主义道路，建设了拉丁美洲唯一的社会主义国家，并越来越坚定地与一切反社会主义行为作斗争。1989年6月至8月，卡斯特罗在高层领导中开展了反腐败斗争，清除了一批腐败分子。为了亲自处理三件巨案，卡斯特罗放弃外出活动，将包括内政部局长、交通部长和内政部长在内的犯罪人员全部绳之以法。接着，古巴又在1990年对中下层干部和各个经济领域里开展打击经济犯罪活动，保障了古巴经济建设的顺利发展。

90年代，古巴有了飞速的发展，一系列经济政策给古巴经济注入了活力，使国民生产总值不断增长，人民生活质量大幅度提高。1998年初，他再次当选为国务委员会主席，继续带领全国人民为古巴的繁荣昌盛而奋斗。2011年4月，卡斯特罗在古巴共产党第六次全国代表大会上正式卸任古巴共产党中央委员会第一书记。2016年11月25日，卡斯特罗去世，享年90岁。

【毛泽东评说】

帝国主义还在压迫我们中国，占领我们的台湾。美帝国主义不承认我们，它说看不见人民中国。它差不多每天都说我们很坏，可见它还是看见我们的，否则它怎么能说我们坏？它说我们犯的第一条错误是不该和蒋介石打仗，说蒋介石是好人，我们是坏人。正如同说你们古巴的巴蒂斯塔是好人，卡斯特罗是坏人一样。各国都有被美国认为是好人的人，但是人民看他们并不那么好，甚至很坏，这是因为美国同我们的观点不对头。

——毛泽东：《现在是帝国主义怕我们的时代》，《毛泽东外交文选》，第398页，中央文献出版社、世界知识出版社1994年版。

卡斯特罗

请你们看一看古巴。古巴在什么地方？离美国很近，飞机航行距离只要半小时。古巴人民原来是手无寸铁的，古巴的统治者巴蒂斯塔在几年中杀死古巴人两万之多。你们也可能说，中国是一个大国，人多。古巴可不是大国，只有六百万人口，离美国那么近，巴蒂斯塔又杀死过两万人。但是，一九五六年十一月，古巴的民族英雄菲德尔·卡斯特罗率领八十二人，从墨西哥坐了一只船，到古巴登陆。同政府军作战打了败仗，八十二人只剩下十二个人，其中有菲德尔·卡斯特罗和他的弟弟劳尔·卡斯特罗。他们只好转入山区，开始游击战争，打了两年多，抢了许多枪炮，还抢了坦克，巴蒂斯塔只好跑了。你们看，古巴人民原来是手无寸铁，而巴蒂斯塔政权是武装到牙齿的，美国那么大的国家支持他，又离得那么近，但是人民团结起来就把巴蒂斯塔赶跑了。你们有没有人到古巴去过？如果没有人去过，我建议你们到古巴走一趟。这么个小国敢于在美国身旁搞革命，所以研究古巴的经验很有必要，古巴的革命有世界意义。拉丁美洲的人民都欢迎古巴的人民政权。

——毛泽东：《帝国主义是不可怕的》，载《毛泽东外交文选》，
中央文献出版社、世界知识出版社1994年版，第406—407页。

前几天，我看到古巴朋友，他们胜利较快，两年多就胜利了。开始时只有八十二人从墨西哥坐一条船到古巴，不会打仗，打冒险的仗，结果八十二人就给搞掉七十人，剩下十二人，菲德尔·卡斯特罗就是其中之一。十二个人怎么办呢？他们就转入山区，改变了策略，这样就发展起来了。后来也还有些挫折，挫折教育了他们，最后取得了胜利。古巴人口比阿尔及利亚少，只有六百万人。美帝国主义离他们也很近，飞机去只要半小时。他们打了两年多，一九五九年一月一日取得了独立，成立了自己的政府。

——毛泽东：《被压迫的人民就是要不屈服》，载《毛泽东外交大选》，
中央文献出版社、世界知识出版社1994年版，第416页。

中国要和平。凡是讲和平的，我们就赞成。我们不赞成战争。但是，对被压迫人民的反对帝国主义的战争我们是支持的。对古巴、阿尔及利亚的革命战争，我们是支持的；对越南南方人民反对美国帝国主义的战争，

我们也是支持的。这些革命是他们自己搞起来的。比如古巴，不是我们叫卡斯特罗起来革命，是他自己起来革命的。你们相信吗？是美国叫他革命的，是美国走狗叫他革命的。

> ——毛泽东：《支持被压迫人民反对帝国的战争》，载《毛泽东外交文选》，中央文献出版社、世界知识出版社1994年版，第530—531页。

再讲讲古巴，是美帝国主义和它的走狗巴蒂斯塔强大些，还是卡斯特罗强大些？卡斯特罗军队八十多人从国外乘船回古巴登岸，激战后剩下的十二人，躲在农民家里，后来又起来搞游击战争，他们经过两年多，就取得了胜利。

> ——毛泽东：《从历史来看亚非拉人民斗争的前途》，载《毛泽东外交文选》，中央文献出版社、世界知识出版社1994年版，第536页。

古巴人民的民族民主革命斗争，受到全世界人民的赞扬和尊敬。英勇的古巴人民，经过长期的艰苦奋斗，推翻了帝国主义走狗的反动独裁统治。在革命胜利以后，你们又英勇地抗击着美帝国主义的侵略和威胁，进行着符合广大人民群众利益和繁荣民族经济所必需的土地改革和其他改革。你们是在最接近美国的地区进行正义的革命斗争。你们的每一个胜利，都沉重地打击了以美国为首的帝国主义反动势力。全世界争取和平和进步的人民，特别是拉丁美洲各国人民，从你们胜利的斗争中，大大增强了斗争勇气和胜利信心。

中国人民和我本人，一直非常关心您所领导的古巴人民革命斗争。长期生活在革命斗争中的中国人民，对于你们的斗争，感到特别亲切。相同的遭遇和共同的斗争，把我们两国人民紧紧地联系在一起。我们在反对美帝国主义的斗争中，是相互支持、相互鼓舞的。你们取得的每一个成就、进步和胜利，都使我们感到高兴。你们受到美帝国主义的每一次侵略、轰炸和破坏，都使我们极其愤怒。中国人民和古巴人民是共患难的战友。我们将继续用自己的胜利斗争和一切力所能及的帮助，来支持你们的正义事业。

世界人民反对帝国主义斗争的胜利结局，已经确定无疑了。这是不以帝国主义和各国反动派的主观愿望为转移的历史发展的客观规律。帝国主义和各国反动派正在采取和准备采取各种穷凶极恶的手段，以图挽救它们的灭亡。在我们两国人民面前和世界人民面前，还存在着很多困难。古巴和各国人民今后的斗争，仍然是艰巨的、复杂的、曲折的。但是只要各国革命领导核心广泛地团结一切可能团结的力量，依靠最广大人民群众坚持不懈的斗争，世界上没有任何力量可以阻止人民前进。我们坚定他相信，各国最广大人民群众一定能够最紧密地团结起来，结成最广泛的统一战线，克服前进道路上的各种困难，取得反对帝国主义、反对各国反动派、保卫民族独立和争取社会解放的正义事业的彻底胜利。

——毛泽东：《给古巴总理卡斯特罗的信》（1960 年 5 月 30 日），载《建国以来毛泽东文稿》第九册，中央文献出版社 1996 年版，第 192—193 页。

【作者述评】

菲德尔·卡斯特罗，古巴人民革命领袖，任古巴共产党中央委员会第一书记、部长会议主席、国务委员会主席。

身材高大、一身戎装、长须飘拂、威风凛凛的卡斯特罗，已经成为古巴的象征、古巴的灵魂。卡斯特罗颇富传奇色彩的经历告诉人民：他一定能够领导古巴人民争取革命的最后胜利。卡斯特罗之所以深受古巴人民爱戴和尊敬，主要是因为他为古巴人们做了这样几件好事：

首先，领导古巴人民推翻巴蒂斯塔的反动统治。

卡斯特罗年轻时就开始进行反对反动统治的斗争。1952 年 3 月 10 日，巴蒂斯塔发动军事政变，夺取政权，对古巴进行独裁统治。1953 年 7 月 26 日，卡斯特罗领导了反对巴蒂斯塔政权的武装起义和攻打蒙达卡兵营的"七二六运动"。失败后，被捕，判刑。出狱后，逃往墨西哥，继续进行革命准备。1956 年 12 月 2 日，他率领 82 人从墨西哥乘船在奥连特省登陆，最后剩下 12 人，转入山区，开展游击战争，逐渐壮大，终于在 1959 年 1 月 1 日推翻巴蒂斯塔独裁政权，古巴革命获得成功，人民获得解放，卡斯特罗成了人民心目中的英雄。

其次，英勇抗击美国的侵略和颠覆活动。

古巴革命成功以后，卡斯特罗领导古巴人民进行社会主义建设，和苏联、中国等社会主义国家发展友好关系，使古巴成为社会主义大家庭的一员。对于近在咫尺的弹丸之地的小国古巴，要在美国的后院——拉丁美洲搞社会主义，美国十分恼火，悍然宣布对古巴实行经济封锁，并企图颠覆古巴政权。1961年4月17日，美国雇佣军入侵古巴，当天就被古巴军队击溃。在1962年发生的古巴导弹危机事件中，卡斯特罗再一次维护了古巴的独立和尊严，并赢得了世界声誉。

最后，高举社会主义旗帜。

古巴革命成功不久，1961年4月，卡斯特罗代表政府对外宣布：古巴开始走社会主义道路。同年7月，卡斯特罗组建古巴革命统一组织，任第一书记至今。这个组织在1962年5月又改名为古巴社会主义革命统一党。1965年10月再度改名为古巴共产党。古巴为了寻求经济上的援助，积极靠拢苏联。在农业方面，实行种植多样化，不单独依靠食糖生产。1963年，政府把全部土地收归国有，实行统一管理。卡斯特罗带领古巴人民粉碎了帝国主义封锁，使古巴逐渐繁荣起来。20世纪90年代，古巴经济有了飞速发展，一系列经济政策给古巴注入了活力，国民生产总值不断增长，人民生活不断提高。在政治上，1989年6月至8月，卡斯特罗在高层领导中开展反腐败斗争，清除了一批腐败分子，他亲自处理三大巨案，将包括内政部部长、交通部部长在内的犯罪人员全部绳之以法。1990年，古巴又对中下层干部和各个经济领域开展打击经济犯罪活动，保障了古巴经济的顺利发展。在苏联、东欧等社会主义国家纷纷解体，古巴仍然坚持走社会主义道路，在美国的后院高扬起社会主义的红旗，这不能不说是一个奇迹。

毛泽东多次讲到卡斯特罗，称他为"古巴的民族英雄"，并对他那冒险式的传奇经历和革命经验给予高度评价。

在古巴革命成功不久，1960年5月3日，毛泽东同拉丁美洲、非洲14个国家和地区的工会和妇女代表团谈话时，驳斥了美国说"巴蒂斯塔是好人，卡斯特罗是坏人"的谬论，指出："这是因为美国同我们的观点不对头。"

5月7日，毛泽东在同非洲12个国家及地区的社会活动家、和平人士和工会、青年、学生代表团谈话时，毛泽东具体讲述了1956年11月"古巴的民族英雄"卡斯特罗率领82人从墨西哥乘船回古巴登陆，失败后开展游击战争，直至胜利的事迹，并指出"研究古巴的经验很有必要，古巴的革命有世界意义"。

5月17日，毛泽东同阿尔及利亚共和国临时政府代表团谈话时，又一次向客人谈了古巴革命胜利的经验，并赞扬说："他们胜利较快，两年多就胜利了。"

4月29日，毛泽东会见古巴人民社会党总书记罗加及其夫人。5月10日，毛泽东会见古巴军队总督察加尔维斯夫妇。加尔维斯带来了卡斯特罗对他的亲切问候。5月30日，毛泽东写了一封《给古巴总理卡斯特罗的信》。在信中，毛泽东热情赞扬"古巴人民的民族民主革命斗争""推翻了帝国主义走狗的反动独裁统治"，"在革命胜利以后，你们又英勇地抗击着美帝国主义的侵略和威胁。"并表示："我们将继续用自己的胜利斗争和一切力所能及的帮助，来支持你们的正义事业。"

1964年6月23日，毛泽东在同智利新闻工作者代表团谈话时表示："对古巴、阿尔及利亚的革命战争，我们是支持的。""比如古巴，不是我们叫卡斯特罗起来革命，是他自己起来革命的。"

7月9日，毛泽东在同参加在朝鲜平壤召开的第二次亚洲经济讨论会后访华的亚洲、非洲、大洋洲一些国家和地区的代表谈话时，再一次谈到了古巴革命成功的经验，并建议他们去古巴取经。

毛泽东高度赞扬卡斯特罗的革命精神，提倡世界上一切为民族独立解放、为祖国繁荣昌盛而奋斗的革命战士向卡斯特罗学习，把革命事业不断推向前进。

马丁·路德·金

【传略】

马丁·路德·金（1929—1968），美国黑人运动领袖，基督教牧师。

1929年1月15日金出生于美国佐治亚州亚特兰大市一个浸礼会牧师家庭。他先后在莫尔斯学院、克罗琪尔神学院、宾夕法尼亚大学和哈佛大学学习。1947年，他成为一名牧师。1954年，他在波士顿大学获神学博士学位。同年他任阿拉巴马州蒙哥马利市德克特斯特街浸礼会教堂牧师。在教堂布道时，他宣讲苏格拉底、亚里士多德和伽利略等人的哲理学说，特别是印度甘地的非暴力不合作思想，给教徒放映有关甘地的电影，宣传以"爱"克敌制胜。他给浸礼会的古赞美曲配上憧憬未来的新歌词："我毫不怀疑，总有一天，我们要胜利。"

20世纪50年代，美国的一些地方种族歧视还相当严重。黑人没有与白人一样的选举权、受教育权，甚至乘坐公共汽车、看电影也都受到歧视。

1955年12月1日，蒙特马利城黑人女裁缝罗莎·帕克斯夫人因在公共汽车上拒绝给白人让座，遭到拘捕和解雇，并被法院以违反隔离法为由判处罚金14美元或监禁14天。这激起一个以抵制乘坐公共汽车为内容的反种族歧视运动。12月5日，5000名黑人举行抗议集会，通过抵制乘坐公共汽车的决议，并成立了"蒙哥马利市政改进协会"来领导斗争，推选金牧师为该会主席。金就任后，立即向市政当局和汽车公司提出三项要求：一、对黑人乘客要有礼貌；二、先上车先坐，黑人从后面坐起，白人从前面坐起；三、黑人区行驶汽车要雇用黑人司机。这些合理要求遭到汽车公司的无理拒绝。在黑人群众斗争的推动下，金牧师领导的"改进协会"进一步提出在公共汽车上根本取消隔离制度。该市检察官依据1921年的反劳工法，以阴谋阻挠汽车公司正当营业的罪名，对金牧师和其他黑人领导人提出控告。1956年3月，金牧师被判有罪，罚款1000美元。这个非法的判决更激起黑人的愤慨。全市5万名黑人坚持"罢坐"公共汽车。在此期间，金牧师组织了一个拥有200辆车子的互助队，解决黑人交通困难，鼓舞了黑人的斗争。同年底，美国最高法院被迫做出"在公共汽车上实行种族隔离，即为违反宪法"的判决。市汽车公司被迫取消隔离制度。这场抵制运动坚持了385天，终于取得了胜利。

为领导黑人反对种族歧视的运动，1957年，金牧师发起成立"南方基督教领袖会议"，担任该会的首任主席。

1960年初，北卡罗来纳州斯波罗城一个饮食部，拒绝向4名黑人学生供应咖啡，美国南部各州的20万名黑人以在图书馆"静读"、剧院"静站"等方式，抗议对黑人的种族歧视。金认为静坐示威是黑人争取平等权利的有效斗争方式之一，积极支持这场群众性的运动。当年10月中旬，亚特兰大警察局拘捕了由金牧师率领的51名静坐示威者。他带头拒绝交纳保释金，被投入监狱。不久出狱。1962年，金在佐治亚州的奥尔巴尼市，发动以示威游行和祈祷大会的方式反对种族歧视的运动（称奥尔巴尼运动）。他亲自参加黑人群众的示威游行，在祈祷大会上发表演讲，指出种族隔离制度是违背美国宪法精神的。

阿拉巴马州伯明翰市有24万名黑人，占全市人口的40%。除公共交通外，各方面都对黑人实行种族隔离。金称伯明翰市为"美国种族隔离最彻底的城市"。他决心用正义的力量摧毁人为的种族不平等制度。

1963年4月初，金牧师组织该城黑人向市政当局提出：取消在餐厅、学校、公共场所以及招雇职工和工资待遇等方面的歧视，成立黑白混合委员会以解决种族歧视问题。同时，他组织了黑人的静坐示威和抗议游行。市政当局进行镇压，逮捕了400多名黑人。随后，金派遣一批批黑人到白人教堂作礼拜。白人种族主义分子唆使白人基督教徒不让黑人进教堂。他又决定在5月耶稣受难日举行抗议游行。斗争持续一个星期，先后有2000人被捕。黑人群众马上组织向市监狱进军，要求释放被捕的黑人同胞。

美国政府感到只靠镇压无法扑灭黑人斗争的火焰。司法部部长派出代表诱使金等黑人领导人同当地白人种族主义分子举行谈判。当金牧师宣布在谈判期间暂停游行 24 小时时，市政当局以组织未经批准的示威为借口，将金等 20 多位黑人领袖逮捕。金被判处 180 天监禁和 100 美元罚金。6 月 12 日，密西西比州的黑人领袖海加·埃弗斯惨遭杀害。这一事件激怒了广大黑人群众。全国各地黑人声援伯明翰黑人斗争，从首都华盛顿到一些黑人聚居的城市，爆发了 40 多次示威。

在这种形势下，伯明翰市政当局被迫做出让步：同意闹市区的商店向黑人开放；向黑人提供更多的就业机会；成立黑白混合委员会以消除各种公共设施中的种族隔离。金牧师作为运动的主要领导人起了重要作用，从此，他成为美国黑人运动的著名领袖。

1963 年 8 月 28 日，10 个黑人组织在华盛顿举行有 25 万人参加的争取就业、争取自由的"自由进军"。来自全国 50 个州的黑人代表参加了这一运动。在林肯纪念堂前，被誉为"黑人之音"的金向示威群众发表著名的"梦想"演说。他以美国宪法和"解放宣言"为依据，抨击政府当局对待黑人的不公平待遇，号召广大黑人立即投入争取自由的斗争。他说："我梦想有一天在佐治亚州的红色小山上，过去的奴隶同奴隶的子孙坐在友爱的桌前；我梦想有一天就连非正义充斥其间的密西西比州，也会变成自由和正义的绿洲。"

1964 年，金被授予诺贝尔和平奖金。诺贝尔奖金委员会称赞他在美国提倡非暴力运动，表彰他为和平进行的奋斗是"为世界有色人种树立了一个榜样"。

1965 年，阿拉巴马州达拉斯县县城赛尔马的黑人掀起争取选举权的斗争。这是一个只有 29000 人的小镇，其中黑人 15000 多人，取得选民资格的，白人占 99%，黑人仅占 1%。金举行记者招待会，揭露美国南部 500 万黑人选民中，有 300 万人不能进行选民登记。他宣布要发动一次从赛尔马镇开始的全面登记选民的活动。

1 月中旬，金第一次带领黑人住进赛尔马过去只供白人使用的艾伯特旅社，表达他对这项活动的支持。3 月初，为了抗议白人种族主义分子对黑人的迫害，赛尔马 3000 多黑人准备进行行程 80 公里的向蒙哥马利市"进军"。金牧师听到这个消息，立即中断在亚特兰大的布道，赶回赛尔马，领导这次进军。由于军警镇压，进军中途夭折。月末，在全国 20 多个城市的黑人的支持下，赛尔马的万名黑人和白人同情者再次举行进军。金牧师走在进军队伍前列。到达蒙哥马利市后，他在首府广场向 3 万名群众发表演说，提出黑人自己管理政府的要求。美国政府担心黑人运动继续高涨，约翰逊总统被迫向国会提出一个所谓的"1965 年选民登记法"①。7 月，金牧师在伯明翰召开的南方基督教领袖会议上，建议黑人组织、工会、宗教团体、学院中的自由主义人士成立新的"大联盟"，敦促尽快实施"1965 年选民登记法"。这时金牧师在美国黑人中享有了很高的声望。民意测验表明，有 40% 的黑人支持他的非暴力观点。

20 世纪 60 年代中期以后，随着美国侵越战争不断升级，国内引起动荡。罢工、逃避服兵役等事件接连发生。金强烈谴责政府的侵越战争，把美军在越南的罪行比喻为当年纳粹分子在欧洲集中营的暴行。

金牧师反对黑人运动中的渐进主义和坐等自由，主张突破局限在法院里的诉讼斗争，进行群众性的直接行动。他提出"黑人应争得全部自由，不然就没有自由"。号召黑人群众"利用一切已有的群众运动形式，并且创造新的形式，决心不让敌人休息，这是打开走向自由之门的社会杠杆"，进而促成旧秩序的崩溃。

1965 年的赛尔马进军以后，"以暴力对付暴力"的思想被更多的黑人所接受，一些青年黑人领袖如罗伯特·威廉提出"立即获得自由"的口号。金牧师对黑人采取暴力斗争的做法表示异议。1966 年，他领导锡塞罗的黑人要求实行住房开放，被一个白人种族主义分子投石击中，他即宣布取消这次集会游行。6 月，黑人学生詹姆斯·梅雷狄斯为开展密西西比州黑人选民登记活动遭到枪击，愤怒的青年黑人领袖罗伯特·威廉表示，应从统治者手中夺取与白人平等的权利。金牧师不赞同这种"过激"言论。10 月，当一些温和的黑人领袖提出由街头示威转向与当局谈判时，金牧师表示支持。

1967 年，随着美国在越南战场上的惨败，国内矛盾更加激化，许多大

---

① 该法于 1965 年 8 月 6 日由美国国会通过，它规定联邦政府将开放选民登记所让黑人进行登记，任何人阻挠黑人进行选举登记，都是犯罪行为。

城市爆发了抗暴斗争。青年黑人领袖提出"非暴力抵抗已一去不复返"的口号，并酝酿建立一支黑人民兵，以暴力手段求得解放。金牧师为此感到苦闷彷徨。美国统治集团乘机采取笼络手段，试图让他参加总统竞选，以分化黑人运动。

1968年3月下旬，田纳西州孟菲斯城1000名清洁工人（90%是黑人），要求加薪和承认他们建立工会的权利，罢工坚持七周。金牧师闻讯后赶到孟菲斯。3月底，他率领6000多名黑人举行示威游行。地方当局派出军警袭击，黑人群众展开英勇搏斗。金牧师担心事态扩大，要求示威者回到教堂去，黑人群众未予理睬，继续战斗到深夜。黑人被军警打伤和逮捕数百名，被杀害一名。惨案发生后，金牧师要求政府通过谈判来解决悬而未决的问题。4月4日晚饭前，一个白人种族主义分子，乘金牧师在住所旁和几个同事谈话时，从街对面的一幢公寓里向他开枪射击。金牧师中弹牺牲，年仅39岁。非暴力主义者的金牧师惨死在谋杀者的枪弹之下。

在黑人的圣歌和教堂钟声中，马丁·路德·金的遗体被送往墓地。有5万人参加了送葬仪式。他的墓志铭是一首古老的奴隶赞歌：

> 到底解放了，到底解放了。
> 感谢上帝，我到底获得了解放。

金牧师撰有《阔步走向自由》（1958年）、《我们为何不能再等待》（1964年）等论著。

【毛泽东评说】

最近，美国黑人牧师马丁·路德·金突然被美帝国主义者暗杀。马丁·路德·金是一个非暴力主义者，但美帝国主义者并没有因此对他宽容，而是使用反革命的暴力，对他进行血腥的镇压。这一事件，深刻地教训了美国的广大黑人群众，激起了他们抗暴斗争的新风暴，席卷了美国一百几十个城市，是美国历史上前所未有的。它显示了在两千多万美国黑人中，蕴藏着极其强大的革命力量。

马丁·路德·金

这场黑人的斗争风暴发生在美国国内，是美帝国主义当前整个政治危机和经济危机的一个突出表现。它给陷于内外交困的美帝国主义以沉重的打击。

美国黑人的斗争，不仅是被剥削、被压迫的黑人争取自由解放的斗争，而且是整个被剥削、被压迫的美国人民反对垄断资产阶级残暴统治的新号角。它对于全世界人民反对美帝国主义的斗争，对于越南人民反对美帝国主义的斗争，是一个巨大的支援和鼓舞。我代表中国人民，对美国黑人的正义斗争，表示坚决的支持。

美国的种族歧视，是殖民主义、帝国主义制度的产物。美国广大黑人同美国统治集团之间的矛盾，是阶级矛盾。只有推翻美国垄断资产阶级的反动统治，摧毁殖民主义、帝国主义制度，美国黑人才能够取得彻底解放。美国广大黑人和美国白人中的广大劳动人民，有着共同的利益和共同的斗争目标。因此，美国黑人的斗争正在获得越来越多的美国白色人种中的劳动人民和进步人士的同情和支持。美国黑人斗争必将同美国工人运动相结合，最终结束美国垄断资产阶级的罪恶统治。

我在一九六三年《支持美国黑人反对美帝国主义种族歧视的正义斗争的声明》中说过："万恶的殖民主义、帝国主义制度是随着奴役和贩卖黑人而兴盛起来的，它也必将随着黑色人种的彻底解放而告终。"我现在仍然坚持这个观点。

当前，世界革命进入了一个伟大的新时代。美国黑人争取解放的斗争，是全世界人民反对美帝国主义的总斗争的一个组成部分，是当代世界革命的一个组成部分。我呼吁：世界各国的工人、农民、革命知识分子和一切愿意反对美帝国主义的人们，行动起来，给予美国黑人的斗争以强大的声援！全世界人民更紧密地团结起来，向着我们的共同敌人美帝国主义及其帮凶们发动持久的猛烈的进攻！可以肯定，殖民主义、帝国主义和一切剥削制度的彻底崩溃，世界上一切被压迫人民、被压迫民族的彻底翻身，已经为期不远了。

  ——毛泽东：《支持美国黑人抗暴斗争的声明》（1968 年 4 月16 日），《人民日报》1968 年 4 月 17 日。

【作者述评】

马丁·路德·金是当代美国黑人运动的著名领袖，推行非暴力主义理论的基督教牧师。

金牧师深受印度资产阶级革命家甘地的非暴力不合作理论的影响，是一个非暴力主义者。他主张黑人的斗争要采取为当局所允许的非暴力形式，主动地领导了一次又一次黑人的抗暴斗争。

第二次世界大战后，占美国人口百分之十一的黑人，仍然生活在美国社会的最底层，处于被奴役、被压迫和被歧视的地位。很多黑人没有选举权，黑人和白人同工不能同酬，受教育不能同校，在大城市划有固定的黑人居住区，乘坐公共汽车或火车，规定黑人不准和白人坐同一车厢或同一坐席，在公共场所，包括旅馆、饭店、医院、剧院、影院、公园、海滨浴场、避暑胜地，甚至公共图书馆，黑人都受到事实上的歧视和隔离。所以20世纪五六十年代的黑人抗暴斗争都是围绕着这些基本人权展开的。金牧师勇敢地领导了这些斗争：

1955年，金牧师领导蒙哥马利市黑人坚持抵制乘坐公共汽车的运动达一年之久。延至1956年底，最高法院作了判决：一切交通工具均不得歧视黑人，否则违反宪法。这场轰轰烈烈的群众性运动取得了完全胜利，金又及时地把它引向和平开展"民权运动"。

1960年，金牧师领导北卡罗来纳州斯波罗城黑人争取平等权利的静坐示威运动，并遭逮捕。

1962年，金牧师在佐治亚州奥尔巴尼市领导黑人以示威游行和祈祷大会的方式反对民族歧视的奥尔巴尔运动。

1963年，金牧师领导伯明翰市黑人的集会和游行，反对种族歧视，遭到大规模的逮捕和镇压。6月12日，密西西比州的黑人领袖梅加·埃弗斯惨遭杀害。被激怒的黑人群众进行更加英勇的斗争，迅速得到美国各地广大黑人和各阶层人民的支持。美国黑人团体又在8月举行有25万人参加的向首都华盛顿的争取就业、争取自由的"自由进军"。金牧师在林肯纪念堂前发表"梦想"讲话，期望在美国土地上实现"不言而喻的真理——人人生而平等"。

马丁·路德·金

1964 年，金获得诺贝尔和平奖，表彰他在美国提倡非暴力运动，为和平进行的奋斗，是"为世界有色人民树立了一个榜样"。

1965 年，金牧师又领导赛尔马市黑人争取选举权的斗争，迫使约翰逊政府不得不提出一个"1965 年选民登记法"。

1966 年，金牧师领导锡塞罗的黑人要求实行住房开放的示威，被一个白人种族主义者用石块击中，他便取消了这次集会游行。当时北卡罗来纳州门罗城的黑人领袖罗伯特·威廉不同意马丁·路德·金的看法，主张黑人在必要时采取自卫还击，以革命的暴力反抗反革命的暴力，为 20 世纪 60 年代的黑人斗争提出了新的斗争策略。金牧师认为这种言论"过激"。10 月，当一些温和的黑人领袖提出街头示威转向与当局谈判时，金牧师表示支持。

1968 年，金牧师领导田纳西州孟菲斯城黑人为要求加薪和建立工会举行示威，遭到当局镇压，逮捕数百人，杀害一人。惨案发生后，金牧师要求与当局谈判解决悬而未决的问题。4 月 4 日，被一白人种族主义分子开枪杀害。

综上所述，金牧师领导黑人开展的一系列示威活动，目的是为黑人争取选举权、乘坐交通工具权、加薪和建立工会权，这些都是黑人应该获得的基本人权，其斗争方式是静坐示威、游行示威，这完全是一种非暴力的合法斗争。金牧师的这些主张对唤起黑人群众的政治觉悟，动员他们参加政治斗争，具有积极的作用。从 20 世纪 50 年代到 60 年代，他领导的一系列示威活动，揭露和打击了美国种族主义势力，改善了黑人，特别是南部黑人的社会地位。

毛泽东一直关注着美国黑人的抗暴斗争。1963 年 8 月 8 日，应当时在古巴避难的黑人领袖罗伯特·威廉先生的请求，毛泽东发表了《支持美国黑人反对种族歧视斗争的声明》，坚决支持美国黑人的斗争，揭露了肯尼迪政府采取的阴险的两面手法："它一方面继续纵容和参与对黑人的歧视和迫害，甚至派遣军队进行镇压；另一方面，又装出一副主张'维护人权''保障黑人公民权利'的面孔，呼吁黑人'忍耐'，在国会里提出一套所谓'民权计划'，企图麻痹黑人的斗志，欺骗国内群众。"毛泽东正确地指出："民族斗争，说到底，是一个阶级斗争的问题。在美国压迫黑人的，只是白色人种中的反动统治集团。"这揭示出民族斗争的实质，为黑人抗暴斗争指明了方向。最后又以宏阔的历史视角预言："万恶的殖民主义、帝国主义制度是随着奴役和贩卖黑人而兴盛起来的，它必将随着黑色人种的彻底解放而告终。"

在马丁·路德·金惨遭暗杀后，1968 年 4 月 16 日，毛泽东再次发表《支持美国黑人抗暴斗争的声明》。声明对美国当局谋杀金的罪行进行愤怒的谴责，"对美国黑人的正义斗争，表示坚决的支持"，指出"美国黑人同美国统治集团之间的矛盾，是阶级矛盾。只有推翻美国垄断资产阶级的反动统治，摧毁殖民主义、帝国主义制度，美国黑人才能够取得彻底解放"，对美国黑人抗暴斗争的前途充满信心。毛泽东把美国黑人抗暴斗争看作是"全世界人民反对帝国主义的总斗争的一个组成部分""当代世界革命的一个组成部分"，因而给予坚决支持，这对正在进行抗暴斗争的美国黑人群众和全世界革命人民，无疑是一个极大的鼓舞。

后　记

　　本书是集体创作。运作方式，仍采取由本人确定选目后，把撰写初稿的任务分解给每一位合作者，参与"传记"部分初稿撰写工作的有毕国民、毕晓莹、东民、应楠、刘磊、孙瑾、赵庆华、赵守艺、张豫东、张昌在、张祖乔、张敏、李会平、徐艳蕊、魏晗、王汇娟等同志，"毛泽东评说"则由本人选定，"作者述评"则由毕桂发、张桂芳、袁湜等同志撰写，全部书稿最后亦由本人改定。

毕桂发

2023 年冬